练好办文办会办事基本功

高建勋 著

长江出版传媒
湖北人民出版社

图书在版编目(CIP)数据

练好办文办会办事基本功 / 高建勋著. -- 武汉 : 湖北人民出版社, 2025. 3. -- ISBN 978-7-216-11071-6

Ⅰ. C931.4

中国国家版本馆CIP数据核字第2025DJ2019号

责任编辑：曹新哲
封面设计：刘舒扬
责任校对：范承勇
责任印制：杨　锁

出版发行：	湖北人民出版社	**地址：**	武汉市雄楚大道268号
印刷：	武汉中远印务有限公司	**邮编：**	430070
开本：	787毫米×1092毫米 1/16	**印张：**	18.5
字数：	352千字	**插页：**	2
版次：	2025年3月第1版	**印次：**	2025年3月第1次印刷
书号：	ISBN 978-7-216-11071-6	**定价：**	85.00元

本社网址：http://www.hbpp.com.cn
本社旗舰店：http://hbrmcbs.tmall.com
读者服务部电话：027-87679656
投诉举报电话：027-87679757

前　言

党政机关和企事业单位日常的行政工作，从形式上看，主要就是办文、办会、办事。机关工作人员办文、办会、办事的能力是保证机关单位行政效率的关键和重要环节。如果一个机关单位能够提高办文质量、办会水平、办事效率，工作就会更加卓有成效，这对于机关单位工作规范化、制度化和科学化，是一个有力促进。办文、办会、办事的效果如何，既直接影响机关单位的工作效率和水平，也关乎个人的成长进步，体现个人的工作能力。机关工作人员如果把这“三大件”干好了，就是职场翘楚，就是哪里都需要的“金砖”。

文件是机关单位实施领导，沟通情况，指导、推动工作的一种方式。这就要求机关工作人员会办文，因为机关实施领导、开展工作需要文字材料。如何正确办理各种文字材料，这对机关工作人员提出了许多方面的要求，机关工作人员要精确办文，当好“文书”，领会精神，以文辅政。办文必须熟悉机关文字材料的主要类型和写作要求，机关日常办公都离不开公文，篇幅短小的有通知、简报、新闻稿、典型材料等，篇幅较长的有方案、领导讲话、年度总结、汇报材料等，对于它们的撰写格式和要求，机关工作人员都要十分熟悉。在办文方面，着力规范和加速公文运转，做到随文跟踪，随到随办，日清月结。各种文字材料，特别是公文的行文格式有严格的规定，必须按照规定的格式行文和打印。机关工作人员起草的每份文稿都要经得起检验，做到“文出我手无差错，事交我办请放心”，力争人人都成为“笔杆子”。

会议是机关实施领导，沟通情况，指导、推动工作的又一种方式。机关年轻干部初来乍到，一般都是从办公室的会务工作开始熟悉，学习会务流程，并培养自己认真、细致的性格，这对以后的工作和生活都有重要意义。机关工作人员要做到精细办会，当好“管家”，规范管理，做好保障。会前，严格制定会议方案、预案，控制会议规模、会议时间，做好会议的综合预判；会中，做好会议服务、照应，安排专人做好录音和领导会议交办事项记录；会后，做好领导讲话录音和会议交办事项的整理，及时做好会议总结、宣传报道和传达落实等。整个流程环环相扣，从会务通知、参会人员的衔接与反馈到会场座位牌、音响、会标、茶水的准备，只有做好“小事”的细节，才能增强统筹协调“大事”的本领。

机关办事，是承办各项公共事务，如策划工作、处理问题，办理公务，安排活动、联系业务等的总称。在机关，工作人员大量的工作是承办各种事务，比如通知一个会议，安排一个活动，接待一位来访者，看望一位群众，联系一次参观，落实一项政策，等等，通过从事各种必要的行政事务性工作来为基层服务、为人民群众服务。办事是综合能力的体现，机关工作人员要做到精准办事，当好“干将”，上传下达，推进落实。年轻干部要提高工作落实能力：一种是处理日常工作事务的能力，如组织、协调、策划、计划能力，这是一名机关干部必备的能力；另一种是应急能力，包括应对突发事件的能力，科学判断形势、应对复杂局面的能力等。以制度促效率，切实做到大事不误、小事不漏、办事周到；以沟通提质量，坚持重要活动、重要工作、重大问题及时沟通衔接；以实干出成果，主动寻求上级的指导、支持和帮助，全力推进中心工作。

可见，在机关工作，办文办会办事是三项基本功。“练好基本功，做事才能通。”如果基本功不扎实或欠缺，就如同在稀泥地上盖高楼，即使图纸设计得再漂亮、建筑技艺再先进，高楼也终将立不住、立不稳。机关干部只有具备这三项基本功，才能获得适应岗位、胜任工作的最低“门槛”。“文以载道见水平，会以周全见作风，事以缜密见精神。”某种意义说，办文办会办事的能力就是工作能力的重要表现，体现着机关工作的水平。办文办会办事都是很辛苦的事情，需要付出艰辛的努力，需要付出很多的智慧。现在，机关单位引进了一批包括博士学位的年轻干部，为机关管理补充了新鲜血液。与老一辈相比，这一代年轻干部生逢改革大潮，接受过优质的高等教育，具有扎实的专业知识、过硬的业务能力，也有着与时代合拍的开放思维与开阔眼界，更不缺创新的锐气和闯劲。但也要看到，他们是从“学校门”到“机关门”，参加工作后又没有经历过实践锻炼，受条件限制也很少有机会进行系统培训，也面临着“成长的烦恼”，面对着人生刚刚起步的阶段待遇不高的失落、能力不足的担忧、本职工作的烦冗。有的不愿意走出机关、深入基层；有的放松了自身的学习，不善于撰写文字材料；有的不懂办会程序，全然不管会场效果。一些年轻干部的办文办会办事水平还跟不上新时代的发展和时代的要求，迫切需要改进。

然而从近年出版的办文办会办事相关著述、教材和工具书来看，无论是内容还是形式都存在这样或那样的缺憾和不足。其中主要表现在内容阐述不够规范，与党的十八大以来新的规定精神不合拍，有些图书提供的所谓“范文”缺乏规范性，有的内容甚至十分陈旧，与当前快速发展的行政管理形势需要不相适应。有鉴于此，笔者萌发了写作一本书，来分享自己三十余年机关办文办会办事经验教训的念头。

英国作家萧伯纳说：“如果你有一个苹果，我有一个苹果，彼此交换，我们每个人仍只有一个苹果；如果你有一种思想，我有一种思想，彼此交换，我们每个人就有了两种思想，甚至多于两种思想。”本书以笔者在省属高校机关工作三十余年的实践经验和体会为基础，紧密结合机关行政工作的实际，传授办文的思路与规矩，解读办会的方略与艺术，分享办事的经验与策略。在写作时突出准确性、规范性和指导性，相比市场同类图书更具有针对性和实操性，使读者准确把握“三办”工作的工作流程、技能技巧，以及应具备的能力和素质。本书旨在真正方便机关单位工作人员参照借鉴，突出以下特点。

一是全面性，理论性强。现有相关书籍在内容的选择上往往侧重办文办会办事中的某一方面，能囊括三个方面内容的书籍少。再有就是有些书籍对办文办会办事的介绍过于烦琐，片面追求理论完整全面，没有抓住重点。事实上，越是基层任务越繁杂，越需要科学方法抓落实。如果能根据基层机关工作特点，制定不同类别的工作手册，像工具书那样，让基层工作人员一看就懂、一学就会，一册在手、随用随查，既方便又可操作，就能够在很大程度上解决基层人手不足、方法不对、工作不力等问题。本书就在这方面进行了尝试，紧扣机关单位工作实际，针对机关日常管理的实际需求，编写12章80多个专题，内容主要包括办公室日常管理工作、公文处理与写作工作、会议组织与管理工作、公务接待工作、沟通与协调管理工作等，涵盖了机关工作的绝大部分内容，内容全面丰富。一册在手，就可以窥见机关工作全貌，让读者一眼找到重点、走出误区，通过学习借鉴，就可以解决问题、推进工作。

二是实用性，指导性强。本书将理论与实践紧密结合，对于机关单位日常办文、办会和办事理论知识的阐述，重在基础性，着眼于实际工作者在实践中最常用的一些基本知识和写作要领，力求做到简明通俗，不做过于专业深奥的讲解。每个专题前均有概括性描述，提纲挈领，通过通俗易懂的阐释，突出实用性和指导性，真正能够做到“学以致用”，读有所获。书中总结提炼了办文办会办事的诀窍和要旨，将工作内容与大量实际案例相结合，简而不疏、详而不烦地叙述机关办文办会办事的规范与方法，并融合时代精神进行解读，在写作时突出准确性、规范性和指导性，是作者在长期的行政管理工作实践中，针对现实工作中的实际问题，深入开展研究，而形成的具有较强理论性和较好实用性的理论成果。本书以案例说方法，用实例讲技巧，相比市场同类图书更具有指导性，使读者能够准确把握“三办”工作的工作流程、技能技巧,为读者提供可供操作的思路和方法。

三是原创性,操作性强。本书堪称机关“三办”工作实录、实战真经,用实战复盘的形式,展现了“三办”工作的规律与路径,拆解了“三办”工作的套路与程序。本书作者长期从事行政管理工作,既有党群部门工作经历,也有行政处室工作经验;既有办公室等综合部门的经历,也经历人事处等业务处室的磨炼,撰写过大量文稿,承办过各种类型的会议,处理过大大小小的事务,积累了较多的行政工作实例和体会,本书是作者三十余年机关行政工作经验的结晶。目前市面上一些类似书籍的例文多选择国家部委文书、省部级领导讲话原文,与基层实际结合不够。本书对于例文和案例的选择,重在原创性,重在“接地气”,讲问题不遮不避,讲方法不虚不漏,毫无保留地把自己多年的感悟分享出来。如在办文部分,不少例文是作者的原创,对文稿起草的全过程原原本本进行复盘,笔者之所以不揣谫陋,就是想分享自己的感悟和教训,同时作为一种工作记录,也可以提供一个帮助解决问题,提供可操作性的建议的视角,给人以直观启发和感悟。其范例能直接参考,其技巧能有效地指导读者公文写作实践,使基层年轻干部少走弯路,能够使年轻管理者准确领会和把握各个文种的写作规范,确保文书和讲话的质量和效用。读者在借鉴这些案例的同时,也能够不知不觉地受到浸染。

本书可作为机关、企事业单位干部提升办文办会办事能力必备的案头书、工具书,同时,也可作为公务员和事业单位招聘考试的参考书,对大学生的文书写作能力和讲话水平及办事能力的提高也有较强的指导作用。感谢武汉纺织大学田辉玉教授,中国工程院院士徐卫林教授,王栋教授和研究生院常利利老师的大力支持。在编写过程中,笔者参阅了最新的应用写作方面的专著、报刊以及网络材料等,还引用了部分政府部门制发的公文,在此谨对原著者致谢。

笔者虽然以极大的工作热情从事本书的撰写,但毕竟时间紧,任务重,水平有限,错误与疏漏在所难免,欢迎各位读者批评指正。

2024年6月23日

目　录

上篇　办文的规矩与智慧 ……1
第一章　公文处理指要 ……4
第1讲　公文的概念和种类 ……4
第2讲　公文的特点和作用 ……9
第3讲　公文写作的步骤和要领 ……11
第4讲　提高公文写作能力 ……15
第5讲　练成“笔杆子” ……18
第6讲　公文办理要求 ……21
第二章　常用公文写作 ……26
第1讲　写决定 ……26
第2讲　写请示 ……28
第3讲　写批复 ……31
第4讲　写报告 ……33
第5讲　写通报 ……36
第6讲　写通知 ……40
第7讲　写函 ……43
第三章　事务类文书写作 ……46
第1讲　写工作计划 ……46
第2讲　写工作方案 ……49
第3讲　写工作总结 ……53
第4讲　写调研报告 ……58
第5讲　写典型经验材料 ……64
第6讲　写倡议书 ……69
第7讲　写述职报告 ……74

第四章　传播类文书写作 ……81
第1讲　写新闻 ……81
第2讲　写新闻评论 ……87
第3讲　写工作简报 ……93
第4讲　写工作论文 ……97
第五章　领导讲话稿写作 ……105
第1讲　领导讲话稿的特征和作用 ……105
第2讲　掌握领导讲话的五个基本功 ……108
第3讲　领导讲话的心理调适 ……111
第4讲　做好讲话前的六项准备 ……113
第5讲　起草领导讲话稿 ……116
中篇　办会的经验与策略 ……125
第六章　做好会前筹备工作 ……128
第1讲　会务工作的六个特点 ……128
第2讲　会务工作的总体要求 ……130
第3讲　科学拟定会议方案 ……134
第4讲　制发会议通知 ……137
第5讲　起草会议主持词 ……142
第6讲　准备欢迎词 ……148
第7讲　做好会前准备工作 ……152
第七章　高效做好会务管理 ……156
第1讲　精心做好会议接待 ……156
第2讲　提升机关接待水平 ……158
第3讲　做好会场布置 ……164
第4讲　精准做好会中服务 ……167
第5讲　做好会议记录 ……172
第6讲　写好会议纪要 ……173
第7讲　跟进会后收尾工作 ……179
第8讲　提升机关办会水平 ……182

下篇　办事的方略与艺术 ……185
第八章　提高解决实际问题能力 ……188
第1讲　养成办事的四个习惯 ……188
第2讲　掌握办事的五条准则 ……190
第3讲　提升办事的三种能力 ……194
第4讲　办事要做到“四不” ……199
第5讲　善于向领导学习办事 ……201
第九章　增强过硬的担当本领 ……204
第1讲　忠诚就要不掺杂质 ……204
第2讲　干净是干部的立身之本 ……206
第3讲　担当是干部的履职之要 ……208
第4讲　团结才能胜利 ……209
第5讲　关键在于抓落实 ……212
第6讲　处理突发事件的“金钥匙” ……214
第7讲　授权的艺术 ……215
第8讲　用人的艺术 ……216
第十章　与领导相处的艺术 ……219
第1讲　处理好上下级关系 ……219
第2讲　摆正位置不越位 ……222
第3讲　适应领导工作方式 ……225
第4讲　懂得维护领导形象 ……227
第5讲　处理领导之间的分歧 ……230
第6讲　学会与领导沟通 ……231
第7讲　向领导汇报工作 ……234
第8讲　善于与领导电话、短信、微信联系 ……239
第9讲　赢得新任领导信任 ……245
第10讲　领导班子合力建设 ……247
第十一章　掌握和运用办事方法 ……250
第1讲　坚持和运用根本的行政领导方法 ……250
第2讲　处事学会“弹钢琴” ……252
第3讲　办事的思维艺术 ……254

第4讲　办事的行为艺术 ……257
第5讲　沟通的艺术 ……260
第6讲　说话的技巧 ……261
第7讲　学会拒绝 ……264
第十二章　提升文明礼仪修养 ……266
第1讲　重视“第一印象效应” ……266
第2讲　接待礼仪的基本规范 ……269
第3讲　日常接待的礼仪 ……271
第4讲　接待次序礼节 ……273
第5讲　见面的礼仪 ……278
第6讲　握手的礼仪 ……281
第7讲　打电话的礼仪 ……284

上篇　办文的规矩与智慧

办文指的是处理各种文书、文件、报告等文字资料的工作。办文要求准确、简洁、规范，以有效传达信息。在现代工作中，办文已经成为了一种必不可少的技能。无论是写报告、写邮件、写计划还是写总结，办文都是必不可少的环节。通过办文，可以有效地传达信息、协调工作、记录进展，提高工作效率和质量。

在办文过程中，需要注意以下几点：

一是政治性。政治性是文稿的第一属性，政治正确是文稿的生命线。文稿之理在于文稿之外，做好文稿工作，政治能力是第一能力，学习能力是基础素养，调研能力是基本功夫，文字能力是关键素质。

二是准确性。办文必须准确无误，不能出现错别字、语法错误、逻辑错误等问题，否则会影响信息的传达和理解的准确性。

三是简洁性。办文应该简洁明了，突出重点，避免冗长和啰唆。在写报告或邮件时，要抓住关键点，用简洁的语言表达清晰的意思。

四是规范性。办文应该符合规范，遵循格式要求，如标题、正文、结尾等部分应该清晰明确，避免出现格式混乱的情况。

第一章　公文处理指要

第1讲　公文的概念和种类

公文，或称文书、文件，是机关单位行使管理职能、办理具体事务的重要工具，在日常管理工作中运用频率最高、范围最广，也最受重视。公文的权威性是公文的首要特质，一旦成文，就要经得起领导和员工多角度审视。因此，检验一名干部管理水平的最好的方式，就是看他公文写作的能力和水平。

公文是公务文书的简称，是国家机关、社会团体、企事业单位在各种公务活动中使用的有着特定的效能和广泛的用途的文书，具有规范体式和法定效用，具有信息传递和记录的作用。公文乃“经国之大业，不朽之盛事”。公文种类即公文的文种和分类。公文文种是根据公文的具体特点和用途而确定的不同的文件名称。文种不同，其作用也不同。公文分类是按照一定的模式，对文件进行划分。公文的使用范围极广，类型很多，可以从不同的角度进行分类。

一、公文的概念

公务文书，简称公文。公文有广义和狭义之分。广义的公文，是指党政机关、社会团体、企事业单位为处理公务形成的具有特定效力和规范体式的文书，是传达贯彻党和国家的方针政策，发布规章制度，指导、布置和商洽工作，请示和答复问题，报告、通报和交流情况等的重要工具。[①]狭义的公文，是指党政机关处理公务时所使用的公文。

① 党政机关公文处理工作条例（中办发〔2012〕14号）第三条。

二、公文的种类

文种，是人们为了使各种公文都能有稳定的性质、特定的用途，并使更多人能对这些性质和用途有准确的了解，以利公文的正确有效形成和办理，赋予每一种公文一个能够概括其性质、用途的统一规范的称谓。正确选择并在公文上标明文种，将会给公文的形成和办理带来便利，并有助于维护公文的严肃性和有效性。

（一）公文的文种

我们讲的狭义的公文，专指法定的公文，即中共中央办公厅、国务院办公厅2012年印发的《党政机关公文处理工作条例》中正式规定的15个文种，包括：决议、决定、命令（令）、公报、公告、通告、意见、通知、通报、报告、请示、批复、议案、函、纪要。

决议。适用于会议讨论通过的重大决策事项。

决定。适用于对重要事项作出决策和部署、奖惩有关单位和人员、变更或者撤销下级机关不适当的决定事项。

命令（令）。适用于公布行政法规和规章、宣布施行重大强制性措施、批准授予和晋升衔级、嘉奖有关单位和人员。

公报。适用于公布重要决定或者重大事项。

公告。适用于向国内外宣布重要事项或者法定事项。

通告。适用于在一定范围内公布应当遵守或者周知的事项。

意见。适用于对重要问题提出见解和处理办法。

通知。适用于发布、传达要求下级机关执行和有关单位周知或者执行的事项，批转、转发公文。

通报。适用于表彰先进、批评错误、传达重要精神和告知重要情况。

报告。适用于向上级机关汇报工作、反映情况，回复上级机关的询问。

请示。适用于向上级机关请求指示、批准。

批复。适用于答复下级机关请示事项。

议案。适用于各级人民政府按照法律程序向同级人民代表大会或者人民代表大会常务委员会提请审议事项。

函。适用于不相隶属机关之间商洽工作、询问和答复问题、请求批准和答复审批事项。

纪要。适用于记载会议主要情况和议定事项。

(二)公文的分类

公文按其行文方向,可分为上行文、下行文、平行文。上行文是指下级机关向上级机关报送的公文,如请示、报告等。下行文是指上级机关向所属下级机关的行文,如决定、指示、公告、通知、通报等。平行文指同级机关或不同隶属机关之间的行文,如函等。通知、公文纪要有时也可作为平行文。

公文按其时限要求,可分为特急公文、急办公文、常规公文。公文内容有时限要求,需迅速传递办理的,称紧急公文。紧急公文可分为特急和急件两种,紧急公文应随到随办,时限要求越高,传递、办理的速度也就要求越快,但要“快中求准”。随着社会的发展,对公文的时效要求越来越高,即使常规公文,也应随到随办,以提高办文效率。

公文按其机密程度,可分为绝密公文、机密公文、秘密公文、普通公文。绝密、机密、秘密公文又称保密文件,是指内容涉及党和国家的机密,需要控制知密范围和知密对象的文件。文件的密级越高,传达、阅办、保管的要求也越严。

三、公文处理的原则

公文处理工作是指公文拟制、办理、管理等一系列相互关联、衔接有序的工作。公文处理是一项复杂的系统工程,主要包括收文办理、发文办理和整理归档三个部分。其中收文办理涉及签收、登记、初审、承办、传阅、催办、答复等环节,发文办理涉及拟稿、初审、复核、登记、印制、核发等环节。中共中央办公厅、国务院办公厅在2012年联合印发的《党政公文处理工作条例》(以下简称《工作条例》)第五条规定:“公文处理工作应当坚持实事求是、准确规范、精简高效、安全保密的原则。”这16字原则是机关团体、企事业单位开展公文处理工作的总原则和总要求,是衡量公文处理工作质效的核心标准和依据,体现的是经济社会发展对公文处理工作的客观要求,同时也是机关团体、企事业单位实施领导、履行职能、处理公务的现实需要。

第一,实事求是原则。“实事求是”是党的思想路线的核心,也是党对一切工作提出的总要求。在公文处理中坚持实事求是原则,就是要正确理解和把握机关公文处理工作的特点和规律,做到结合机关实际情况,结合办文实际需求和程序规范,不断提高公文处理工作水平。

如何做?主要包括以下几点。

一是坚持“行文确有必要”。从严控制发文数量、提高发文质量,对没有实质内容、可发可不发的文件一律不发，严禁应付检查、照搬照抄的文件，提高行文效用。

二是坚持“内容切实可行”。公文拟稿前要经过深入的调研和充分的论证，同时广泛听取意见，明确各方面有无抵触，要坚持从实际出发，符合客观规律，讲究可操作性，制定的政策措施和办法切实可行，能够解决工作中遇到的问题，否则行文就可能变成“一纸空文”，达不到行文目的。

三是坚持“签发责权一致”。科学划分签发权限，把科学决策、依法决策、民主决策有机统一起来，促进机关干部依法履职尽责，严把决策关。

此外，要从实际出发，建立健全公文管理制度，确保应归档的公文资料“应归尽归”，真实反映客观实际情况。

第二，准确规范原则。“准确规范”是对公文处理工作提出的质量和标准要求，即在公文处理过程中要坚持质量第一，做到正确、准确、科学，按照制度办事。在公文处理中坚持准确规范原则，就是要建好制度、把好关口，严谨、认真、细致地对待每一份经手的公文。

如何做？可以从“准确”和“规范”两个方面来把握。

“准确”，公文只有准确，才能保证机关工作的正常运行，任何一个环节上出现差错，都会影响工作质量，造成损失，耽误工作。[①]一是公文必须客观、准确反映实际情况，在语言文字运用上要准确、无歧义，在数字数据使用上要准确、无偏差，用词含混或前后矛盾会给文件执行带来麻烦，数据错误或偏差会闹出笑话，还可能造成经济损失。二是公文必须完整、准确贯彻执行上级文件要求，必须完整、准确贯彻执行本单位领导的决策意图，同时要保证公文处理的每一道程序、每一个环节都做到严谨周密、准确无误。

“规范”，公文作为具有法定效力和格式规范的文书，其行文格式和处理程序与其他文章和图书资料有着显著差异。强化公文的格式规范和程序规范，有利于增强机关公文权威，有利于提高机关工作质效，有利于提高公文运行效率，更好地保障党政机关实施领导和履行职能。一是公文处理规范的制定应该做到与时俱进、因单位制宜。一方面要根据国家制定的公文处理规范及时更新本单位的规范，与国家规范保持一致；另一方面要根据单位自身情况，细化本单位公文处理规范的执行要求。二是要严格遵守公文处理相关制度。按照规范程序去做，符合技术标准，认真纠正一切不符合规范的行为，做好不规范公文的处置工作，不断提高办文的规范化水平。

① 谢煜桐：《办公室学》，中共中央党校出版社2018年版，第44—46页。

第三,精简高效原则。“精简高效”是党政机关优良作风在公文处理工作中的具体体现,也是对公文处理工作作风、文风方面的总要求。在公文处理中坚持精简高效原则,就是要贯彻落实中央八项规定精神,落实精简文件简报要求,高效率、快节奏处理公文,确保公文处理迅速、通畅,不拖拉、不误时、不误事。

如何做?可以从“精简”和“高效”两个方面来把握。

“精简文件简报”是党中央的明确要求,必须贯彻落实在公文处理的全过程、各环节中。一是大力精简公文数量。要充分认识到滥发公文容易使机关工作陷入文牍主义,助长形式主义、官僚主义作风。不能把制发公文当作推动工作的唯一灵丹妙药,要严格按照行文规则,从严控制发文数量,严格掌握文件制发规格。二是大力精简公文篇幅。提倡清新简练的文风,注重针对性、指导性和可操作性,文件内容要言简意赅、言之有物,反对空话、套话,力求开门见山、观点鲜明、文字精练、文风端正。

效率可以说是衡量一项工作的重要标准之一,公文处理效率如何,关系到机关日常工作的高效有序运转,关系到领导决策部署的高效贯彻落实。一是公文拟制要高效。在日常工作中要加强对有关情况的了解,熟悉相关业务和政策法规,做到对每一个常用文种、公文处理的每一个环节都十分熟悉,随时可以接受并高效完成公文拟制任务。二是公文处理全过程要高效。要强化时间观念,在确保质量的基础上,尽可能提高效率。坚持收文后第一时间阅览,坚持急件急办、特件特办、重要件随到随办,杜绝延误。

第四,安全保密原则。“安全保密”是公文处理工作的底线,《中华人民共和国保守国家秘密法》明确规定:“一切国家机关、武装力量、政党、社会团体、企事业单位和公民都有保守国家秘密的义务。”在公文处理中坚持安全保密原则,就是要强化保密责任意识,完善安全保密规章制度、提升安全保密工作能力。

如何做?可以从“安全”和“保密”两个方面来把握。

公文安全是公文赖以存在和发挥作用的必备条件,一篇合格的公文应当具备以下几个安全要素:一是公文载体安全。建立健全公文安全保卫保管制度,认真抓好制度落实,确保公文不丢失、不残缺、不污损、不失控、不泄密。二是公文内容安全。涉密事项而未定密级的要定密级,定了密级的要落实相应的保密措施,确保不发生任何失泄密事故;定了保密期限的,到期后要及时解密。

公文保密,特别是涉密公文的保密,是办文机关的法定义务,也是必然要求。当公文涉及国家秘密和工作秘密时,要全程做好保密工作,不能随意扩大知悉范围,以免给工作带来不利影响。可以从以下方面做好保密工作:一是公文定密准确。要把国家秘密、工作秘密、商业秘密区分开来，分类做好保密工作，不得乱定密级。二是要建立健全保密制度、机制，并抓好贯彻落实。做好防范失泄密和反窃密工作，发现隐患立即解决，发现失泄密事故立即报告。

第2讲 公文的特点和作用

公文有其自身的特点，主要体现在权威性、规定性、规范性、实用性和时效性几个方面。公文作为机关团体、企事业单位传达、贯彻党和国家的方针、政策，联系和处理机关工作的一种工具，具有规范和准绳作用、领导和指导作用、联系和沟通作用、宣传和教育作用、依据和凭证作用。

一、公文的特点

公文特点是指公文与一般的文章、文学作品相比较，所具有的鲜明个性特点，包括以下五个方面。

一是权威性。公文作为一种公务活动的行为准则，是不会允许某个人或者某非法组织随意制定和发布的，公文一般会由特定的法定组织制定，具有一定的约束性和强制性，因此具有令人执行的权威性。公文的权威性主要体现在公文制定者的身份和公文内容的政策效用上，各级党政机关和企事业单位依法制作、发布公文，对特定问题给出权威意见、看法和要求。

二是规定性。公文的规定性一方面体现在公文制作者是依法成立或被授权，且能以自己的名义行使职权和承担义务的组织或个人。这和文学作品的作者没有特殊限定是有区别的；另一方面体现在，除公文制作者外，公文的读者，即公文的行文对象也是具有特定性的，不同的公文其读者不同，这是由公文自身具有的特定功能而决定的。如在公文格式上的“主送××”“抄送××”等元素，就是为了指定目标读者而对公文作的格式设置。此外，公文的处理也是有规定的。公文的拟制和处理程序必须严格按照管理的权限与规定进行。

三是规范性。从写作角度说，公文的规范性主要表现在文种的规范、格式的规范、行文规则的规范等方面，以保证公文一旦发布实施就能够被正确理解和严格执行。公文在这些方面历来都有统一严格的规定，任何单位或个人都不得另起炉灶、标新立异。不但从其标题到内在结构、语言等有严格规范，就是纸张尺寸、发文字号等外在形式以及用字、排版、成文日期、印章、主题词标注等都有统一要求，不允许自行其是。

四是实用性。公文是用来处理公务的文书，必须根据现实需要，针对实际问题而制发（制作和发布），有其明确的写作目的。公文的实用性体现在制发公文必须有的放矢，必须是为了解决工作中存在的问题，指导人们正确有序地进行社会实践活动而制定，要有指导工作的正确方略和解决问题的具体措施和方法。公文处理，要求深入实际、联系群众、调查研究、实事求是、认真负责，克服官僚主义、形式主义、文牍主义，行文要少而精，注重效用。

五是时效性。时效性即时间性。公文所针对的问题，总是存在于特定的时间范围之内，一旦该时期结束，公文的实用价值也会减弱甚至丧失。所以，公文的写作、传递和办理，都要求迅速及时。公文是党政机关、企事业单位在进行各种活动中形成的，是解决问题的一种手段，因此每一份公文都有具体的拟定目标和公务职能。这就要求公文进行公务处理、解决问题时要迅速、及时，因此，公文必须具有一定的时效性。如公文中明确规定的生效时间，或未明确规定，而是以成文日期作为生效时间的格式，就体现了公文的时效性这一特点。

二、行政公文的作用

公文作为机关团体、企事业单位传达、贯彻党和国家的方针、政策，联系和处理机关工作的一种工具，具有十分重要的作用。

一是规范和准绳作用。公文作为管理国家和社会事务的重要工具，其本身所具有的权威性和法定性赋予了它很强的规范和约束作用。各级党政机关的各种法规、规章、政令、条例、决定等公文一经正式发布，便成为全党、全社会的行为规范，在它的有效时间和范围内，无论各级各类社会组织、还是个体成员都必须依照执行，不得违反。

二是领导和指导作用。公文虽然种类繁多，但共同点都是体现党政机关的意志，是党政机关进行管理的工具。上一级机关为传达贯彻方针政策的（决定、规定等）公文，传达党的路线方针政策，颁布法律法规，组织开展各种公务活动，而对下属机关产生领导和指导作用。下属机关应该严格按照所发公文的要求，采取切实有效的措施予以贯彻落实。当然，上级机关制发的公文不一定都具有指令的性质，有的只对本行业、本系统的业务工作提出原则性的指导意见，要求下级单位结合本地区、本部门的实际情况，创造性地贯彻执行。但无论哪种情况，公文一经拟定与下发，下级单位都必须严格执行公文规定。如果脱离了公文的这种作用，管理工作就会无章可循，变得混乱不堪。

三是联系和沟通作用。在机关工作中，通过公文进行部门之间、上下级之间的联系和协调，并对具体问题进行及时处理和获得相关信息资料，使得机关工作有序进行；通过公告、通知等知照性公文，使收文方了解信息，体现的就是公文的信息传导作用。例如，公告、通告、通知、通报、报告、请示、函等公文都具有沟通交流的作用，可以增强各个单位之间的联系，进行很好的沟通，既方便上情的下达，也方便下情的上传。有了公文这种交流与沟通的桥梁，企事业单位、社会组织都有可能做到有效沟通、互相了解，可以更好地进行配合、协作，有利于各项工作的开展。

四是宣传和教育作用。要想使党的路线、方针政策顺利及时地进行贯彻实施，除了制定的路线、方针正确，符合广大人民群众的利益外，还要以某种形式进行宣传。各级党政机关制发的许多重要公文，在提出工作方针和任务、做出工作部署、提出贯彻要求的同时，往往要分析国际国内形势，讲解工作意义，提高人们的认识，使人们不但知道要做什么，怎样做，而且知道为什么要这样做，以便统一思想认识，从而减少盲目性，增强自觉性，把党和政府的意图变为人们自觉的行动，由此把上下左右的意志都集中到完成共同的任务中来。一些公文，如表彰性或批评性的通告，就是为了达到宣传教育的目的制发的，其宣传教育作用更为突出。

五是依据和凭证作用。公文作为处理公务的专门文书，反映了制发机关的意图，具有法定的效力，是收文机关做出决策、处理问题、开展工作的依据和凭证。公文的时效性，本身也是进行各种公务活动的依据。也就是说，公文负责公务活动的记录，是公务活动的凭证。例如，上级机关制发的公文，如决议、决定、通知等，是下级组织开展工作的依据和凭证；下级组织制发的公文，如请示、报告等，是上级机关制定决策、指导工作的依据和凭证；平级或不相隶属单位制发的公文，如各种函件，则是双方交流情况、洽谈工作的依据和凭证。当然，公文在完成使命后，会整理归档，这也对今后的各项工作起到记载、凭证与参考的作用。

第3讲　公文写作的步骤和要领

熟悉和掌握公文写作，是每位机关干部必备的业务能力，也是一项需要长期积累的工作。“于无定法中有定法，于有定法中无定法。”只要掌握了正确的公文写作步骤和方法，“苦差事”也可以变成“美差事”。

一、公文写作的一般步骤

第一，明确目的。任何一份公文都是根据机关工作的实际需要来拟写的，先弄清楚“为什么写这篇公文”“中心内容是什么”“有哪些具体要求”“要达到什么目的”，并对这些问题做到心中有数，才能够落笔起草公文。公文大多是“受命”之作，领会领导意图也是明确公文写作目的的重要方面，要把握事业发展“大环境”，遵循自身发展“大逻辑”，紧扣领导关注点，把自己摆在领导的位置、受众的位置，做到“心由相通”，才能保证公文的质量和行文目的的实现。

第二，确定主题。立好题的前提是破好题，破题的关键往往在于找准主要问题，特别是要善于抓住主要矛盾和矛盾的主要方面，把问题找准了，公文的主题自然就跃然纸上了。公文主题应单一、鲜明、有强烈的针对性。“单一”就是一篇公文只能有一个主题。“鲜明”就是肯定什么、否定什么，赞扬什么、批评什么，提倡什么、制止什么，不能含糊不清。“强烈的针对性”就是主题所包含的意见、主张、办法、措施，是为何人、何事、何问题而提出的，清清楚楚，便于人们容易理解、把握、贯彻、执行。

第三，选择文种。文种是公文标题的重要组成部分，具有概括表明公文性质、用途和发文机关职权范围，体现行文目的和要求的功能。正确选择文种有三个重要依据：一是根据发文单位与受文者之间的工作关系来选择上行、平行、下行文种。领导与被领导关系、平行与不相隶属的关系要分别用不同的文种。二是根据发文单位的法定权限选择文种。如“命令”“公报”等，就不适用于基层单位发布。三是根据行文目的和要求以及表现主题的需要选择文种。如“请示”“报告”。

第四，安排结构。一篇完整的公文必须具备开头（缘由）、主体（事项）、结尾三部分，“有头有尾有中间”也是公文完整性的重要体现。

公文开头的方式：讲究尚“直”忌“曲”、开门见山，力求用简明扼要的语言，讲清楚全文的目的或结论。包括：(1)“引据说明”式，开头交代行文的根据，以彰显行文的必要性和重要性，保证发文的法定权威性，一般多用“根据”“按照”等作为语言标志，用来作为行文依据，常用于报告、通知等文种；(2)“概述说明”式，简述有关工作或事件的基本情况或过程，说明背景情况或工作意义，然后再叙述其他材料，常用于通报、公告等文种；(3)“直入引文”式，直接点明公文主旨、阐述中心意义引出下文的方法，常用于批复、转发、批转、印发类通知等文种；(4)“按语背景”式，开篇简明扼要介绍事件或情况，作结论性概括，以利受文者先得要领，如“由××、××、××共同主办的××

学术研讨会，拟于×年×月×日在×地举行。为切实做好相关筹备工作，现将有关事项通知如下”；(5)“结果目的”式，在开头交代行文目的、开宗明义，以便受文方明确发文方的意图，一般常用“为”“为了”等介词标引；(6)“时间直述”式，开篇点明某事、某情况的时间，可用具体时间，也可用“最近”“近来”等模糊度稍大的时间副词，让受文方明白公文制发的出发点；(7)“综合运用”式，还有一些公文的开头综合使用了两种或两种以上上述介绍的开头方法。

公文主体的方式：(1)按照事物发展的时间顺序排布，在通报、报告、纪要等文种中常用；(2)按照事件主要构成要素的逻辑次序排布，即按时间、地点、人物(单位)、过程、原因、结果、善后等逻辑次序组织主体部分，在通知、通报、报告等文种中常用；(3)按照“提出问题”“分析问题”“解决问题”的事理逻辑层次排布，大多数公文均可用；(4)按照构成事物总体的各“部分”的性质及相互关系排布，在规范性文件、指导性文件中常用。

公文结尾的方式：除公告、决定、通知、通告、函没有专门的开头、结尾外，常见的公文结尾方式包括：(1)期请式。即在结尾处写上期望、请求一类的话，在请示、报告、函中常用；(2)总结式。用揭示主题、总括全文主要意见的话结束全文，在报告、通报中常用；(3)说明式。把需要补充说明的内容写在文末，在法规、办法中常用；(4)号召式。公文最后结束时发出号召、提出要求，在决定、通告、通报、通知中常用；(5)首尾照应式。隔着主体，首尾互相照应，既给人完整感，又能起到概括全文、突出主题、加深受文者印象的效果，在请示、报告、意见以及法规性公文、指导性公文中常用。

二、公文的写作要领

一般来说，公文写作需要把握的重点是：立意、主题、结构、材料、语言。要提高公文写作水平，需要在几个方面下功夫。

第一，立意高远。立意是文章的高度，公文作为一种特殊的文章，非常注重“立意”。不论是请示事项、报告情况，还是作出决定、部署工作，都要有一定的站位高度。即便是基层单位的党政公文，也要立足国家战略，立足发展全局。进入新时代，新形势加速变化，新挑战层出不穷，公文撰稿人必须具有大局意识和全局观念，正确认识大局，切实把握全局，准确把握党和国家的政策、方针路线，准确把握上级机关和领导意图，准确把握发文受众的需求和愿望，使公文的内容切合实际、切实可行。

第二，主题明确。公文是讲方针政策的，除了准确外，还要求主题明确，观点鲜明。对此，毛泽东的要求是，总之使人看了感觉解决问题，百倍信心，千钧干劲，行动起来。[①]他写的公文，从不模棱两可，含糊其辞。赞成什么、反对什么，要求什么、禁止什么，开门见山，非常鲜明，没有任何绕圈子的话，让人一看就知道他要求的是什么，应该怎么办。主题是文章的“灵魂”，公文最忌讳的就是冗长啰唆，最好是主题鲜明、直陈其事，目的性要非常明确，不能“兜圈子”“绕弯子”，更不能偏离主题。比如某高校一篇关于恳请省政府支持高水平研究型大学建设的请示件，在开头部分，用了很长的篇幅陈述了建设高水平研究型大学的目的、意义和作用等，没有直接提出恳请支持的具体事项，洋洋洒洒一大段，使人如坠云里雾里，被领导同志批评“不得要领、不知所云”。还比如，有的机关公文，一开始就在“兜圈子”，如“在……领导下，在……关心下，在……支持下，在……帮助下，在……推动下，在……努力下……”，那么多的“在……下”出来了，正式内容还没出来。公文要“单刀直入”，才能较好实现发文目的。

第三，结构严谨。结构是文章的“骨架”，公文具有固定的体例和相对稳定的结构模式，比如，通知一般包括目的依据、通知事项、执行要求等部分，请示一般包括请示对象、请示缘由、请示事项等部分。公文结构主要包括开头、结尾、层次、段落、过渡、照应等，总写什么、分写什么；先写什么、后写什么；详写什么，略写什么，都要事先谋划、合理布局。一篇结构严谨的公文，应做到层次清楚、段落分明，首尾照应、文题一致，内容丰富而不散漫。结构松散、内容凌乱会使受文者难以理解，公文也就失去了应有的效用，贯彻执行起来也会很困难。

第四，材料充分。材料是文章的“血肉”，观点鲜明、用材得当是评价一篇公文质量和水平的重要指标，强调材料为观点服务，材料选择要准确，运用的材料既要能说明问题，还要与观点保持一致。有观点而没有实际材料，会使公文抽象空洞、缺乏依据、难以信服；有材料但无鲜明观点，会使行文意图不清、模棱两可、无所适从。公文要有“血”有“肉”，就要高度重视平时的材料收集和储备工作，中央大政方针、领导重要讲话、上级文件精神，以及国内外相关信息，本单位、本部门工作进展情况、典型案例、内部简报，兄弟单位的经验做法，社会各界的反映，新闻媒体的文章等，都可以列入材料收集的范围。只有“库存充分”，才能“予求予取”，让公文饱满、立体、增色、生辉。

第五，语言精准。语言是文章的“细胞”，“内容简洁、表述准确、文字精练”是

---

① 中共中央文献研究室编:《毛泽东文集》(第七卷)，人民出版社1999年版，第336页。

《党政机关公文处理工作条例》对公文语言的具体要求，与新时代“短、实、新”的公文文风要求一致。所谓“短”，就是要力求简短精炼、直截了当，要言不烦、意尽言止，能够三言两语说清楚的，坚决不拖泥带水、不绕弯子。所谓“实”，就是要讲符合实际的话不讲脱离实际的话，讲管用的话不讲空话套话，讲明白通俗的话不讲故作高深的话。所谓“新”，就是力求思想深刻、富有新意，这里的新意既包括新的理念、思路和举措，也包括新的角度、材料和语言表达，试想如果一个文件、一篇讲话毫无新意，那么制定这样的文件又有多大意义呢？

毛泽东历来提倡写文章要短、要精。他自己写公文就十分注意简明扼要，能用几个字写清楚的，决不写多余的字，能用一句话说明白的，决不写第二句话。1950年10月8日，毛泽东亲笔写的《组成中国人民志愿军的命令》包括6方面重要内容，全文却不到600字，而每句话都极其精炼。以此命令的第一部分为例：“为了援助朝鲜人民解放战争，反对美帝国主义及其走狗们的进攻，借以保卫朝鲜人民、中国人民及东方各国人民的利益，着将东北边防军改为中国人民志愿军，迅即向朝鲜境内出动，协同朝鲜同志向侵略者作战并争取光荣的胜利。”[①]仅用90多字，就将出兵缘由、意义、出哪部分兵等写得清楚明了。

第4讲　提高公文写作能力

公文写作体现的是一个人的思想认识和理论水平，是一个长期学习、积累的过程，不可能一蹴而就。要不断提升写作水平，写出领导满意、切实好用好看的公文，在笔者看来，还需要在五个方面狠下功夫。

公文写作是一项政策性、思想性、规范性和针对性都很强的工作，需要高度重视。对待公文写作，既要像蜜蜂一样勤于耕耘、乐于奉献，又要像老黄牛一样诚信可靠、埋头苦干，还要像狐狸一样善于思考、灵活应变。

第一，重视理论素养的提高。公文的主题和内容政治性、政策性、前瞻性、适用性都很强，需要站位高、定位准、视野宽、理念新。承接拟稿任务的人员站得高一点，把好“政治关”“政策关”。公文的生命力在于推动工作，必须讲政治。不仅要坚持正确的政治方向，在大是大非前始终保持清醒头脑，与上级党组织保持高度一致。对行文过程中出现的与上级政策有差别的提法或与各项规定不符的文字要坚

① 中共中央文献研究室编：《毛泽东文集》（第六卷），人民出版社1999年版，第100页。

决纠正,不能有丝毫的偏离。

要注重加强对党的路线、方针、政策的学习与研究,所拟文稿必须符合国家的法律法规和方针政策及有关规定。一篇公文的站位要高,视野要开阔,要切实了解国家的大政方针,熟读熟记相关政策条文,将“读原著、学原文、悟原理”真正运用到公文写作中。经典永不过时,并历久弥新,有政治高度的公文,才会更有说服力和权威性。

不能出现姓名、职务、排序上的错误。比如说机关领导干部也有严格排序,不能凭想象来排列。公文里还涉及一些权限的问题,也不能简单地处理。如有的公文要求财务部门给予财力保障,人事部门要增加编制,这就超越了权限。

因此,写好公文首要的不是所谓的技巧,而是需要有较高的思想理论修养。机关干部要注重政治理论学习,既要系统学习领会党的创新理论,还要时刻关注时事政治,学习各种法律法规和政策条例,了解经济社会改革发展规律与趋势。只有这样,才能够提高创新思维能力,加深对问题的深入理解和辩证思维,思维谋略才能与领导同步,与机关单位事业的改革发展需要相吻合。

第二,掌握公文特点和要领。拟制公文可以说是“戴着镣铐跳舞”。每一个文种都有自己的适用范围、写作要求、固定格式和语言特点。要严格按照文种要求去写,文种一错,全盘皆错。

机关干部在起草公文前应当明确行文的目的、内容、要求和行文对象,主动了解近期领导的工作重点、工作要求和措施等,掌握与行文内容有关的实际情况,准确把握领导意图,力求做到心中有数、有的放矢;必须情况属实、观点鲜明,用材得当、条理清楚,文字精练、标点准确,篇幅力求简短,对于那些说出来作用不大,不说也无妨的话尽量删除,以减少领导同志阅文的时间。人名、地名、数字、引文准确;使用法定计量单位;用字用词准确、规范,如文内使用简称,应先用全称,并注明简称。

第三,重视调研和材料积累。公文写作提倡思想的标新立异,文体的恰到好处,更讲究内容的客观真实,而机关干部必须在丰富的材料支撑下,才能通过高超娴熟的技巧写出优秀的公文。“巧妇难为无米之炊”,一篇空洞无物、干瘪瘦削、毫无生气的公文是失败的,鲜活的素材、真实的数据才是一篇高质量公文所需要的。这些都来自于日常的积累和思考。

机关干部要在日常工作学习生活中做到主动积累材料,主动阅读上级政策文件,领会上级精神;主动掌握本级工作动态及下级的需求做法;主动深入基层调研收集资料。调研可以是无主题的边走边看,边听边想,也可以是有主题的专门调研，以此来了解基层实际，掌握群众需求，挖掘写作素材，激发写作灵感。

第四，重视知识层面的拓展。随着国家各项改革的深入，现在的行政工作要求越来越细化，涉及领域越来越广泛，机关干部不仅要经常写熟悉的工作，还要向不熟悉的领域挑战，这就对机关干部的知识储备提出了更高的要求。

机关干部日常要主动涉猎各类知识，除了阅读公文写作知识技巧相关书籍，还要多读政治、法律、经济、文化、科技、哲学、文学等书籍，在大量学习积累基础上，再与工作实际有机结合，做到理论联系实际。只有具备足够的知识储备，公文写作时才能做到新颖生动、旁征博引、引经据典、挥洒自如，做到下笔有神。

机关干部同时要加强文学修养。公文同样是语言的艺术，在实用性之外，其艺术性同样不可忽视，这是源于人类对美的无限渴望与追求。"汝果欲学诗，工夫在诗外。"习近平总书记的讲话中大量引用中国古代经典名句，还有中国俗话、外国谚语。他使用这些典故，轻松自如，信手拈来，却恰当贴切、提纲挈领、深入浅出，有极强的说服力和感染力，既体现他讲话中包含的厚重文化底蕴，又使人感受到一种清新文风，形成了独特而富有魅力的习式语言风格，给我们树立了榜样，公文写作必须加强这方面的学习训练。

第五，必须要有饱满的热情。公文写作是幕后工作，也特别艰辛，写作能力的提高是一个持之以恒、循序渐进的过程，并非具有一定的理论知识和资料储备就行，要通过长期的勤学苦练才能够把知识转化为能力，不能急于求成，也不能一蹴而就。这是一份极其重要亟须奉献精神的工作，更是一份锻炼人成长的工作，我们要以饱满的热情对待它，特别是年轻干部，更要勇于担当作为，坚信"梅花香自苦寒来"，相信梦想之花一定会在辛勤耕耘之后绽放得更加绚烂。

"纸上得来终觉浅，绝知此事要躬行。"多练是提升公文写作水平非常有效的一种途径。一般情况下，年轻干部不会有很多写作的机会，特别是撰写大篇幅的文稿，那就需要更加珍惜每一次锻炼的机会。一位老领导告诉我，他的成长起步于起草一篇通知。当年刚入职时，处长让一位同事起草一篇通知，这位同事匆匆应付，质量不好，处长就让他来写。虽然只是一篇很小的文稿，但他非常重视，查阅资料，对照格式，认认真真地起草，很好地完成了任务。自那以后，处长就不断给他安排活、压担子，因此获得了更多锻炼的机会，不久就担任了重要职务。也许，当初那位同事还不知道，就是一篇小小的通知，让他把进步的机会拒之门外。年轻干部不要怕活，要找着写、抢着写、争着写，要"不怕写""写不怕""怕不写"，一有机会就全力以赴，哪怕一时半会儿还没有大稿子，也要积蓄力量，认真准备，自我加压，努力提高，只有这样，一旦机会来了才能抓得住。刚开始可以从通知、会议纪要等小材料进行着手，由于这种公文具有比较固定的格式能够进行参照，只需要把基本事实进行表述就可以了，无须进行大的创新。等这些基本功练扎实后，再尝试对请示、报告等进行撰写。

与此同时，在进行公文写作的过程中需要进行一定的思考，需要静下心来进行反复的琢磨和推敲，没有比较就不会出现区别，还需要每一个身在其中的人慢慢去“体味”，慢慢去“体悟”，以便更好地胜任文字工作，起草出高水平、高质量的公文。

第5讲　练成“笔杆子”

文字工作是机关干部的基本功。提高文字水平既是做好本职工作的客观需要，也是年轻干部健康成长的内在需求，是衡量年轻干部基本素质的重要标准。通常情况下，人们称文字水平高、善于写文章的机关干部为“笔杆子”。评价一个人是否能够称得上“笔杆子”，关键在于这个人写出的文章水平如何。

“笔杆子”，说起来简单，做起来难。都说文字工作苦，机关文字工作更苦，文章中的每一个观点、每一段话、每一个字都凝结着作者的辛苦和汗水。“不积跬步，无以至千里。”年轻干部要想锻炼成为一名“笔杆子”，需要一个不断积累和磨炼的过程。那么，作为年轻干部，怎样才能提高文字水平、练就成为“笔杆子”呢？

一、做好心理调适

良好的心理素质，是机关干部胜任工作、完成任务、协调关系的重要条件。管理工作的复杂性、综合性、创造性等特征，决定了管理工作改革、创新的任务十分艰巨。机关干部是一个特殊的群体，是与人打交道，有着不同于其他群体的职业要求，政治素质和业务素质能力要求高。机关干部在工作中经常会遇到困难和挫折，有时还会受到一些委屈、误解，会带来较大的心理压力，有时接到文书起草的任务后，面对各种困难和挫折容易产生焦虑、急躁、冲动、难以自我控制等心理问题。

有了心理困境，就应当及时得到宣泄和疏导，这是解决心理困境、保持心理健康的唯一出路。心理调适是使用心理科学的方法对认知、情绪、意志、意向等心理活动进行调整，以保持或恢复正常状态的实践活动。机关干部要学会自我心理调适，根据自身发展及环境的需要对自己进行的心理控制和调节，从而最大限度地发挥个人潜力，维护心理平衡，消除心理问题。

一是克服畏惧心理。有部分机关干部害怕文书写作，一怕自己文字功底不行，二怕自己认识水平不高，这是自卑心理作祟。其实，刚出校门的研究生，他的书面语言能力完全可以胜任写作需要，关键是提高认识能力，要老老实实当好领导的书记员，身边经常带着纸笔，养成随手记录的习惯，努力把所见、所闻、所知形诸文字，按照基本的文法，理顺思路、反复修改，使得整篇文章逻辑严密、语句通顺、文辞简练。当写作无法继续时，一般不是语言表达的问题，而是写作思路遇到了障碍。此时，应该检查写作思路是否紧扣主题，论据是否恰当有力，说理方法是否准确得当，文章组织是否合理有序。找到原因后，再通过查资料，请教他人或其他办法疏通思路。只要坚持不断地写，并养成勤于思考的习惯，写作者的认识就会不断升华，熟能生巧，巧能创新。这样坚持下去，就能基本胜任文书起草工作。

二是克服功利心态。“欲速则不达”，同理，欲功利则往往难成事，倒是欲望低，不功利，成功反而会意想不到地来光顾你、成就你。我们把写作当成自身成长进步的必须和历练，心态会自然、平衡，这样的写作才是促进我们成长的行为。机关干部的写作，应该一步一步进行，先从计划类文书写起，然后练习报告类文书，再尝试简报类文书，实事求是地表达自己的想法、做法。

三是杜绝懒惰、懈怠。在自己的思想感情急需表达、不写不快时，你绝不能错失良机，切不可因懈怠拖延而错失记录内心真实感受的良机。这时的作文思路最为清晰，行文最为顺畅、集中、纯洁，及时写下来，效果会很好。

四是建立一个稳定的社会支持系统。机关干部要学会寻求帮助。一个人对问题的处理有的时候是“当局者迷，旁观者清”，以为很了不起的事，或者很痛苦的事，在别人看来就没有什么。所以每个人都需要别人帮助，尤其要与直接领导建立有效的沟通。在工作当中，与直接领导的关系是最密切的，如果这种关系紧张，对工作也会对自己的身体健康产生很大的消极的影响，因此要与领导之间建立有效的沟通，达到互相理解和支持。

机关干部要想能够胜任工作岗位，就是要不断地提高自身的素质，及时修正心理偏差，正确面对工作压力，确保心理健康，发挥其潜力，最终实现事业上的成功。

二、掌握写作技巧

俗话说：“人为事之本，事在人作为。”著名作家叶永烈在谈写作的体会时说，写作的“窍门”就是：多看、多听、多想、多写、多改。茅盾说，应当时时刻刻身边有一支铅笔和一本草簿，无论到哪里，你要竖起耳朵，睁开眼睛，像哨兵似的警觉，把你所见所闻随时记下来。老舍则强调，写完了，狠心地改，不厌烦地改，字要改，句要改，连标点都要改，毫不留情，对自己宽大便是对读者不负责。文书写得如何，全在于作者的综合素质和写作水平。有以下六点必须把握。

一是要坚定信心。坚信自己能写好。信心是人做事的支撑，成功来自坚定的信念。信心是克服困难的保证，有信心、有毅力，就有克服困难的办法。有人说，自信心是一片阳光，能驱散迷失者眼前的阴影；自信心是一畦田园，能萌生希望的新缘；自信心是一面大帆，能鼓动理想之舟抵达胜利的彼岸。在写作不成熟之前，我们必须把写作看作是给自己看的，是自身发展记录、积淀，是人生历练的重要作为，自我欣赏，自我激励，这样也可以避免写不下去的苦恼。

二是要善于学习。腹中无物则手上无法，手上无法则文章乏味。要提升写作能力，首先要提升自身的政治素质和文化修养。学习是写作的基础，没有读书学习便没有写作。因此，机关干部要学会学习，善于学习，养成终身学习的好习惯。读书学习，首先要学习先进的思想理念，尤其是学习党的路线方针政策和国家法律法规，这是开展管理工作要做的基本准备，也是很重要的政治素养。不掌握这些，就无法制定政策、解决问题，就很可能在日常工作中出现这样那样的毛病和纰漏，导致工作被动。其次要学习独特的构思技巧。构思，就是作者对自己将要动手写作的文章从内容到形式所作的总体设想。是作者把写作素材进行精心的构制，使之成为具有生命力的完整的艺术品的过程。常用的构思技巧从立意方面看，主要有托物言志、象征、对比反衬、欲抑先扬；从选材组材方面看，主要有以小见大、形散神聚、巧设线索；从结构安排看，主要有照应、伏笔（铺垫）、悬念、层层深入、总分总结构等。最后是学习精练的语言表达。要注意向书本学，多读多看多思考；注意向实践学，多练多写多见识；注意向他人学，多问多听多请教；既要向专家学者学习，也要向基层群众学习。只有坚持不断地蓄电充能，才能写出更好的文书作品，以适应管理不断发展变化的实践需要。

三是要勤于耕耘。文字写作不免枯燥而艰苦。“不经一番寒彻骨，怎得梅花扑鼻香。”要想把书本和他人传授的写作理论知识与技巧内化于心，外行于笔，做到笔下生花，特别需要强调的是要反复实践。初入职场的人，要抱着由小渐大、由短渐长、由浅渐深，循序渐进的态度，这样，积小成大，积少成多，集腋成裘，必能硕果累累。实践才能出真知。要深入基层，多接地气；要勤于笔耕，不厌其烦；要保持平常心，坚持观察和积累资料、知识，不断开阔视野。唯有在实践中不断锤炼，才能不断提高，不断进步。

四是要主动思考。文贵“理”。这个理是指思想，有思想的文章都有价值，这就要求写作者先做好有思想的人，一个有思想的人就会写出有思想的文章。思想境界越高，写出的文章会越好。要独立思考，不人云亦云。文章重个性，这个“个性”首先是指思想的个性，有思想个性的文章，才是有价值的文章。做到文如其人，真实再现你的思想品质。在写作中，只要面对自己的工作实践，独立思考，就不可能与人雷同。采用不同的思考、不同的方法，就一定会发出你自己的声音。

五是要勇于创新。创新是推动高质量发展的动力。作为机关工作的一个重要手段，文书写作必须体现新思路、新方法、新举措。这就要求写作者积极进取，勇于探索，勇于创新。要突破思维定式，创新思维和方法。同时，创新也是文书写作自身的要求。写作模式相对固定的文书也是经历了长期的创新变革发展至今，同时，仍然有着继续向前发展的要求。写作者要与时俱进，在不断的实践中丰富实用写作的外延和内涵。

六是要反复修改。写好文书后，还需要仔细修改文书，从头到尾，认真检查和核对，看文书是否有错别字、语句毛病等低级错误，看适用制度法规是否正确，看论述理由是否清晰和正确。坚持从文稿的整体出发，认真推敲，精益求精。集体修改是一条宝贵的经验。任何个人的能力和视野都是有限的，互相碰撞、集思广益，对提高文章质量大有好处。尤其是一些重要文稿，应当坚持集体修改；要坚持反复通读，很多毛病都是在通读过程中发现的，作为严谨的写作者，绝不能在文稿中出现低级错误。

第6讲　公文办理要求

公文办理工作人员，应以高度负责的精神，努力提高公文办理工作的效率和质量。公文办理必须做到准确、及时、安全。提高公文办理效率，对维护公文权威、充分发挥作用，加强机关效能建设，都具有十分重要的意义。

公文办理，是机关一项重要工作，是体现工作水平、服务能力、工作作风的重要“窗口”，必须高度重视，认真研究新形势下公文办理的特点和规律，完善工作制度，创新方式方法，进一步提高公文办理的质量和效率。

公文办理程序就是指公文在机关内部从形成到运转处理所必须经过的一系列环节。公文办理包括收文办理、发文办理和整理归档。

一、收文办理

收文办理是指文书部门收到文件材料后，在机关内部及时运转直到阅办完毕的全过程。组成这一过程的一系列相互衔接的环节称之为收文办理程序。收文办理主要程序是：

签收。对收到的公文逐件清点，核对无误后签字或者盖章，并注明签收时间。

登记。对公文的主要信息和办理情况详细记载。

机关单位应建立严格的收文签收、登记制度，加强对公文运转的管理，保证收到的公文件件有着落。收文登记一般应登记以下内容：收文日期、收文编号、来文单位、来文标题、密级、份数、承办单位或分送范围。

初审。对收到的公文进行初审。初审的重点是：是否应当由本机关办理，是否符合行文规则，文种、格式是否符合要求，涉及其他地区或者部门职权范围内的事项是否已经协商、会签，是否符合公文起草的其他要求。经初审不符合规定的公文，及时退回来文单位并说明理由。

承办。阅知性公文根据公文内容、要求和工作需要确定范围后分送。批办性公文提出拟办意见报本机关负责人批示或者转有关部门办理；需要两个以上部门办理的，明确主办部门。紧急公文明确办理时限。承办部门对交办的公文及时办理，有明确办理时限要求的应当在规定时限内办理完毕。

紧急公文按要求时限办理完毕；一般公文在文到之日起三日内交到承办部门或送至有关领导人。除特殊情况外，领导同志不受理和审批未经文书处理部门登记、注批的公文。

传阅。根据领导批示和工作需要将公文及时送传阅对象阅知或者批示。办理公文传阅随时掌握公文去向，不得漏传、误传、延误。

催办。及时了解掌握公文的办理进展情况，督促承办部门按期办结。各级国家行政机关文书处理部门必须建立健全催办、查办制度。凡属请示性的公文，无论是交职能部门办理的还是呈送领导人批示的，及时催办。做到紧急公文跟踪催办，重要公文重点催办，一般公文定期催办。紧急公文或者重要公文由专人负责催办。一般采用电话催办和书面催办两种形式。对部门拖延不办经多次催办无回音的，可以上门催办；对上门催办也解决不了的，可经分管领导批准后督办部门办理。

答复。公文的办理结果及时答复来文单位，并根据需要告知相关单位。

二、发文办理

发文办理是指机关内部为制发公文所进行的拟制、处置与管理活动。发文办理主要程序是：

复核。已经发文机关负责人签批的公文，印发前对公文的审批手续、内容、文种、格式等进行复核；需作实质性修改的，报原签批人复审。

登记。对复核后的公文，确定发文字号、分送范围和印制份数并详细记载。

印制。公文印制必须确保质量和时效。涉密公文在符合保密要求的场所印制。

核发。公文印制完毕，对公文的文字、格式和印刷质量进行检查后分发。

涉密公文通过机要交通、邮政机要通信、城市机要文件交换站或者收发件机关机要收发人员进行传递，通过密码电报或者符合国家保密规定的计算机信息系统进行传输。

三、整理归档

需要归档的公文及有关材料，根据有关档案法律法规以及机关档案管理规定，及时收集齐全，将编立好的案卷及案卷目录按规定的时间和质量要求移交档案部门作为档案保存和管理。其意义在于使办理完毕的有查考价值的公文完成向档案转化的过程，使公文能更充分地发挥其历史效用。两个以上机关联合办理的公文，原件由主办机关归档，相关机关保存复制件。机关负责人兼任其他机关职务的，在履行所兼职务过程中形成的公文，由其兼职机关归档。

四、全面提升公文办理水平

一是初审要“细”。对公文进行细致审核，从严从紧把好公文办理入口关。公文格式方面，重点审核文种是否恰当、要素是否齐全，是否存在越级行文、请示中一文多事、报告中夹带请示事项、未经许可直接向上级机关负责人报送公文等情况。公文内容方面，重点审核是否符合党的方针政策和国家法律法规及上级文件精神，所涉及事项是否由收文单位办理，有关附件及材料等要件是否齐全，是否存在明显文字、印制错误等情况。公文程序方面，重点审核涉及其他部门职权范围内的事项，主办部门是否事先与有关部门征求意见；对于行政法规和规章、规范性文件以及关系公共利益、公众权益的文件，是否按规定经过了向社会公开征求意见、召开听证会、网上征询、专家论证等前置程序。对于初审不符合规定的公文,及时退回来文单位并说明理由。

二是拟办要“准”。按照“表述准确、文字精练、信息翔实、责任明确”的原则,提出科学合理的拟办意见。对事项请示类公文,要简要列明公文政策依据、部门所做工作、征求意见情况等,在掌握请示事项、尊重部门意见、对照先例比较、加强沟通协调的基础上,研究提出规范简洁、鲜明清晰的拟办意见。对活动请示类公文,要简要列明时间、地点、人员、内容及需注意事项,准确领会领导意图,研究提出参加活动人员、职责分工等相关事宜的意见建议。对阅知类公文,要根据公文内容、要求和工作需要确定分送范围。同时,要与来文单位加强沟通,避免因拟办意见不准造成公文要求落实不到位;对续办的公文,需将之前办文过程作简要说明。

三是流转要“快”。优化公文流转程序,加快公文流转速度,提升公文办理效能。报送简捷,大力推行无纸化办公,除涉密和无法传输外,公文往来一律通过机关公文电子传输系统进行;涉密和无法传输公文,须在公文印制后3个工作日内交换或送达收文单位。启动迅速,收文单位应及时收文并进行初审。对初审合格的公文,原则上1个工作日内启动办文。过程顺畅,在拟办、会文、呈送、转办、催办、答复等各个流转环节,做到环环相扣、无缝连接,不积压、不拖延。不需征求意见的公文,原则上3个工作日内办结;需征求意见的公文,原则上10个工作日内办结。转办及时,领导签批的公文,原则上要于办结当日转送承办单位,对重要或紧急事项,应立结立转。限时印发,对需印发的公文,签批完毕后原则上1个工作日内转入发文环节,2个工作日内完成印发。

四是保密要“严”。始终强化“保密安全无小事”理念,严格执行国家保密法律法规,完善保密工作机制,确保公文办理全流程、全方位保密安全。严格公文定密管理,对执行上级定密事项的公文,应按已定密级定密,不得层层降密,甚至解密;对复制、摘录、引用、汇编属于国家秘密的内容,应当按照规定报批,不得擅自改变原件的密级、保密期限和知悉范围。严格公文制发管理,涉密公文拟制时,应当在符合安全保密要求的场所进行,使用符合安全保密要求的设备和存储介质,严格管理由此产生的纸质或电子形式的过程稿;非涉密公文在履行公开发布程序之前,应按照内部文件管理;拟对外公开的政府信息,应按照“谁公开谁审查,先审查后公开”的原则,做好信息公开保密审查。严格密件流转管理,收发时应履行清点、登记、编号、签收等手续,并按限定的知悉范围分发,不得擅自扩大或缩小范围;传递时应通过机要渠道或指派专人负责,不得通过普通传真、邮政、快递、网络、手机等非涉密渠道进行;办结后应及时做好清退、销毁、归档等工作。

五是归档要“全”。做好公文档案收集、整理、归档工作，确保组件齐全、内容完整，切实维护历史真实面貌。注重常态化，完善档案管理制度，形成长效工作机制。对公文办理形成的文件材料，按照“真实、准确、系统”的原则，明确公文归档范围、保管期限、档案利用等，原则上在公文办结后1个工作日内完成整理收集并纳入归档体系。对归档的文件材料，原则上档案形成后次年3月底前向本单位档案机构移交。注重规范化，建立以档案机构为中心、以各业务机构专兼职人员为基础的机关档案工作网络，安排具有办公、整理、阅览等基本功能的档案工作用房，采用耐久、可靠、满足长期保存需求的记录载体和方式，对本单位形成的各种门类和载体档案进行集中统一管理。

总之，公文办理是机关办公室服务工作的重要组成部分。我们要以强烈的事业心和高度的使命感，认真负责地做好公文办理工作，努力为领导和机关各部门提供优质高效的服务。

第二章　常用公文写作

第1讲　写决定

决定是党政机关和企事业单位对重要事项或重大行动作出决策或安排，并要求机关各部门和下级机关或有关单位贯彻执行的指令性公文。适用于“对重要事项作出决策和部署、奖惩有关单位和人员、变更或者撤销下级机关不适当的决定事项”的公文。

决定是普遍使用的一种下行文，具有约束性、稳定性等特点，一般分为知照性决定（包括表彰决定、处分决定、机构设置决定、发布法规性事项或对某一具体事项作出安排的决定等）和指挥性决定（包括规定性决定、规范性决定、指导性决定、指示性决定、具有有关法令性质的决定、处理重大问题的决定和安排重要活动的决定等）。

第一，标题要完整、规范。决定一般采用标准的三要素齐全的标题，即“发文机关+发文事由+文种”，其中发文事由要准确规范概括出来。下面几个标题写得不规范：如《关于召开中共××大学全体会议的决定》，“中共××大学”应改为“中国共产党××大学委员会”。如果是由某次会议讨论通过的决定，一般是在标题之下标明该决定是在什么时间、什么会议上通过的，例如，《中共中央关于坚持和完善中国特色社会主义制度　推进国家治理体系和治理能力现代化若干重大问题的决定（2019年10月31日中国共产党第十九届中央委员会第四次全体会议通过）》。

第二，时间要标准、清晰。决定的时间标注要注意两个问题：一是成文日期要以会议通过的日期或领导人签发日期为准，不能以起草或打印的时间为成文时间。二是决定的时间一般要标注在标题下方，可用小括号括起来。决定的时间不能标在文尾，因为决定一般不写抬头和落款。

第三，缘由要准确、合理。决定的缘由是事项的依据、理由。写作时要注意交代清楚，做到简明扼要、有理有据、令人信服。泛泛而谈、根据不足、说理不清的缘由没有说服力，不可取。

第四，事项要明确、清楚。一般来说，内容比较复杂的决定，事项要一条一条地表述，把主要的、重要的放在前面，次要的放在后面。结构要合理，层次要分明，内容要合乎逻辑。

第五，注意事项。(1)“决定”与“通报”的区别。决定和通报都可以用于奖惩，但是决定语气比较强硬一点。决定中的奖励侧重于做出授予表彰对象荣誉称号的决断，具有重大的政治意义和影响效果，因此更加郑重，不能轻易做出。如《中共中央关于授予张富清同志“全国优秀共产党员”称号的决定》，对张富清60多年深藏功名，一辈子坚守初心、不改本色的感人事迹和高尚品格进行介绍，然后发出号召。而通报适用于表彰先进，批评错误，传达重要精神和告知重要情况，多侧重于介绍事迹，弘扬精神，教育他人，给不给荣誉称号都可以，表扬的事情可大可小，因此更具有及时性。通报在使用级别上没有限制，所针对的对象和发文机关的重视程度则比决定相对要弱；使用通报时，最后要加结尾、提希望、要求。

(2)“决定”与“决议”的区别。决议由代表大会或全体会议共同讨论研究、表决，需要通过法定程序才能生效。决定由党政机关中的领导班子集体研究后，综合多数人的意见，最终由行政首长作出决定。决议适用于会议讨论通过的重大决策事项。决定适用于对重要事项作出决策和部署、奖惩有关单位和人员、变更或者撤销下级机关不适当的决定事项。决议和决定最主要的区分点在于：如果是政府机关发文，一定是决定；如果是党委、人大机关发文，若内容较为具体、可以操作，如机关设立、更名、会议召开时间、某些法律适用、发展某项事业等，也用决定，除此之外像财政预、决算执行和调整、工作报告审议、国民经济和社会发展计划执行、地方政府债务等，就用决议。

【范例】

教育部关于表彰全国优秀教师和全国优秀教育工作者的决定[①]

近年来，全国广大教师和教育工作者坚持以习近平新时代中国特色社会主义思想为指导，认真学习贯彻党的十九大和十九届二中、三中全会精神，深入贯彻落实全

① 教人〔2019〕15号，中华人民共和国教育部官网2019年9月6日发布。

国教育大会、全国高校思想政治工作会议和学校思想政治理论课教师座谈会精神，围绕立德树人根本任务，教书育人，爱岗敬业，无私奉献，涌现出一大批先进典型。

为表彰他们的杰出贡献，大力弘扬尊师重教的良好社会风尚，进一步增强广大教师和教育工作者的荣誉感、责任感，推动形成优秀人才争相从教、教师人人尽展其才、好老师不断涌现的良好局面，促进教育事业科学发展，教育部决定授予于立君等1432名同志“全国优秀教师”称号，授予陈姗等158名同志“全国优秀教育工作者”称号。希望受到表彰的同志以此为新的起点，积极进取、奋发有为，充分发挥引领示范作用，在新时代教育改革发展事业中取得更加丰硕的成果。

广大教师和教育工作者要以受表彰的优秀教师和优秀教育工作者为榜样，更加紧密团结在以习近平同志为核心的党中央周围，牢固增强“四个意识”，坚定“四个自信”，做到“两个维护”，坚决贯彻党的教育方针，模范履行岗位职责，学为人师，行为世范，为加快推进教育现代化、建设教育强国、办好人民满意的教育作出新的更大的贡献！

附件：(略)

教育部

2019年9月4日

第2讲　写请示

请示适用于向上级单位请求指示或批准。一是超出本单位职责权限，请求上级单位批准的事项；二是下级单位在工作中遇到新情况、新问题，请求上级单位解决或协助解决困难；三是因某些工作事项比较复杂或涉及不相隶属单位，请求上级单位批转或转发所制发的文件；四是对上级单位有关政策、规定中未明确的问题或工作中遇到的难以把握和确认的问题，请求上级单位指示或予以明确。

请示，是机关单位“向上级机关请求指示、批准”的公文。常用请示主要有：请求批准的请示、请求解决问题的请示、请求指示性的请示三种。早期“请示”“报告”存在较为严重的混用现象，现已有了较大改观，但仍还有人会错误使用“请示报告”，难免招致批评。

一、请示的结构与写法

请示包括标题和正文。

1. 标题。请示标题一般要写明发文机关、事由和文种，发文机关有时可以省略。

2. 正文。请示正文包括请示缘由、请示事项、请示结尾三部分。

请示缘由。请示的缘由是请示事项和要求的理由及依据，要写在正文的开头，先把缘由讲清楚，然后再写请示的事项和要求，这样才能顺理成章，有说服力。

请示事项。指请示上级机关批准、帮助、解答的具体事项。一般包括方针、政策、办法、措施、主张、看法等。请示的事项，要符合国家法律、法规，符合实际，具有可行性、可操作性。因此，事项要写得具体、明白。

结尾。请示结尾一般有如下写法："以上，请批复""以上当否，请指示""以上请示，请审批"等，这些虽然是简单的一句话，但它是请示中必不可少的一项内容，不能遗漏，更不能含糊其词。

二、请示的写作原则

一文一事。一份请示只能写一件事，一些单位向上级机关请示，经常把好几个问题写在一起，认为只要能解决一个问题就行了，结果一个也不解决不了，因为"一文多事"牵涉的单位多了，涉及的政策也多，任何一个上级机关都很难答复，几个单位同时答复更不可能。

不多头请示。一份请示，只送一个上级领导机关或上级主管部门，不能同时主送两个以上机关，更不能分头送给多个领导。如有需要，有关的单位可用抄送的形式。这样，可以避免出现推诿、扯皮的现象。一些单位以为多头分送保险，搞"广种薄收"，结果常常是和谁都有关系，但谁都不管，失时误事。

不越级请示。请示与其他公文一样，一般不越级请示，如果因特殊情况或紧急事项必须越级请示时，要同时抄送越过的机关。

不得抄送下级机关。请示是上行公文，行文时，不得同时发下级机关，更不能要求下级机关执行上级机关未批准和未批复的事项。

三、注意事项

(一)请示与报告的区别。请示和报告虽然都是上行文,但其性质截然不同,不能混淆。请示是用来向上级机关请求指示、批准,解决问题的,是本单位无力无权解决或按规定须上级批准之后才能实施的事项,一般比较紧迫;请示应当一事一文;一般只写一个主送单位,需要同时送其他机关的,应当用抄送形式,但不得抄送下级机关;上级接文后一定要给予批复。报告是用来向上级机关汇报工作,反映情况,提出意见和建议,答复上级讯问,报送文件、物品等。报告是本单位职责范围内比较重大的工作或向上级机关建议,须上级机关知道的事项。报告不得夹带请示事项;请示必须事前行文,报告可在事前、事中、事后行文;上级机关对下级机关的报告,一般不予回复。公文请示和报告的错误使用表现形式有三种:该用请示时用报告,如《关于增加项目资金的报告》;报告中夹带请示事项;请示报告合用,如《关于某某事项的请示报告》。

(二)请示与函的区别。请示是上行文,函是平行文;请示的主送机关是具有领导、指导关系的上级,函的主送机关是平行或不相隶属的职能单位。在与平行或不相隶属的机关行文时使用请示,是欠妥的。请示与函有严格的区别。

【范例】

关于××年面向社会专项公开招聘专职辅导员的请示

××省人力资源和社会保障厅:

根据《事业单位公开招聘人员暂行规定》(人事部令第6号)、《关于进一步规范全省事业单位公开招聘工作的若干意见》(×人社发〔××〕××号)等文件精神和要求,结合我单位工作实际需要,拟面向社会专项公开招聘专职辅导员××人,具体情况如下。

一、招聘单位基本情况

(略)。

二、招聘人数计划

按照《普通高等学校辅导员队伍建设规定》(教育部43号令)要求,高等学校应当按总体上师生比不低于1∶200的比例设置专职辅导员岗位,足额配备到位。

×年,我校各类在校学生人数××余人。按照1∶200的比例,应配备辅导员××人,目前实有辅导员××人,缺编××人。为稳步推进辅导员队伍建设,优化结构，×年拟招聘××人，拟招聘岗位均有相应类别、等级的岗位空缺。

三、招聘原则和方式

招聘工作坚持公开、平等、竞争、择优的原则，采取笔试、面试等考核方式，具体招聘方案详见附件。

妥否，请批示。

附件：（略）

××大学

×年×月×日

第3讲　写批复

批复是指答复下级机关的请示事项时使用的文种，是机关应用写作活动中的一种常用公务文书。批复既是上级机关指示性、政策性较强的公文，又是对下级单位请求指示、批准的答复性公文，因此，撰写批复要慎重及时，根据现行政策法令及办事准则，及时给予答复。撰写时，不管同意与否，批复意见必须十分清楚明白，态度明朗。不能含糊其词，模棱两可，以免下级无所适从。

批复，是上级机关根据有关的方针、政策和法律法规，依据自身的职权，针对下级机关的请示事项所做的书面答复。《党政机关公文处理工作条例》中指出“批复适用于答复下级机关请示事项”。它是回答下级单位请示事项所使用的一种下行文。批复表达了领导机关对下级机关要开展某项工作或者处置某种事项所持的态度或指示性的意见，因此具有强制约束力和严肃郑重性，并有很强的针对性和结论性，受文者必须贯彻执行。

一、批复的特点

被动性。批复的写作以下级的请示为前提，它是专门用于答复下级机关请示事项的公文，先有上报的请示，后有下发的批复，一来一往，被动行文，这一点与其他公文有所不同。

针对性。批复具有很强的针对性。它是针对相关的请示而制发的，没有请示就没有批复，请示什么问题就答复什么问题，谁发的请示就答复谁。

指示性。批复不是简单地、被动地答复。有时根据请示的内容，也要对相关问题作出明确的指示，以便下级更好地开展工作，故批复的指示性也很强。

制约性。批复是上级机关作出的决定，对于递交请示的下级单位来说，具有不可违抗的制约性，必须服从。

二、批复的种类

肯定性批复。指同意或基本同意请示的事项。这类批复有时写得很简单，表个态就行；有时则针对请示的内容作出有关指示，或补充某些内容。

否定性批复。指不同意请示的事项。作出否定性批复时，态度要慎重，要以理服人，说明不同意的原因，这是保护下级机关工作积极性的表现，也是对工作负责的表现。

三、批复的构成

批复一般由标题、正文、落款和成文时间三个部分组成。

1. 标题。批复的标题主要有两种：一种是由发布机关、事由、文种组成，如《国务院关于同意在雄安新区等46个城市和地区设立跨境电子商务综合试验区的批复》；另一种是事由、文种两部分，如《关于不同意××厂购置公务车辆的批复》。

2. 正文。正文包括批复引语、批复意见和批复要求（结尾）三部分。

批复引语，要点出批复对象，一般称收到某文，或某文收悉。要写明是对于何时、何号、关于何事的请示的答复，如“你部《关于××的请示》（××发〔2021〕×号）收悉，经研究批复如下”。时间和文号可省略。

批复意见，是针对请示中提出的问题所作的答复和指示，意思要明确，语气要适当，什么同意，什么不同意，为什么某些条款不同意，注意事项等都要写清楚。

批复要求（结尾），是从上级机关的角度提出的一些补充性意见，或是表明希望、提出号召。如果同意，可写要求；不同意，亦可提供其他解决办法。

3. 落款和成文时间。在正文右下方标注批复的发文机关。如果在标题上有发文机关的，落款可以省略，成文时间置于发文机关之下。

【范例】

省人民政府关于同意设立宜昌技师学院的批复[①]

省人力资源和社会保障厅：

你厅《关于设立宜昌技师学院的请示》收悉。经研究，现批复如下：

一、同意宜昌市第二技工学校升格设立宜昌技师学院，学校管理体制和经费渠道不变，不再保留原学校校名。

二、宜昌技师学院要始终坚持党的教育方针和社会主义办学方向，紧贴产业发展和市场需求，科学制定发展规划，不断改善办学条件，突出办学特色，提升办学质量，为服务高质量发展培育更多高素质技能人才。

三、省人力资源和社会保障厅要认真履行业务主管部门职责，加强对宜昌技师学院的管理，指导督促学校依法依规办学。

特此批复。

2024年2月8日

第4讲　写报告

报告是向上级机关汇报工作、反映情况、提出意见或者建议，答复上级机关的询问时使用的陈述性公文，是机关单位使用频率极高的上行文。它与请示虽同属上行文，但两者之间有着严格区别。

一、报告的适用范围

报告使用范围很广。按照上级部署或工作计划，每完成一项任务，一般都要向上级写报告，反映工作中的基本情况、工作中取得的经验教训、存在的问题以及今后工作设想等，以取得上级领导部门的指导。

二、报告的特点

1. 内容的汇报性。一切报告都是下级向上级机关或业务主管部门汇报工作，让上级机关掌握基本情况并及时对自己的工作进行指导，所以汇报性是“报告”的一个大特点。

① 鄂政函〔2024〕11号，湖北省人民政府2024年2月1日发布。

2. 语言的陈述性。因为报告具有汇报性,是向上级讲述做了什么工作,或工作是怎样做的,有什么情况、经验、体会,存在什么问题,今后有什么打算,对领导有什么意见、建议,所以行文上一般都使用叙述方法,即陈述其事,而不是像请示那样采用祈使、请求等方法。

3. 行文的单向性。报告是下级机关向上级机关行文,是为上级机关进行宏观领导提供依据,一般不需要受文机关的批复,属于单项行文。

4. 成文的事后性。多数报告都是在事情做完或发生后,向上级机关作出汇报,是事后或事中行文。

5. 沟通的双向性。报告虽不需批复,却是下级机关以此取得上级机关的支持指导的桥梁;同时上级机关也能通过报告获得信息,了解下情,以进行相关决策指导和协调工作。

三、报告的分类

1. 例行报告(日报、周报、旬报、月报、季报、年报等)。例行报告不能变成“例行公事”,而要随着工作的进展,反映新情况,新问题,写出新意。

2. 综合报告。全面汇报本机关工作情况,可以和工作工作、计划安排结合起来。要有分析,有综合,有新意,有重点。

3. 专题报告。指向上级反映本机关的某项工作、某个问题、某一方面的情况,要求上级对此有所了解的报告。所写的报告要迅速、及时,一事一报,呈报、呈转要分清写明。

四、报告的格式

1. 标题,包括事由和公文名称。

2. 上款,收文机关或主管领导人。

3. 正文,结构与一般公文相同。从内容方面看,报情况的,应有情况、说明、结论三部分,其中情况不能省略;报意见的,应有依据、说明、设想三部分,其中设想不能省略。从形式上看,复杂一点的要分开头、主体、结尾。开头使用多的是导语式、提问式给个总概念或引起注意。主体可分部分加二级标题或分条加序码。

报告的内涵决定了在写作上的通用规则,这就是人们通常所讲的“三段式”。主要有:

(1)情况—做法—问题(意见),适用于专题报告、综合性报告。

(2)情况—问题—今后意见,适用于专题报告。

(3)情况—原因—责任及处理意见,适用于检讨报告。

撰写报告掌握"三段式"的基本写法,对提高撰文效率且达到眉目清楚,是十分必要的。但要注意的是,"三段式"不是一成不变的模式,它必然由于不同的内容表现为多变状态,并非所有报告都必须用"三段式"。

4. 结尾,可展望、预测,亦可省略,但结语不能省。

五、注意事项

1. 报告与通报的区别。报告与通报虽均以陈述客观事实为主要内容,但报告是用于向上级陈述情况,很少直接论理。通报是用于向下级进行典型教育,需要直接论理,做到紧贴典型事实,以叙事为主,适当引申一些道理。

2. 报告与意见的区别。报告适用于向上级机关汇报工作,反映情况,答复上级机关的询问。意见适用于对重要问题提出见解和处理办法。报告只适用于上行文,而意见可以用于上行文、平行文和下行文。意见作为上行文,应按请示性公文的程序和要求办理。上级机关应当对下级机关报送的意见做出处理或给予答复。意见作为下行文,文中对贯彻执行有明确要求的,下级机关应当遵照执行;无明确要求的,下级机关可参照执行。意见作为平行文,提出的意见供对方参考。

3. 注意结语。呈转报告的要写上"以上报告如无不妥,请批转各地参照执行",最后写明发文机关、日期。

目前写报告容易出错的地方有两处。一是结尾处有"特此报告"一类结语,由于词语既无实际意义,也无结构作用,应当去除。如果写成"以上报告当否,请指示",就更错误,因为如上述,报告是无须上级回复处理的文种。二是报告后面附"联系人"和"联系电话"也属画蛇添足。

4. 写报告要避免太长,一般应控制在3000字以内。

【范例】

××省人民政府关于2022年度法治政府建设情况的报告

2022年,省政府坚持以习近平新时代中国特色社会主义思想为指导,全面贯彻党的二十大精神,深入学习贯彻习近平法治思想和习近平总书记关于××工作的重要讲话和指示批示精神,紧紧围绕党中央、国务院《法治政府建设实施纲要

(2021—2025年)》和省第十二次党代会有关法治建设部署要求,把法治政府建设放在全省发展全局中统筹谋划,扎实推进依法行政,持续提升政府治理现代化水平,为湖北加快建设全国构建新发展格局先行区提供有力的法治保障。

一、深学笃行习近平法治思想,统筹推进法治政府建设

一是坚持政治引领。……二是紧抓"关键少数"。……三是强化督促落实。……

二、加强高质量发展制度供给,健全完善依法行政制度体系

一是加快重点领域立法。……二是加强规范性文件监督管理。……三是统筹推进立改废释。……

三、依法全面履行政府职能,持续提高行政效能

一是优化政府机构职能。……二是深化"放管服"改革。……三是优化法治化营商环境。……

四、坚持科学民主依法决策,不断提升行政决策公信力和执行力

五、完善行政执法体制机制,推进严格规范公正文明执法(略)

六、强化行政权力制约监督,促进行政权力规范透明运行(略)

七、统筹发展和安全,提升社会治理法治化水平(略)

虽然我省法治政府建设取得一定成效,但仍存在一些不足,比如:依法行政的意识和能力还需提高,行政立法的针对性和实效性还需增强,行政执法效能还需提升,法治建设基层基础还需加强。下一步,将采取有力措施切实加以解决,进一步提高法治政府建设水平。一是更大力度统筹推进法治政府建设。……二是进一步提高依法行政制度供给质效。……三是坚持以控制成本为核心优化营商环境。……四是不断强化行政执法监督机制建设。……五是努力提高依法行政的意识和能力。……

第5讲　写通报

通报,是机关单位"表彰先进、批评错误、传达重要精神和告知重要情况"的公文,是各级机关、企事业单位和团体经常使用的文种。主要包括事故通报、情况通报、表彰性通报和批评性通报四种类型。通报的作用是表扬好人好事,批评错误和歪风邪气,通报应引以为戒的恶性事故,传达重要情况以及需要各单位知道的事项。其目的是交流经验,吸取教训,教育干部、职工群众,推动工作的进一步开展。

在通报的实际使用中，我们常常习惯使用批评性通报。在批评错误的时候使用通报，表彰先进的时候不用通报，是对通报的片面认识。比如，我们检查学生宿舍后，对那些卫生状况不好，或者违章使用电器的宿舍，专门发通报进行批评教育；但对于卫生状况好、文明守纪的宿舍，在通报中没有表扬。

一、标题

通报的标题可省略发文机关，比较重要的通报则不省略。在拟通报标题时，特别要注意准确、简明地概括出事由。例如，《关于必须严肃处理党员干部中的违法乱纪案件的通报》，就省略了发文单位。而《国务院关于一份国务院文件周转情况的通报》则写明发文机关、事由和文种。

通报署时可以在标题下方，这时通报不需写抬头和落款；通报也可以有抬头、落款，时间在发文机关下面。这两种格式都是正确的。

二、正文

不同类型的通报，其正文写法有所不同。下面分别介绍表彰性通报、批评性通报和情况通报的正文写法。

1. 表彰性通报。表彰性通报的内容一般包括介绍事迹，分析评价事迹意义，概括主要经验，作出表彰决定，提出希望等。如《国务院办公厅关于表彰奖励中国女子足球队的通报》。表彰性通报的正文主要包括叙述事迹、表彰决定、提出希望和要求三部分。

叙述事迹。事迹要典型，叙述时尽可能简明扼要。把人物、时间、地点、事情的主要经过和结果交代清楚。要根据篇幅，抓住主要特征和梗概来写，不必要叙述全过程，只要概括介绍即可。通报还常在介绍事迹的基础上再加上简要的评价和意义分析，节省笔墨，点到即止。

表彰决定。凡表彰性通报都有表彰的具体决定。这部分一般是略写，写清楚给予什么奖励即可。

希望和要求。发通报的目的是表彰先进，号召人们向先进单位和个人学习。通报的结尾部分一般有希望和号召的内容。

2. 批评性通报。批评性通报将典型的不良行为、倾向或重大事故公布出来，旨在使大家从中吸取教训，受到教育。如《国务院关于克服官僚主义进一步转变工作作风提高办事效率有关问题的通报》。其写法与表扬性通报大致相同,正文内容主要包括错误事实,根源和教训,处理决定,希望和要求四部分。

错误事实。批评性通报要实事求是地反映事实真相,不能夸大或缩小,因为这是批评的依据,必须真实。

根源和教训。对错误进行分析,指出错误的原因,点明危害。这部分要写得准确、中肯,实事求是,不能含含糊糊,模棱两可,或者故意夸大,无限上纲上线。

处理决定。在摆明事实、分析原因的基础上,恰如其分地提出处理决定,有理有据、令人信服。

希望和要求。这部分是通过对错误的处理,要求当事者如何对待错误,希望大家吸取教训、引以为戒。

3. 情况通报。情况通报是为使下级机关单位了解某阶段的工作情况,或某重大事件、活动的情况,指导工作,往往用通报将有关情况予以公布。这种情况通报具有很强的针对性。比如大家普遍关心的问题或重大的事件和活动,对各单位都有一定的指导和参考意义。如《国务院安委会办公室关于河南平顶山"5·25"特别重大火灾事故情况的通报》。

三、注意事项

注意时效性。发通报必须有很强的时效性,要抓住时机,及时将先进典型和经验向社会宣传推广,对反面典型予以揭露,引起警戒,或对某些重大事项和重要情况,及时予以通报,以起到交流情况、信息,指导工作的作用。

注意指导性。不是事无巨细都要发通报,要选择对面上工作有普遍指导意义的事项来发通报。要有普遍的指导意义,就应选择典型。先进的典型要能反映事物的本质特征,能揭示时代的本质,体现时代的精神。反面的典型,应有一定的代表性,有鉴戒的作用。

注意真实性。通报中所涉及的事例,必须是客观存在的,经过反复调查,真实可靠的,绝不允许捏造和虚构。另外,事例的反映要准确,不能夸大或缩小,要实事求是。通报有时要在结尾部分提出希望和号召,也必须切合实际,不脱离现实,要有一定的针对性,使读者接受号召,受到启示。

注意庄重性。通报的语言要简洁、庄重。通报中虽然有叙事,不像决定、命令等文件语气强硬,但因其重在弘扬正气或惩戒错误,因而行文要措辞严谨,语气庄重、严肃。其中表扬性和批评性的通报还应注意用语分寸,要力求文实相符,不讲空话、套话,不讲过头的话。

【范例】

国务院办公厅关于部分债务沉重地区违规兴建楼堂馆所问题的通报

国办发〔2021〕39号

各省、自治区、直辖市人民政府,国务院各部委、各直属机构:

严格控制党政机关办公楼等楼堂馆所建设,是加强党风廉政建设、落实过紧日子要求的重要内容,党中央、国务院对此高度重视。……

党中央、国务院明确要求,高负债地区除必要的基本民生支出和机关有效运转支出外,要大力压减基本建设支出,筹措资金化解债务风险。……为进一步严肃财经纪律,严格楼堂馆所建设管理,经国务院同意,现将有关情况通报如下:

一、部分地区违规建设楼堂馆所情况

审计发现,青海、宁夏、贵州、云南等4个地方政府债务风险较高的地区,有8个项目不同程度存在违规兴建楼堂馆所问题。(略)

二、存在的突出问题

一是执行财经纪律松弛。(略)

二是规避项目审批程序。(略)

三是钻制度空子搞变通。(略)

三、工作要求

(一)切实提高思想认识。(略)

(二)从严落实财经纪律。(略)

(三)落实严控楼堂馆所建设主体责任。(略)

(四)强化项目审批管理和财政支出约束。(略)

(五)加大监督问责力度。(略)

国务院办公厅

2021年10月22日

【范例】

情况通报

近期有关于我校××学院教师黄某相关问题的举报。涉事教师已报警。学校高度重视,已第一时间按程序进行调查核实,并将根据调查结果依法依规处理。

学校始终高度重视师德师风建设,对于违反师德师风行为零容忍。最后,学校感谢社会各界对××师大的关心支持和监督,共同维护风清气正的教书育人环境。

××师范大学

2022年11月30日

第6讲　写通知

通知是党政机关使用频率最高、运用范围最广的公文文种,是党政机关和企事业单位"发布、传达要求下级机关执行和有关单位周知或者执行的事项"的公文,也常用于批转下级机关来文、转发上级机关或不相隶属机关来文,体现了上级机关对下级机关的领导与指导。

通知的关键在把要交代的要求和措施表达清楚的前提下,其用句用词严谨且简练,并有及时性和通俗性等要求。简单来说就是,当人阅读通知的时候,应快速得到,是谁发出的通知,通知的主要事情和其执行的时间等信息。

一、标题

通知的标题有完全式和省略式两种,完全式是发文机关、事由、文种齐全的标题。省略式则是根据需要省去其中的一项或两项。省略式标题有如下三种情况。

1. 省略发文单位。如果标题太长,可省略发文机关。如××大学发布《关于做好绿色通道高级专业技术职务任职资格评审工作的通知》,这个标题省略了发文单位"××大学"。省略了发文机关的通知标题很常见。如果是两个单位以上联合发文的,一般不能省略,如《中共××大学委员会××大学印发〈关于深入开展师德专题教育工作方案〉的通知》。

2. 省略文种。公文的标题一般是不能省略文种的。转发性通知,有时由于被批转、转发的公文标题中已有"通知"二字,或者被批转、转发的公文标题比较长,这时,通知的标题一般可省略文种,省去"通知"二字。

3. 省略发文机关和事由。如果通知发文范围很小,内容简单,甚至张贴都可以,这样的通知标题可以省略发文机关和事由,只有文种,即"通知"二字。例如在单位内部的会议通知、政治学习通知、简单的工作通知等。

二、正文

通知的正文包括缘由、事项、要求三部分。主体在事项部分。下面分别介绍几种通知正文的写法。

1. 转发性通知的写法。可以把批转通知称为"批语",把被发布、批转的文件看作是通知的主体内容,批语表明发文机关的态度,提出贯彻执行的要求,一般起提示、按语的作用。

2. 事项性通知的写法。一般由开头、主体、结尾三部分组成。开头,一般是通知的缘由和目的,说明为什么要发此通知,目的是什么。主体,一般是把布置的工作或需要周知的事项一项一项地列出来,阐述清楚,讲清目的、要求、措施、办法等。结尾,一般是提出贯彻执行要求,如"请遵照执行""请认真贯彻执行""请研究贯彻"等,也有的通知结尾没有习惯用语。

写事项性通知,要开门见山,不要拐弯抹角。在叙述通知时,要突出重点,把主要的、重要的写在前面。根据需要,主要内容可详写,讲清道理、讲明措施,次要内容尽量略写,简明扼要交代即可。在语言表达方面,通知的语言要以叙述为主,对下级单位提出明确要求。

3. 会议通知及任免通知的写法。这两种通知的内容没有转发性通知、事项性通知那么复杂,比较单一,篇幅简短,知照性强。会议通知的内容一般包括:会议名称、时间、地点、内容、参加人员,报到时间、地点以及会议要求等。会议通知的格式比较固定,只要把上述内容交代清楚即可。任免通知的写作比会议通知更为简单,一般有固定格式,按任免决定写上即可。

三、注意事项

1. 明确行文的目的。制发通知的目的是回答和解决一些实际问题。因此,撰写通知一定要从实际出发,有的放矢。加强内容的针对性可以从对象、问题、思想三个方面考虑。对象的针对性是指通知的内容应从具体的受文对象出发,能真实地反映受文对象的实际,能有效地回答和解决受文对象面临的问题;问题的针对性是指通知所反映的情况和问题,是确实存在的,并且具有一定的普遍性和典型性,回答和解决具有必要性和迫切性;思想的针对性是指要指出与存在问题相联系的思想认识问题,并对其实质和意义做出分析,以提高受文对象的理性认识,并实事求是、合情合理地提出切实可行的意见。

2. 做到层次清楚,段落分明。层次,即文书内容的表现次序。就是一份文书,写几个问题,先写什么,后写什么,有序号,有标题或观点,一目了然。例如会议通知,应该先写会议内容、参加人员,然后再写会议时间、地点、要求,这样才符合一般人的思维逻辑。段落,又称自然段。段落分明要做到“五性”:一是单一性。就是一段要突出一个中心思想,不要在一段内容里写得很杂。二是完整性。不要把一段完整的内容,分几个自然段去阐述。三是鲜明性。每段的第一句话,要尽量加段首句或标题,必要还要加序号。四是连续性。段落之间要有内在联系,使每段成为一份文书的有机组成部分,做到“分之为一段,合则为一篇”。五是协调性。即分段要注意整体的匀称,做到轻重相当,长短适度,切忌有的段落很长、有的段落很短。

3. 注意通知与通报的区别。前者重在执行,后者重在教育。通知的主要目的是要求下级在下一步工作中需执行的安排,要求受文机关知道做什么、为什么做、如何去做,叙述具体。通报,主要是通过典型事例的宣传起到教育宣传作用,只涉及“什么事”和“为什么”两个层面的问题,兼用叙述、分析和议论,有较强的感情色彩。通报事情的性质、范围大于通知。

【范例】

教育部办公厅关于加强中小学生手机管理工作的通知

教基厅函〔2021〕3号

各省、自治区、直辖市教育厅(教委),新疆生产建设兵团教育局:

随着手机的日益普及,学生使用手机对学校管理和学生发展带来诸多不利影响。为保护学生视力,让学生在学校专心学习,防止沉迷网络和游戏,促进学生身心健康发展,现就进一步加强中小学生手机管理工作通知如下。

一、有限带入校园。(略)

二、细化管理措施。(略)

三、加强教育引导。(略)

四、做好家校沟通。(略)

五、强化督导检查。(略)

教育部办公厅

2021年1月15日

第7讲　写函

在党政公文主要文种中，函是唯一的一种平行文种。函，是不相隶属机关单位之间商洽工作、询问和答复问题、请求批准和答复审批事项所用的公文。函适用的范围相当广泛，在我国机关单位公文运转中起着重要的作用。

函是唯一的一个平行公文。按性质分，可以分为公函和便函两种。公函用于机关单位正式的公务活动往来；便函则用于日常事务性工作的处理。便函不属于正式公文，没有公文格式要求，甚至可以不要标题，不用发文字号，只需要在尾部署上机关单位名称、成文时间并加盖公章即可。按发文目的分，可以分为发函和复函两种。发函即主动提出了公事事项所发出的函。复函则是为回复对方所发出的函。从内容和用途上，还可以分为商洽事宜函、通知事宜函、催办事宜函、邀请函、请示答复事宜函、转办函、催办函、报送材料函等。

函有以下三个特点。一是沟通性。函对于不相隶属机关之间相互商洽工作、询问和答复问题，起着沟通作用，充分显示平行文种的功能，这是其他公文所不具备的特点。二是灵活性。除了国家高级机关的函必须按照公文的格式、行文要求行文外，其他一般函，比较灵活自便，也可以按照公文的格式及行文要求办。可以有文头版，也可以没有文头版、不编发文字号，甚至可以不拟标题。三是单一性。函的主体内容应该具备单一性的特点，一份函只宜写一件事项。

一、标题

函的标题有多种写法，一种是发文机关、事由、回复函对象、文种，如《国务院办公厅关于悬挂国徽等问题给××省人民政府办公厅的复函》，这是较重要复函常用的标题。另一种是只写事由、文种，省略发文机关，如《关于请求增拨设备维修费的函》《关于拨款举办“高雅艺术进校园活动”的复函》，前例为发函标题，后例为复函标题。还有一种是省略事由的，如《××省高级人民法院函》，这种情形不多见。

二、正文

函的正文包括缘由、事项、结语三部分。

缘由，指发出本函的原因，一般简明扼要，一两句话说明即可。例如复函的缘由一般写："你单位×年××月××日关于××的来函收悉"等。

事项，指函的主体内容，根据需要把内容写出来，或商洽，或请求批准，或询问，或答复等，不管写哪种函，事项必须清楚、具体、明确、扼要。

结语，指函的结尾，一般使用公文术语，如"特此函告""特此函达""请复""特此函复""此复"等。

三、注意事项

1. 开门见山。无论是来函还是复函，在写作中都应该开门见山，尽快接触主题，力戒漫无边际，故意绕弯子，忌讳那些不必要的客套，尽量少讲空泛抽象的大道理。函的用语，力求平和礼貌，特别忌讳命令语气，但是也不能为了谋求问题解决，极尽恭维逢迎之能事。

2. 针对性。函有鲜明的针对性，主要表现在：一是紧紧围绕函中所提出的问题和公务事项来写。二是往来机关应当与函中所提出的问题和公务事项相称。也就是，函中所提出的问题和公务事项应该是函往来机关有可能解决的。三是除特殊情况外，应坚持一函一事。

3. 函与请示不能混用。函和请示都有"请求批准"的用途，函和请示的区别在于，函主要用于平级单位之间、不相隶属单位之间以及有业务上的主管和被主管关系的单位之间。

【范例】

关于恳请支持××大学学生食堂改扩建审批工作的函

中共××区委：

××大学自20世纪80年代初选址××区恢复办学以来，在××区委、区政府长期关心和有力支持下，学校各项事业得到跨越式发展。但学校建于20世纪80年代初的××校区，现有基础设施条件难以满足学校教育教学需要和师生对新时代美好生活的向往，严重延滞学校事业发展。为促进学校健康、持续、高质量发展，恳请区委领导协调、支持我校××校区学生食堂改扩建事宜。具体情况如下：

学校××校区学生食堂建设于1982年，设计进餐容量1500人，难以满足6000余名在校生生活用餐需求。学校拟拆除该食堂，就地重建一座地上地下共三层的现代标准食堂。根据现行政策，改扩建项目报建需提供齐全的原建筑物资料。由于学生食堂建设至今已40年，部分建设档案原始资料遗失，造成改扩建审批资料不齐全，存在报建审批难的问题，恳请协调支持学生食堂改扩建报建审批事宜。

专此函请，支持为盼！

××大学

×年×月×日

第三章　事务类文书写作

第1讲　写工作计划

工作计划是一个单位或个人对未来一段时间的工作安排或打算。目前普遍存在对工作计划的重视不够、概念不清、目标不明等问题。工作计划的写作包括四方面的内容：一是围绕中心工作，找准工作定位。二是分析今年得失，锁定来年目标。三是梳理工作内容，量化工作任务。四是把控工作步骤，设定时间节点。五是善用现有条件，拟定具体措施。

工作计划是对工作预想和打算的书面化，它是为完成一定时期的工作任务而事先做出筹划和安排的一种事务文书。工作计划的作用是显而易见的。有了工作计划，工作就有了明确的目标和具体的步骤，就可以协调大家的行动，增强工作的主动性，减少盲目性，使工作有条不紊地进行，就可以合理安排人力、物力、财力，高效地完成工作任务；同时，计划本身又是对工作进度和质量的考核标准，对大家有较强的约束和督促作用。所以计划对工作既有指导作用，又有推动作用，搞好工作计划，是机关单位建立正常的工作秩序，提高工作效率的重要手段。

工作计划有不同种类，不仅有时间长短之分，而且有范围大小之别。从计划的具体分类来讲，比较长远、宏大的为“规划”，比较切近、具体的为“安排”，比较繁杂、全面的为“方案”，比较简明、概括的为“要点”，比较深入、细致的为“计划”，比较粗略、雏形的为“设想”。

一、基本特征

一般来讲，工作计划具有以下四个方面的基本特征。

一是预见性。这是计划最明显的特点之一。计划不是对已经形成的事实和状况的描述，而是在工作实施之前对该项工作的目标、方法、措施所作出的预见性确认。在制订计划时，必须以上级部门的规定和指示为指导，以本单位的实际条件为基础，以过去的成绩和问题为依据，对今后的发展趋势作出正确预想。没有预见性就没有计划，预见是否准确决定了计划写作的成败。

二是针对性。一是要根据党和国家的方针政策、上级部门的工作安排和指示精神而定。二是针对本单位的工作任务、主客观条件和相应能力而定。只有从实际出发制订出来的计划，才是有意义、有价值的计划。

三是可行性。计划中提出的工作目标任务不是凭空预想出来的，是切实可行的，制订出来的措施是有效的。如果目标定得过高、措施无力实施，这个计划就是空中楼阁，就不能调动群众的积极性；反之，目标定得过低，实现虽然很容易，却不能因而取得有价值的成就，事业就得不到发展。

四是约束性。计划一经本单位讨论通过或上级批准，它就对实践产生了一定的行政约束力。在其所指向的范围内就具有了约束作用，在这一范围内无论是集体还是个人，都必须按计划的内容严格执行。

二、写作要领

要制订好工作计划并非易事。应该以重视的态度、平常的心境、审度的视角，全面规划来年的工作，期待来年的成长进步。

一是依据上级工作要点，找准工作目标。机关的工作计划，要依据上级主管部门的工作计划来制订，这些单位在年初一般都会发布工作要点，提出了一些项目和任务，需要基层完成。

二是围绕中心工作，找准工作定位。机关中心工作是二级单位和个人工作计划的方向和前提，部门的工作计划则是个人工作计划的基础和框架。制订来年工作计划，一方面要围绕中心工作，按照单位和部门来年的“工程图”规划自己的任务，安排好添砖加瓦的工作；另一方面要找准工作的边界，不能越位，把墙砌到地基外肯定是不行的。

三是分析今年得失，锁定来年目标。年终总结是前鉴，现实状况是参照。锁定来年目标，要回顾以前，哪些工作不到位，哪些任务没完成；要结合现状向前看，哪些不足仍存在，哪些优势要保持。为了让设定的目标更加科学合理，可以请领导和同事以旁观者的眼光帮助自己，看看目标是不是定得太低或者过于理想化。

四是梳理工作内容，量化工作任务。既然是安排一段时间的工作，那么无论重要的还是次要的，行政方面的还是党建方面的，方方面面都要提到，无非在篇幅上、提法上有所侧重而已。为了保证来年计划制订稳妥扎实，工作内容要具体化，条块清楚、目标明确，即每一项工作达到什么目标，要提出时间、步骤、进度、质量等方面的具体要求，能够量化的则要量化，不能量化的也要有质的要求。

五是把控工作步骤，设定时间节点。制订计划时要分清轻重缓急，合理安排工作何时去做、何时做完。具有长期性、延续性的工作任务最好能够按季度、按月甚至按周来量化，随时查看进度。

六是善用现有条件，拟定具体措施。制订来年工作计划要根据主客观条件，提出具体办法，采取必要的措施与策略，统筹安排，将“怎么做”写得明确具体。一般来说，要设定与目标相对应的指标体系。如，完成一项任务要花费的时间、需要的经费、任务承办程序、顺利完成的条件等。

七是预想突发情况，设定补充方案。“计划赶不上变化”在工作中是常有的。客观地说，事先制订的计划很难保证判断无误，具体实施起来多少可能出现一些问题。因此，我们要未雨绸缪，留有一定空间，尽可能预想工作中可能出现的偏差、障碍、困难，并估计其对目标计划可能造成的影响，预设出现“意外”的防范手段和补救办法，以免出现问题时工作陷于被动。只想成功、不计差池的计划不是成熟、完整的计划。

【范例】

××大学2019年人事人才工作要点

2019年我校人事人才工作的整体要求是：以习近平新时代中国特色社会主义思想为指导，深入贯彻落实全国教育大会精神，在学校党委行政的坚强领导下，坚持“党管人才，以人为本”的工作理念，落实“人才强校”战略，以创新工作机制为抓手，以深化人事制度改革为动力，深入实施“人才高地汇聚工程”，加大人才引育力度，建设高水平师资队伍，实行更加积极、更加开放、更加有效的人事政策，搞活用人机制，激发职工活力，为学校高质量发展提供强大的智力支撑和制度保障，以优异成绩庆祝新中国成立70周年。

一、规范人事管理,优化校内人力资源配置

1. 坚持制度管人。(略)

2. 加强职工培训。(略)

3. 畅通晋升渠道。(略)

4. 盘活人力资源。(略)

二、坚持高端引领,持续推进高层次人才工作

5. 实施精准引才。(略)

6. 创新引才途径。(略)

7. 积极申报人才项目。(略)

8. 加大人才培育力度。推进“阳光学者计划”……启动“卓越教学奖”评选表彰……(略)

9. 健全人才服务体系。(略)

三、不断深化改革,建设高素质专业化创新型教师队伍

10. 完善教师发展支持体系。(略)

11. 深化职称制度改革。(略)

12. 推进教师岗位和考核评价制度改革。(略)

13. 营造尊师重教良好氛围。(略)

四、抓实师德师风建设,深入推动师德建设长效化制度化

14. 健全师德工作体制机制。(略)

15. 开展师德师风宣传教育。(略)

16. 加强师德师风专项治理。(略)

五、健全职工服务保障体系,着力提升职工获得感

17. 完善职工待遇保障机制。(略)

18. 稳步推进参保进程。(略)

19. 打造职工“一站式”服务平台。(略)

2019年2月28日

第2讲　写工作方案

方案是机关、团体、单位从实际出发,瞄准未来目标对重要工作或重大活动作出系统谋划、全面构想的一种计划性文书。方案一般由标题、署名、正文三部分构成。写好方案,一是要结构简明,行文规范。二是要措施简易,操作性强。制订方案，措施是关键。措施部分的写作是整个方案写作的重中之重，主要包括各阶段工作内容、基本任务目标、主要措施手段、相应的安排和要求，包括人力、财力、物力的组织安排和部署等。三是要文字精准，富于美感。力求句式整齐优美，简短有力。

方案是机关、团体、单位从实际出发，瞄准未来目标对重要工作或重大活动作出系统谋划、全面构想的一种计划性文书。方案乃计划这个大家庭的一员，一般而言，如果是时间短如月、年的用“计划”，如果是时间较长、范围较广如三年、五年、十年的用“规划”，如果是初步的、不太成熟的计划用“设想”。如果计划内容是某一项工作，一般用“安排”或“方案”，工作项目较简单者用“安排”，比较复杂者用“方案”。它在各行各业公务活动中得到了广泛运用。

一、基本特征

方案具有以下三个方面的特征。

一是广泛性。方案的应用很广泛，适用范围广。从适用的主体来看，既可以是各级的党政机关，也可以是企事业单位和各种社会团体。从实施方案的内容来说，涉及政治、经济、文化及人们的学习、工作等各方面的内容。

二是操作性。方案要把某项工作的工作内容、目标要求、实施的方法步骤以及组织保障等各个环节都要做出具体明确的安排。要落实到工作分几个阶段、什么时间开展、什么人来负责、领导及监督怎样保障等，都要做出具体明确的安排。

三是规定性。方案的制定有很强的规定性。方案的规定性表现在两个方面：一方面，方案要根据上级的有关文件及精神来制定，要根据所要实施的工作的目的、要求、工作的内容及单位的实际情况来制定，而不能是随意制定的；另一方面，方案一旦制定出来，制定机关及相关部门单位就要按照实施方案认真组织实施，具有强制性。

二、写作要领

要写作一份高质量的方案并非易事，方案难写不在文字，而难在措施简单易行，需要我们在工作中不断历练。怎样写好方案呢？

（一）结构简明，行文规范

方案一般由标题、署名、正文三部分构成。方案的标题可分为全称式和简明式两种，而又以全称式居多。凡由单位、事由、文种三要素构成的为全称式；仅由事由、文种二要素构成的为简明式。如下文《关于深入开展学雷锋活动的实施方案》属于简明式标题，正文采用的是方案的常规写法，即按“重要意义”“总体要求”“主要内容”和“工作要求”几个部分来写。文本紧紧抓住怎样扎实开展“学雷锋活动”谋篇布局，先简要地写了制订方案的目的，然后阐述了方案制订所依据的指导思想和所要达到的工作目标，重点写了以“践行雷锋精神、争当活雷锋”为活动要求，突出“四个一”的活动内容和主要工作措施，这部分内容虽然较多，措施写得也较具体，但因为作者注意条分缕析，注重运用醒目的小标题结构行文，所以让人一目了然。最后就怎样切实抓好学雷锋活动提出四点要求，如吹响四声战斗号角，干脆有力。整个方案纲举目张，条理分明，脉络清晰，好比一棵删繁就简的三秋树，主干突出，枝叶分明，疏密有致。

（二）措施具体，操作性强

制订方案，措施是关键。这是方案写作的核心内容所在，也是方案价值、功用的集中体现，是方案制定者素质、能力、水平的充分展示。方案的制订必须从实际出发，运用科学的措施和办法解决具体问题，因而措施部分的写作是整个方案写作的重中之重，主要包括各阶段工作内容、基本任务目标、主要措施手段、相应的安排和要求，包括人力、财力、物力的组织安排和部署等。从总体上说，也就是要写明在什么时间、多大范围内由哪些人做哪些工作，采取什么方式于何时做到何种程度。如，例文《关于深入开展学雷锋活动的实施方案》就很好地体现了“大道至简”“简单才能高效”的原则，在措施制订和写作上做到了提纲挈领，主次分明，操作性强。比如在“策划和组织开展一系列富有感召力和影响力的主题活动”中，启动实施“牵手工程”，即引导学术团队牵手帮扶100名青年教师；引导教学骨干牵手帮扶100名刚入职的博士和青年教师；引导广大教职工牵手200名困难学生；引导广大师生牵手帮扶50名困难教职工和“空巢”离退休教职工；学校工会为50名单身教职工牵红线，切实为广大师生办实事、解难事。如此具体的措施既具体可行又便于操作，确保了工作的顺利开展，促成了方案目标的圆满实现。

（三）语言精准，富于美感

在《关于深入开展学雷锋活动的实施方案》中，作者十分注重语言文字的提炼。不妨以“工作目标”中的一段话来略加分析：“大力开展教育和社会实践相结合，深入开展‘关爱他人、关爱社会、关爱自然’主题实践活动，宣传和弘扬‘奉献他人、提升自己’的志愿服务理念。大力弘扬雷锋热爱党、热爱祖国、热爱社会主义的崇高理想和坚定信念,弘扬雷锋服务人民、助人为乐的奉献精神,弘扬雷锋锐意进取、自强不息的创新精神,弘扬雷锋干一行爱一行、专一行精一行的敬业精神,弘扬雷锋锐意进取、自强不息的创新精神,弘扬雷锋艰苦奋斗、勤俭节约的创业精神,积极引导广大师生员工努力成为新时代雷锋精神的传播者、弘扬者和践行者,努力实现'教育师生、服务社会、弘扬新风、促进跨越'的总体目标。"其中"大力开展""大力弘扬""积极引导"比较准确、灵活又有力度。又比如"开展一次普及式的雷锋精神学习教育活动"中,"读一本书""讲一个故事""开一次班会""写一篇心得"等"四个一"重点工作的提炼,让读者从字里行间可以发现写作者有意追求语言的精确和美感。同时作者十分注重段首句的提炼和运用,以方案中的"工作要求"部分为例,"加强组织领导""注重工作实效""营造良好氛围""建立长效机制"等四个段首句,做到了句式整齐优美,语言简短有力,很好地体现了注重语言修养的良好品德,读者可以细加体会。

【范例】

关于深入开展学雷锋活动的实施方案

为深入贯彻落实党的十七届六中全会精神,深入开展学雷锋活动,推动学雷锋活动常态化,大力弘扬和践行雷锋精神,促进社会主义核心价值体系建设,按照中央、省委关于深入开展学雷锋活动的总体部署和要求,结合我校实际,特制定如下实施方案。

一、深刻认识深入开展学雷锋活动的重要意义(略)

二、开展学雷锋活动的总体要求(略)

三、开展学雷锋活动的主要内容

本次学雷锋活动以3月份为集中行动月并贯穿全年,紧紧围绕"喜迎十八大、争创新业绩"主题实践活动的部署安排,突出"四个一"的活动内容。

1. 开展一次普及式的雷锋精神学习教育活动。(略)

2. 策划和组织开展一系列富有感召力和影响力的主题活动。

在广大教职工中广泛开展以"学习雷锋、为人师表"为主题的教育实践活动。启动实施"牵手工程",即:引导学术团队牵手帮扶100名青年教师;引导教学骨干牵手帮扶100名刚入职的博士和青年教师;引导广大教职工牵手200名困难学生;引导广大师生牵手帮扶50名困难教职工和"空巢"离退休教职工;学校工会为50名单身教职工牵红线,切实为广大师生办实事,解难事。(牵头单位:校工会　责任单

位：离退休处、各二级单位）

在学生中广泛开展以“关爱他人、关爱社会、关爱自然”为主题的教育实践活动……（牵头单位：学工部、宣传部　责任单位：各二级单位）

3. 组织师生员工每人至少参加一次志愿服务活动。（略）

4. 选树和宣传一批身边的“活雷锋”。（略）

四、切实抓好学雷锋活动的组织实施

1. 加强组织领导。（略）

2. 注重工作实效。（略）

3. 营造良好氛围。（略）

4. 建立长效机制。（略）

第3讲　写工作总结

工作总结具有承前启后、继往开来的作用，撰写总结是深化认识、推动发展的重要途径。撰写工作总结，在选取合适的角度基础上，抓好五个环节：一是对照计划，搜集材料；二是明确主旨，梳理思路；三是拟定提纲，安排结构；四是起草初稿，树立靶子；五是反复修改，精益求精。

工作总结是对已经完成的某项工作或某一阶段如本年度的工作进行全面系统的回顾和分析研究，明确所取得的经验、成绩和应当吸取的教训、存在的问题，并使之条理化、规范化的文书。机关单位以年度总结、半年总结、季度总结最为常见和多用。工作总结与工作计划是相辅相成的，撰写总结要以计划为依据，制订计划总是在总结经验的基础上进行的。

工作总结的作用主要在于梳理已经完成的工作，肯定成绩、积累经验、发现问题、查找不足、找出教训、认识规律、明确方向，以指导今后的工作。工作总结具有承前启后、继往开来的作用，撰写总结是深化认识、推动发展的重要途径。

根据不同的分类标准，可将工作总结分为许多不同的类型。按内容分，有党建工作总结、行政工作总结、业务工作总结、项目总结等；按时间分，有月份总结、季度总结、半年总结、年度总结等；按性质分，有全面总结、专题总结等；按范围分，有单位总结、部门总结、个人总结等。

一、基本特征

工作总结与其他事务文书相比较，具有以下特点。

实践性。工作总结是对过去一段时期实践活动进行全面回顾、检查的文种，这决定了总结有很强的实践性特征。它是以自身的实践活动为依据的，所列举的事例和数据都必须完全可靠，确凿无误。如果是单位总结，单位领导要对其真实性负责，一定要经过主要领导同意、认可，其核心内容常常作为单位领导班子述职报告的重要内容，成为考核领导班子的依据之一。

经验性。总结还必须从理论的高度概括经验教训。凡是正确的实践活动，总会产生物质和精神两个方面的成果。作为精神成果的经验教训，从某种意义上说，比物质成果更宝贵，因为它对今后的实践有着重要的指导作用。这一特性要求总结必须找出正反两方面的经验教训，得出规律性认识，这样才能达到总结的目的。

自我性。总结中回顾的实践活动是本单位、本部门和本人已经完成的工作，它以自身工作实践为素材，因而通常用“我们”“我”等第一人称写法对过去的事实进行自我分析、自我评价，其中的成绩、做法、经验、教训等，都有自指性的特征。

二、写作要领

工作总结，就是把某一时期已经做过的工作，进行一次全面系统的总检查、总评价，进行一次具体的总分析、总研究；也就是看看取得了哪些成绩，存在哪些缺点和不足，有哪些经验、教训。

（一）选取合适的角度进行总结

“横看成岭侧成峰，远近高低各不同。”总结工作，首先要选取合适的角度。选准角度，既是一种技巧，又是写好工作总结的重要因素。一般可以从以下八个角度来谋划。

一是根据工作职能进行总结。这是一种最主要的总结角度，常用于年度工作报告，用于对工作进行全面总结。如高校的主要职能是“人才培养、科学研究、社会服务、文化传承”，学校层面的工作总结就可以围绕这几个方面来进行。

二是根据工作思路进行总结。如果工作思路与众不同或别有创新，也可以围绕工作思路来总结。如用“理论研讨定方向、调查研究找问题、创新模式求长效”这种角度来总结人才培养工作，就很清晰、新颖。

三是根据工作特色进行总结。这种方法常用于专项工作的经验介绍，对执笔人要求比较高，不仅需要充分掌握材料，而且还要有一双善于发现亮点的眼睛，能从大量的资料中挖掘出闪光点来。如总结党建与思想政治工作，用“立足一个‘实’字，增强思想政治工作的针对性；着眼一个‘细’字，增强思想政治工作的感染力；突出一个‘活’字，增强思想政治工作的吸引力；强调一个‘情’字，增强思想政治工作的感召力”来进行就不落俗套，写出了新意。

四是根据采取的工作措施进行总结。这是常见的方法，主要用于对某方面的工作进行总结。如组织部干部竞聘工作总结就采取了“发布通知；资格审查；竞聘述职；选拔任用”，这就是根据工作措施总结。

五是根据开展工作的时间顺序进行总结。这种方法一般用于对专项工作进行总结。如完成某个项目后，从“领导重视，精心组织；制定方案，分工负责；加强协调，形成合力；抓好试点，健全方案；狠抓落实，强化执行；总结提高，优化改进”六方面进行总结就是以开展工作的先后顺序总结。

六是根据“关键词”进行总结。党的代表大会、省委全会等各种重要会议，往往会提出一些新的理念，出现一些热点词汇。合理利用这些热点词汇来总结工作，如结合新常态，围绕“新”来总结，如“新思路”“新举措”“新机制”“新成效”等，既体现时代气息，又提升了文稿的高度。

七是根据参与主体来总结。当某方面工作完成后，一般都要召开会议，总结工作，表彰先进。这种场合的总结部分，往往围绕参与该工作的各主体来构思。

八是根据取得的成效来总结。在总结工作时，针对取得的成效来归纳，往往也会取得很好的效果。如群众路线教育工作总结为“进一步提高服务意识，主动服务师生；进一步改进服务环境，优化办事流程；进一步提升工作效率，为师生办实事”，针对性强，直接鲜明，能给人留下较深的印象。

在实际工作中，以上角度往往不是独立使用的，常常是根据实际情况有机组合的。撰写总结时，应当认真搜集材料，掌握总结对象的特点，尝试从多个角度出发，把思路向四面扩散，沿着不同的方向、不同的侧面思考问题，然后再进行比较分析，找出最佳的总结角度和方法。

（二）抓好五个关键环节

不论写哪种类型的总结，都要抓好搜集材料、明确主旨、拟定提纲、起草初稿和修改定稿五个环节。

一是对照计划，搜集材料。搜集材料要在“全”和“实”两字上下功夫，采取先发散后集中的方法,尽可能地找全与总结内容有关的真实材料。一方面,注重储备工作过程材料。我们在工作中要做有心人,养成积累各种材料的好习惯。对于收集的材料,既要有面上的数据,又要有点上的事例;既要有经验的归纳,又要有问题的分析;既要有最新的情况,也要有历史的信息;既要有上级的精神,也要有基层的反映。每项工作都有特定的业务范围,在内容上有一定的规律性。我们可以有针对性地搞一些“集装块”和“预制件”,进行分类储存,建立“材料库”。这样,一旦来活就能快速成文。另一方面,深入群众中间调研。开展调研是撰写总结的首要一环。我们必须在走基层、搞调研上下功夫,坚持深入实际、深入基层、深入群众,这样才能使总结出来的东西更加鲜活而具体、准确而全面。我们应事先制定周全可行的调研提纲和计划,带着问题下去,带着答案回来。

二是明确主旨,梳理思路。工作总结的主旨除了要求鲜明、集中外,更重要的是要求正确。既要符合“上情”,也要符合“下情”。这就要求我们在写总结时,必须“抬头看”,学会站在一定高度上、从大局出发认识和分析问题。同时,也要“俯下身”,熟悉了解基层实际情况,坚持深入一线、深入群众听取和收集意见或诉求。总结是领导思想意志的体现,起草者要创造性地深化、拓展领导意图,在写总结过程中,寻找机会与领导进行“双向交流”,争取直接与“一把手”做面对面的沟通,善于“换位思考”,站在单位高度和领导角度上看问题、写材料,这样才能使写出的总结上高度、有深度。写总结实质上是思维活动的过程。常言道,七分想,三分写。最好是先打腹稿,根据主旨和有关要求,理清写作思路和重点,明确“写什么”,然后再动笔。在总结的构思上,要善于借鉴与模仿,参考往年的总结。

三是拟定提纲,安排结构。动笔之前,还需解决“怎么写”的问题。首先,拟定大纲。先拟出二级标题,搭个框架,主要是理清文章大体的脉络,不要一下钻进枝节里。尽早把提纲报领导审阅,进一步探明领导的意图,为下一步写作打下基础。其次,提出细纲。细纲具有承上启下的作用,越细越好。细纲起码做到三级至四级标题,最好细到把总结中所有的主要观点都提炼出来。拟定细纲要做到层次清晰,观点具体。再次是设计结构。写总结要遵循“结构为内容服务”的原则,从行文主旨出发,考虑写几个部分,每个部分写几个观点,每个观点再写几层意思。总结常用的结构有三分式、二分式、并列式和复合式等类型。采用哪种结构应根据总结的背景、思路和侧重点而定。一般来说,年度工作总结的结构是:首先说取得的成绩、做法、经验,其次谈面临的问题、形势,最后讲发展的思路和重点,提炼标题。“文章讲究筋”。各级标题就是这些“筋”。在撰写总结时,我们要用心凝练大小标题,使之深化和细化主题。值得注意的是,在拟写提纲时不要急于确定小标题,因为标题定得过早，容易限制写作思路。

四是起草初稿，组织素材。可以用“雕塑式”写法，把写文章比作雕塑人物。在写作素材的筛选、提炼和使用上，既要用“塑”法，把泥一块块地贴上去，支撑起一个个观点，还要用“刻”法，把泥一块块地削下来，提炼出一个个经验，做到每段文字都是一个逻辑体系。这样，写出来的文章才能是一个有机的整体。另外，对于起草单位工作总结，可以成立写作小组，进行细化条块和分工撰写。组织好素材。工作总结都有篇幅限制，必须遴选素材，去伪存真、去粗取精、去繁就简。筛选素材有几个标准：一要符合表达的意图，能够服务观点；二要具有代表性和说服力，能够反映情况；三要能与上下文衔接，做到恰如其分。写作时还要懂得技巧方法，抄写、改写、创作并用，这样写起来快速又高效。

五是反复修改，精益求精。修改中要五看：一看主题是否鲜明，论述有没有到位；二看观点是否正确，表达有没有问题；三看结构是否合理，设计有没有漏洞；四看素材是否适当，效果有没有产生；五看语言是否精练，文字有没有多余。总结提交之前要不停地修改、常改常新。最后，总结定稿后要重视校对。对于起草者，很重要的一点就是要学会在修改反思中提高写作水平。特别是要认真学习领会领导的修改意见，这是最好的案例教材，也是写稿子最重要的收获。可以把修改的过程稿保留下来，事后比较分析，学习提高。

【范例】

以学习引领班子　推动学校科学发展

——××大学党委理论学习中心组2014年学习总结

2014年，××大学党委理论学习中心组始终坚持以邓小平理论、“三个代表”重要思想和科学发展观为指导，深入学习贯彻党的十八大和十八届三中、四中全会精神，坚持以党的群众路线教育实践活动为契机，深入学习习近平总书记系列重要讲话精神，系统掌握中国特色社会主义理论体系，加强学习，提升领导班子引领学校科学发展能力，为××大学“内涵建设与深化改革年”建设奠定了坚实的理论基础。现将我校2014年党组中心组理论学习情况总结如下：

一、思想认识上做到高度重视

（一）进一步强化组织领导。（略）

（二）统筹制定学习方案。（略）

（三）深入开展专题学习。（略）

（四）扎实推进学习进度。（略）

二、组织运行上做到“四个结合”

（一）集体学习与个人自学相结合。（略）

（二）专家辅导报告与班子成员辅导相结合。（略）

（三）新媒体与传统学习方式相结合。（略）

（四）理论学习与解决实际问题相结合。（略）

三、学以致用上力求成效明显

（一）进一步提高了领导干部理论水平。（略）

（二）进一步解放了思想，达成了共识，明确了学校科学发展思路和未来发展方向。（略）

（三）进一步提升了领导干部办学治校能力。（略）

第4讲　写调研报告

没有调查就没有发言权。尽管调查研究很深入、很细致，但调研报告没有写好，条理不清，词不达意，最终还是劳而无功。写好调研报告，首先要精心布局谋篇，拟定一个好的提纲。二要合理运用材料。三要锤炼标题，推敲引言，重在写好对策建议，注意针对性、科学性、可行性，即要回答好“怎么办”的问题。

调研报告是指对某一情况、某一事件、某一经验或问题进行有目的、系统性的调查，将调查了解到的全部情况和材料进行“去粗取精、去伪存真、由此及彼、由表及里”的深入细致的分析研究之后，所写出的反映客观实际、揭示事物本质与发展规律的书面报告。调查是报告的基础和依据，报告是调查结果的反映，而深入细致地分析研究是写好调研报告的关键。

习近平总书记指出，调查研究是谋事之基、成事之道。没有调查，就没有发言权，更没有决策权。①调查研究是机关工作人员了解情况的基本工作方式，其最终成果体现在调研报告上。调研报告写出来后，它可以对自己和他人的工作起到指导作用。避免少走弯路，少碰钉子，减少损失，提高工作效率、效能。

调研报告，若按写作宗旨划分，分为综合性调研报告和专题性调研报告；若按内容划分，分为经验型调研报告、基本情况型调研报告、社会型调研报告和揭露型

①《提高解决改革发展基本问题的本领——关于科学的思想方法和工作方法》，《人民日报》2016年5月12日第9版。

调研报告等;若按照学术水平的程度划分,可分为普通型调研报告、学术型调研报告。

一、基本特征

调研报告具有鲜明的特征,表现在以下三个方面。

写实性。调研报告是在占有大量现实和历史资料的基础上,用叙述性的语言实事求是地反映某一客观事物。充分了解实情和全面掌握真实可靠的素材是写好调研报告的基础。

针对性。调研报告一般有比较明确的指向,相关的调查取证都是针对和围绕某一综合性或是专题性问题展开的。所以,调研报告反映的问题集中而有深度。

客观性。调研报告离不开确凿的事实,但又不是材料的机械堆砌,而是对核实无误的数据和事实进行严密的逻辑论证,探明事物发展变化的原因,预测事物发展变化的趋势,综合分析并概括升华为具有规律性的认识,得出科学的结论,以发挥其普遍性的指导作用。

二、写作要领

写好调研报告,首先要选准调研的课题。其次,需要掌握基本的写作方法。

(一)找准调研报告的选题

调研报告写作的第一项工作就是选准调研的课题。找准了课题就等于成功了一半。机关干部确定调研课题必须适应机关中心工作的需要和领导决策的需求,站在领导的位置、角度去思考问题,与本职工作紧密结合。办公室等综合部门一般更应注重课题的全局性、综合性、宏观性和平衡性。业务处室则一般更侧重专业性、具体性、微观性和单一性。

一是围绕党委政府重大决策部署选题。党委政府的决策部署就是调研选题的重点。重大决策往往是领导调研、思考较长时间之后做出的。我们应围绕重大决策,搜集理论、政策、历史经验、兄弟单位实践等材料,进行深入研究、充分论证、验证决策,统一群众思想,汇聚群众力量,为决策落实打好基础。

二是围绕决策执行情况的跟踪研究选题。一项决策制定之后,在实施过程中由于变量太多可能会出现一些预料不到的问题或出现一些新的情况;也可能在全面推广之前需要进行局部试点,或在实施中分步到位。群众反响怎样、落实得怎么样、会取得什么样的效果,是领导非常关心关注的问题。因此,决策的跟踪、反馈非常重要。机关人员应迅速行动,深入基层明察暗访,摸透实情,为领导提供第一手材料,为修正和完善决策提供重要依据。

三是围绕贯彻落实最新政策选题。要密切关注国家政策的动向。信息就是机遇,用信息就是抓机遇。上级做出重大决策前往往会通过不同途径提前吹风营造舆论基础,这时我们应该头脑清醒,擦亮眼睛密切关注政策动向;见微知著,正确预测,提前谋划制定应对之策,努力为本领域争取更大的政策空间。

四是围绕学习国内外经验做法选题。国家重大政策出台后,各单位都要紧锣密鼓地结合本地实际创造性地制定落实方案。在工作开展过程中,领导往往非常关心并注重吸纳借鉴国内外的好做法和成熟经验。机关有关处室应通过各种渠道了解兄弟单位情况,对有办法、有亮点、有效果的单位应虚心考察学习,特别是跟本单位基础情况类似的单位更应去学习借鉴,为领导决策启迪思想、理清思路。

五是围绕解决重点难点热点问题选题。工作中的重点、难点、热点问题,领导担心、干部关切、群众关心。解决好这些问题往往会起到凝聚人心、推动全局的良好效果;解决不好不仅会影响整体工作的开展,而且有可能造成不稳定因素。调查研究既要到工作开展得好的地方去,又要到工作打不开局面的地方去,找出工作停滞不前的深层原因。围绕这些问题想办法、出主意,为领导服务、替领导解忧。如例文《对基层县市毕业生就业难的调查与思考》就是这类选题。

六是围绕群众呼声选题。群众利益无小事。基层群众普遍反映的问题,如不及时发现,或者解决得不好,不仅妨碍工作任务的完成,还可能影响单位的发展和稳定。要始终把这些热点问题作为调查研究的一个重点,及时向机关领导反映基层和群众的呼声,为机关办好实事献计献策。

(二)掌握调研报告的基本写法

写好调研报告要注意以下几点。

一要精心布局谋篇。所谓精心布局谋篇,就是说首先要拟定一个好的提纲。由于调研报告的类型及调研的内容、对象、目的不同,调研报告的表现形式也丰富多彩。一般来看必须回答三个问题:是什么?为什么?怎么办?是什么就是反映真实的情况,包括发展现状、主要成绩、存在问题等既成事实情况;为什么就是原因,经验是成绩的原因,教训是问题的原因;怎么办就是对策,提出该怎么办的建议。因此,调研报告的主体部分由情况、原因、对策这三个方面的内容组成,一般包含现状、成绩、问题、经验、教训、对策六个方面的内容。当然,这并不是说提纲的结构一定要分成三部分或六大块。在拟定提纲时，要注意以下几点。第一，层次要分明。每一部分讲什么要很清晰，不要相互打搅，不要前面讲了后面又讲。第二，逻辑要严密。就是几个大的部分之间以及一个大部分内部层次与层次、段落与段落之间的逻辑关系要很清楚，是并列结构、递进结构还是复合结构，要一目了然。第三，体例要统一。标题长短要一致，顺写或倒叙要统一。好的标题可以起到画龙点睛的作用，有时候只要把各级标题看一遍，就能够大致了解报告的基本内容。

二要合理运用材料。如果把布局谋篇比成文章的骨架，那么材料就是血肉。调研报告是用事实说话，因此材料的使用就比其他文体显得更加重要。一般来说，由于进行过广泛深入的调查，调研报告写作时材料是比较多的，关键是怎样筛选、怎样合理使用。筛选材料要把握三条原则。

真实性。真实性是调研报告的生命。调研报告所反映的内容必须是调查者亲自了解到的情况，绝不能道听途说。在调研报告中，不仅主要人物和事实要真实，事件的时间、地点、过程及各种细节也要真实，不能有半点浮夸和虚假。调研报告中一些结论，也必须来源于对具体事实的周密考察和分析研究，并以实际材料来说明观点，绝不能靠主观臆断。尤其是数据，一定不能错。用了虚假的材料会误导领导，甚至会造成决策的失误。

典型性。光真实还不够，还要典型，能反映事物的本质。有时拿到的材料是真实的，但没有代表性，是个别现象，不能反映事物的主流和本质，甚至会使人以偏概全，以点代面，以树木代替森林，得出片面的、错误的结论。这样的材料也不能用。因此，要去掉一般化的，保留最有说服力的；去掉偶然性的，保留最能反映本质的材料。

新颖性。要去掉陈旧的，保留新鲜的。运用材料总的、基本的要求是要坚持观点与材料的统一，观点统帅材料，材料说明观点。(1)要善于运用典型材料和概括性材料来说明观点。概括性材料放在段首，撮要式描述。典型性材料随后，大力印证，对概括性材料起强化和补充的作用。(2)要善于运用对比性材料说明观点。对比材料可以突出特点，鲜明地显示事物之间的差异。从材料的对比中，常常可以使调研报告的主题更加突出，观点更加鲜明，给人以更强烈、更深刻的印象。(3)要善于运用统计数据来说明观点。数字材料表达方式简明，反映的内容却十分具体，看似枯燥，但最能说明问题。因此，数据也往往是调研报告中最有说服力、最引人注意的内容。

三要锤炼标题，写好引言和对策建议。从吸引阅读者的角度看，调研报告还要特别注意锤炼、推敲好标题和引言；从服务决策、提高调研报告的价值看，要高度重视对策部分的写作，在这方面下足功夫。

首先是锤炼标题。这里说的标题是指主标题，也就是调研报告的题目。标题的写法灵活多样,无论采取哪种标题形式,都要求概括、简明、新颖。也就是说,标题要能总括调研报告全篇的内容;要用最简洁的文字说明调研报告的主题;要有新鲜感,富有吸引力和感染力;还要与调研报告的内容相称,既不能“帽大于头”,也不能“帽小于头”。比如只调查了一所高校党建的情况,调研报告就不能用《关于湖北高校党的建设的调研报告》的题目。

其次是推敲引言。引言就是文章的开头。开头部分常见的写法有:(1)主旨直述法。即在开头中着重说明调查的主要目的和宗旨。这种写法有利于读者准确地把握调研报告的主要宗旨和基本精神。(2)情况交待法。即在开头中着重说明调查工作具体情况,如时间、地点、对象等。多用于比较大型的、综合的报告。(3)结论前置法。即在开头中先将调查结论写出来,然后再在调研报告的主体部分中去论证。这种写法开门见山,使读者对调研报告的基本观点一目了然。(4)提问设悬法。即在开头首先提出问题,给人设下悬念。这种写法可以引发读者的好奇心,增强调研报告的吸引力。怎么才能把开头写得更吸引人呢?正确的做法是和上级的要求挂上钩;和当前的社会热点挂上钩;强调所调研的问题重要性,让领导不能不看;强调所调研的问题的新颖性,引起领导的兴趣。

最后是写好对策。调研报告主要是为决策服务的,其价值主要体现在对策建议上,即回答怎么办的问题。除了有特殊要求以外,调研报告不能光摆事实,而是要针对实际问题,提出解决的办法。写好对策,要注意以下三性。(1)针对性。就是要对症下药,针对你调研的情况、反映的问题和实际工作需要提建议,不要扯得太远。(2)科学性。主要指所提建议应言之有据,持之有理,判断准确,思维严密,推理合理,符合客观规律。能从大局出发,着眼全局,标本兼治,将眼前利益与长远利益、局部利益与整体利益结合起来。(3)可行性。主要指提出的建议、意见和要求,应具有实施的条件和可能,操作性强。一项好的建议必须兼顾需要和可能,经过努力可以做得到。

当然,调研报告,对文字的基本要求是要准确、严谨、朴实、精练。它更多是靠事实、靠逻辑的力量、思辨的力量去吸引人、打动人。但这绝不是说,调研报告就必须总是一脸严肃,也要讲究文字技巧,尽可能写得生动活泼一些,增加可读性和吸引力。读过毛泽东撰写的《湖南农民运动考察报告》,就会知道调研报告可以写得多么生动活泼!调研报告写得好不好,绝不仅仅是文字表达能力的问题,而是一个人政治素质、理论水平、政策水平、思维能力、专业知识和写作要领的综合体现。因此,我们必须刻苦学习,勇于实践,善于总结,全面提高自身素质,才能提高调研和写作本领。

【范例】

对基层县市毕业生就业难的调查与思考

【背景】

1999年下半年，我时任学校毕业生就业指导中心副主任，随湖北省高等学校毕业生分配办公室调研组分赴湖北有关地市对当地毕业生就业工作进行了专题调研，并撰写了本调研报告，刊发在2000年第1期《中国大学生就业》上。

【正文】

为了调查了解地市毕业生就业工作情况，有针对性地提出2000年就业工作的思路，湖北省毕办不久前组织了四个调研小组分赴有关地市对当地毕业生就业工作进行了专题调研。笔者所在的小组对天门市、潜江市、仙桃市三个省直管市进行了调查，调查中发现，尽管各市做了很多工作，但三市的毕业生就业仍面临着巨大的困难和压力，突出的是每年未落实单位的毕业生日益增加(见下表，略)。

一、毕业生就业难的主要原因

1. 毕业生供需结构性矛盾突出造成了毕业生就业难。(1)学历与供需脱节。(略)(2)专业与供需脱节。(略)

2. 毕业生就业观念与当地就业现状的矛盾。(略)

3. 经济因素制约了本地人才市场的健全和发育，无法充分发挥人才市场在人才配置方面的有效作用。(略)

4. 毕业生综合素质不高和企业用人观念上的短期行为减少了毕业生的就业机会。(略)

二、对今后就业工作的思考和建议

1. 进一步转变就业观念。(略)

2 进一步开辟就业渠道。(略)

3. 招生制度的改革和毕业生就业制度的改革要同步进行，切实解决好进和出的关系。与我省经济、社会发展总体需要比，大学生不是多了而是少了，关键是专业设置与社会需求脱节；培养质量不过硬；就业指导滞后。造成这种脱节现象的原因主要有两个方面：其一是部分高校陷入“功利”圈中，不顾社会需求，盲目招生；其二是高校缺乏市场经济观念，表现为“宁让毕业生就业难，也不能让教师下岗”。(略)

4. 充分发挥就业指导服务机构的作用。(略)

5. 为毕业生到基层就业创造条件。(略)

6. 宏观调控手段仍是当前搞好毕业生就业的重要一环。(略)

7. 限制中专招生。(略)

第5讲　写典型经验材料

专题会议上的典型发言事实上就是一种经验汇报。要想发言达到好的效果,可以从以下三个方面准备:一是发言目标要清。撰写发言材料之前首先要解决为什么写发言材料、为什么发言的问题。摸清发言的目标,是做好汇报的前提。二是发言思路要明。主要通过三种方式确定发言思路,即围绕上级意图定思路、围绕领导要求定思路、围绕单位特色定思路。三是发言内容要实。用真实准确的事实和客观的评价说话,以事明理。

专题会议上典型发言是指有关人员在专题会议上,向与会者所做某一方面典型工作经验的讲话。在机关单位管理实践中,专题会议上典型发言实际上就是典型经验汇报,是机关单位参加专题会议使用频率较高的一种应用性文体,常常用于机关向上级主管部门和与会人员反映情况、报告工作、交流思想、传递信息,它既是反映工作的有效手段,又是展示单位特色亮点的直接途径,更是促进建设的重要抓手。

在实际工作中,机关单位要参加组织、人才、党建等各类专题会议和各类经验交流会,有关单位在大会上发言、经验交流是常有的事情,这就决定专题会议典型发言是每一个单位可能经常遇到的工作。发言发得好,就能较好地反映机关的工作水平和能力,就能赢得上级领导的支持。

一、基本特征

在专题会议上典型交流发言,看似很平常,实际很重要。汇报得好不好,一是能体现汇报人的素质和所在单位的形象声誉;二是关系到能否真实地反映汇报人所在单位的实际工作水平;三是关系到能否赢得上级的支持。专题会议上典型交流发言与其他文书比较,有以下几个特点。

针对性。要围绕会议主题、上级的要求来交流汇报,做到有的放矢。有关部门召开专题会议,总有一定的目的性,有时还有会议通知,明确提出要听取某项工作或全面工作经验交流,对于听什么情况、听多长时间、采取什么形式、在多大范围汇报等都有明确要求。这就在一定程度上决定了汇报材料“写什么、怎么写”的问题。典型发言材料必须紧紧围绕会议的意图和要求来准备，千万不能文不对题。

重点性。发言应突出工作重点，切忌面面俱到。一般来说，凡是能反映事物本质具有普遍指导意义的重要问题、主要任务、关键环节、工作做法、经验教训、办法措施等都是重点。起草汇报材料，必须抓主要矛盾，突出工作重点。如果是汇报交流时间跨度长、成绩比较突出的工作，那么汇报的重点就是工作成绩、工作成效；如果各单位都是这样抓的、都取得了明显成绩，那么汇报交流的重点应是在抓这项工作中不同于别人的做法、工作中的特色亮点；如果是上级特别关心、本单位也的确抓出了成绩的工作，那么从中提炼的经验启示或深层次的思考就是汇报交流的重点；如果是刚布置不久的一项工作，那么下一步开展工作的思路和具体打算就是汇报交流的重点。

典型性。专题会议发言要展现典型经验，也就是特色亮点，避免平淡乏味。特色就是个性，就是“人无我有，人有我优，人优我精”的优势。亮点就是工作闪光点，就是突出的成绩。要把最鲜亮、最感人的内容放到前边讲，越是有特色、有亮点的工作越要浓墨重彩地讲，把闪现亮点、最有特色的做法、制度、措施等说清说透，把最得意、最主要的工作成绩尽量展现出来，使之成为整个发言的重头戏，而对于一般化的、共性的东西则要尽量少讲，点到为止，把最具个性、最鲜活的经验体会充分挖掘出来，给人以深刻的启迪。

二、准备技巧

要想发言达到好的效果，可以从以下三个方面准备。

（一）发言目的要清楚

撰写发言材料之前首先要解决为什么写发言材料、为什么汇报的问题。汇报目的定位清楚与否，关系重大。汇报不只是工作情况的汇报，也是汇报者个人和单位的形象展示。摸清发言的底数，是做好汇报的前提。

首先是广搜资料，摸清上情。要了解出席专题会议的领导和与会人员，紧扣听汇报者的心理，弄清楚听汇报者目前最关注什么，正在研究什么，摸清其心理状态，做到有的放矢；要紧扣听汇报者的风格，主动从兄弟单位搜集听汇报者的讲话和汇报材料，熟悉其工作思路、思维方式和讲话习惯，做到量体裁衣；要紧扣听汇报者的职责，对直接上级尽量具体汇报，对省级领导相对概略汇报，对主要领导多讲全局，对副职或部门领导多讲分管，围绕其职责分工搜集资料，做到对口对路。

二是深入调研，摸清下情。汇报材料需要大量的工作实例、经验做法和数据做支撑，要求发言人要摸清上级要求在本单位落实情况怎样，成效是否明显，有没有好的做法、好的典型；要摸清哪些问题是主观的，哪些问题是客观的，哪些问题是可以立足自我解决的，哪些问题是需要上级提供帮助的；要摸清基层群众的呼声是什么，哪些可以立说立行，立说立改，哪些需要制订计划，明确时限。

三是分析梳理，摸清我情。摸清上情和下情后，要结合自身实际搞好分析梳理，要与上级要求对比，看在兄弟单位序列中的位置，各项工作是领先一步还是有所差距，有哪些优势需要继续保持，哪些劣势需要及时弥补；要与自己工作筹划目标对比，看工作进展情况怎样，是否按照年初计划稳步推进，有没有迟滞或无法按期完成的工作；要与群众期望对比，看还有什么需要加强或改进的地方，虽然上级一些初衷和想法是好的，但到了基层可能会是负担，与实际可能不对路，需要及时调整思路改进方法。

（二）发言思路要明确

思路是一篇发言材料的框架和结构，思路定好了，汇报发言材料就完成了一半。对于一般面上、共性的东西要尽量少汇报，而对本部门、本单位工作上最具工作水平、最有特色的地方就要多汇报一些。

一是围绕上级意图定思路。对于上级明确汇报交流内容的情况，要严格按照会议文件或电话通知要求确定思路，千万不能另起炉灶，更不能脱纲离谱乱定思路。对于没有明确汇报内容的情况，要了解上级听取汇报的具体意图，是了解党建思政情况还是业务工作情况，是了解学校领导班子建设情况还是干部队伍建设情况。即使大方向定了，也要具体情况具体分析，切不可南辕北辙。

二是围绕领导要求定思路。实际写作中，要坚持谁汇报遵从谁的思路的原则，针对汇报者的思维方式、行文特点和语言风格确定思路。例如，有的领导性格直爽，语言要求简洁明快，定思路时就要多用短句，多用有力度的词组；有的领导性格细腻，平时注重归纳总结，定思路时就要多用排比，多用数据；还有的领导不愿意被上级要求所拘泥，定思路时就不仅要涵盖通知要求汇报的内容，还要适当地把其他工作囊括进去。

三是围绕单位特色定思路。汇报的根本目的是全面真实客观地反映单位的经验做法和工作成绩，展现干部职工良好的精神面貌和担当精神。要给上级领导和与会者留下较深的印象，汇报时还应将本单位、本部门有特色的内容，即“人无我有，人有我强”的优势反映出来。尤其在多个单位同时汇报而重点可能一致时，更应注意汇报出特色，以使听汇报者能多了解一些情况，多受到一些启发。特色主要体现在新，即撰写汇报材料时，善于从共性、常规的工作中，充分挖掘出其他单位所没有的创新做法、优势制度、鲜活经验、亮点成绩等，展现其与众不同的效果，或者能从独特的角度阐述议题，提出令人耳目一新的见解，并透彻分析，能创新性地回答领导关注的问题，力求给人以深刻的启迪。

（三）发言层次要清晰

汇报发言材料一般包括工作开展情况、工作成绩、存在的问题与建议、今后的打算等内容，但整个材料怎样布局、怎样安排，先写什么、后写什么，要仔细推敲、精心斟酌，尽量把情况说清楚，把成绩汇报充分，让领导一听就感兴趣。一般而言，上级关注的多讲，上级不关注的少讲，发言材料的详略处理要服从听众的需要，要围绕其关注的重点，尚不清楚的工作详细汇报，与众不同的多讲，宽泛普遍的少讲，汇报最忌面面俱到。重要的多讲，次要的少讲，要把重点问题、重要过程、重要成绩等写深论透。

安排汇报发言材料的结构层次，一定要在立足工作实际的基础上研究听众的心理，适应听众的心理，抓住听众的心理。由于发言受时间限制，所以发言材料一定要注意做到层次清晰，结构合理，便于领导和听众听清弄懂。首先是线条要单一，要一部分说一项内容。其次是情节要简单，要突出主要情节，没有必要事无巨细。再次是前后内容的跨度要自然，一般要有过渡句，以使听众不觉得突然。

（四）发言内容要真实

发言材料的最大特点在于用真实准确的事实和客观的评价说话，以事明理。这样，才能真正发挥汇报的作用，更好地反映工作情况，为上级决策提供有效信息。

一是充实丰满。写汇报发言材料，既要紧跟上级指示精神，从上级文件、领导讲话中领会上级要求，又要紧贴单位实际，从座谈了解、个别谈心、问卷调查中融入实情；既要说清总体情况，使听汇报者对单位概况有基本了解，又要细化具体工作，让听汇报者对汇报重点了如指掌；既要有平铺直叙的工作介绍，说清楚什么时间、什么地点、哪些人、采取什么方式、做了什么工作，又要有打动人心的典型事例，用鲜活的语言、生动的表述来增强可信度和说服力，使汇报材料有厚度有内涵。

二是真实准确。汇报交流是向上级和同行反映情况、提供信息，它直接为上级机关决策服务，为同行提供经验。如果情况失真，或出现偏差，就可能在全局上造成不良后果。发言的内容都应真实准确。特别是涉及数字、比例、评价之类的内容，更要准确无误。这就要求做到，既要求实又要辩证。求实就是说实话、报实情，一是一、二是二。反映的情况应当是真实的，而不是虚假的；列举的现象，必须是客观存在的，绝不能是个人虚构的，谈成绩、讲问题务求恰如其分，对成绩不能随意拔高、扩大，对问题不能有意回避、掩饰，确保情况和信息真实可靠。

三是语言简洁。简洁的语言能够传递出一种独特的美。简洁，是一种艺术，更是一种境界。如果你花很长的时间才说到重点，或者不知所云，即使听众尽力保持礼貌，眼神也会开始涣散。少说一点，听众就会多记住一点。这就要求我们叙述语言要简明切忌冗长烦琐；要多用短句，这样既便于说，又便于听，而且干脆有力，节奏感强；要流畅和谐，上口顺耳；要通俗易懂，应尽量口语化，多用群众语言，这样汇报交流起来显得自然、流畅。

【范例】在全省组织工作会议上的发言

加强人才的自主培养为服务地方经济发展贡献××力量

习近平总书记在中央人才工作会议上强调，要坚持党管人才，坚持“四个面向”，深入实施新时代人才强国战略，全方位培养、引进、用好人才，加快建设世界重要人才中心和创新高地。××大学深入学习贯彻习近平新时代中国特色社会主义思想，全面贯彻党的二十大和省十二次党代会精神，围绕国家重大战略需求和国民经济主战场，聚焦解决行业企业关键技术难题，强化人才的自主培养，为服务湖北经济社会发展和建设全国构建新发展格局先行区贡献×大力量。

一、坚持党对人才工作的全面领导，全力保障人才发展

围绕学校第二次党代会确定的人才工作目标，党委书记和校长亲自挂帅，各职能部门和学院分工合作，构建了“人、财、物”一体化的人才服务格局。学校克服困难优先保障人才经费投入，2022年、2023年连续两年人才经费预算达1亿元。学校出台了“高层次人才家属安置办法”，提供单价××元/平方米的“××教师小区”商品房，提供公租房、发放18个月的租房补贴，着重解决好人才的实验室建设、住房保障、子女入学等困难，为人才创造良好的工作和生活环境。2021年在省委组织部人才工作处的支持下，仅用一周时间就解决了从澳大利亚回国的“湖北省百人计划”刘××夫妇的孩子入学问题。

二、构建人才培育体系，加强创新团队建设

以一流学科建设为抓手，加强国家重点实验室等科研平台建设，增强学校的人才聚集能力和培养能力。在国家和地方各级人才计划支持的基础上，学校还设立了“阳光学者计划”，设立“杰出学者”“特聘教授”“青年拔尖人才”岗位，实现了政府人才计划与学校人才计划的对接，形成一套完整的领军人才、拔尖人才、骨干人才

的培育体系，为教师的成长提供阶梯式、多通道的发展渠道。徐××教授入选中国工程院院士，梅××教授入选俄罗斯自然科学院院士，××院士和××院士分获2016年和2022年的中国政府友谊奖，2人入选国家“万人”青年拔尖人才。目前学校在聘的国家级人才32人次、省级人才163人次、校级人才235人次，各级人才计划入选人数占教师总数的23%。

学校注重人才团队建设，学校赋予团队负责人充分的人事权和财权，也要承担对应的责任和任务。（略）

三、改革人才评价机制，畅通人才成长通道

破“五唯”，实施分类评价。自2018年起设立职称评审的“绿色通道”，对于在教学、科研、人才培养和服务社会等方面做出突出贡献的教师、引进的海内外高层次人才，可破除学历、资历等条件限制，直接晋升高一级职称。2022年，新引进的5名优秀博士直接晋升教授职称，指导学生荣获全国大学生挑战杯“特等奖”的曹××博士通过“绿色通道”晋升教授。通过政策激励，让每位教师都能找到自己的位置，发挥自身的力量。

一人一合同，实行个性化考核评价机制。（略）

四、坚持“四个面向”，服务国家重大需求和湖北经济社会发展

学校主动服务国家重大战略需求，解决“卡脖子”问题。由徐××院士牵头的《织物基柔性可穿戴传感材料与器件制备及应用关键技术》项目获批国家重点研发计划“十四五”重点专项。团队还参与了“嫦娥五号”月面国旗、“天问一号”火星探测着陆发动机柔性隔热组件、特殊双卫星特种连接绳索等国防、航空航天科技项目，正在参与“嫦娥七号”相关国防的军工特种项目，在国家建设世界重要人才中心和创新高地、××建设全国科技创新高地和重要人才中心大局中强担当、勇作为。

学校注重产学研合作，紧贴湖北经济社会发展一线，聚焦企业重大应用需求，构建互利共赢的科研创新体系，主动服务湖北经济社会发展。先后与湖北天门、仙桃、黄梅、秭归等16个地方政府和企业共建产业技术研究院，有效支撑了地方的产业升级和高质量发展，实现了“研发在××、生产在当地，孵化在××、加速在当地”的效应。梅××教授与××企业合作的“高性能工业丝节能加捻制备技术装备及其产业化”获2019年国家科技进步奖二等奖。

第6讲　写倡议书

倡议书旨在影响或改变群众的看法观念，并力促广大群众响应参加某项活动。倡议书一般由标题、称谓、正文、落款等基本要素组成。撰写倡议书，一是要精心提炼标题，做到发人深省，具有鼓动性。二是要认真撰写缘由，做到情真意切，具有感染力。三是要精炼倡议事项，做到简单明了，具有简洁性。四是要让结尾应干脆有力，具有号召性。

倡议书是党政机关、社会团体、企事业单位或个人在日常生产、生活与工作中为了发动群众，动员社会力量共同去完成某项任务，或开展某种公益及竞赛活动时向有关方面和群众提出某种建议的文书。它是把一项重要的有创造性的建议或党组织和有关团体、领导的号召变为群众行动的重要途径。

倡议书在日常学习、工作、生活中发挥着独特的作用。

第一，倡议书可以在较大范围内调动群众的积极性。倡议书具有广泛的群众性和公开性，受众范围广，传播渠道多，可以使大家心往一处想，劲往一处使，齐心协力共同做好一些有益于社会的事务和开展某些公益活动。

第二，倡议书是开展精神文明建设的一个有效的方法。倡议书的内容一般是同群众的日常生活相关的一些事项。如倡议爱护花草树木，保护生态环境；倡议奉献爱心，关爱经济困难群众等。所有这些都属于社会主义精神文明建设的重要内容。倡议书是一种建议、倡导，它不给人一种强制的感觉，在一种轻松倡导的氛围之中，宣传了真善美，使群众无形之中就受到深刻的教育。

所以，各单位都很重视倡议书。在一些重要节日，如植树节、建党节、重阳节等时节，年年都有倡议书，成为精神文明建设一道亮丽的风景线。

一、基本特征

倡议书是发动群众开展特定活动的一种手段，具体来讲，倡议书有以下四个方面的特征。

一是广泛的群众性。倡议书不是对某个人或某一小集体而发的，它的受众往往是全体干部职工，或是一个部门的所有员工。广泛的群众性是倡议书的根本特征。一般来讲，倡议对象与发起倡议的单位是相一致的，如共青团中央可以向全国团员青年发出倡议，团省委可以向本省团员青年发出倡议，机关团委则向本机关团员青年发出倡议。

二是响应者的不确定性。倡议书的对象范围往往是不确定的，即便是在文中明确了倡议的具体对象，但实际上，有关人员可以表示响应，也可以不表示响应，它本身不具有很强的约束力。即便是与此无关的别的群众团体,也可以有所响应。

三是传播渠道的公开性。倡议书就是一种广而告之的书信。它是要让广大的干部职工知道了解倡议内容,从而激起更多的人人响应,以期在最大的范围内引起共鸣。

四是发起者的群团性。一般而言,倡议书的发起者多为群团组织、群众团体或某类代表,在机关,各级工会、共青团发起的倡议较多,这是与倡议书的非强制性作用是一致的。

二、要素内容

倡议书一般由标题、称谓 、正文、落款等基本要素组成。

标题。倡议书常见为一行标题,“倡议书”第一行居中写;也可以将倡议对象和倡议事项加入标题。有时根据需要还可以拟制双行标题。

称谓。倡议书称谓语可根据倡议的对象而选用恰当的用语,如“广大干部群众”“亲爱的同学们”等。需要说明的是,无论是题目中,还是称谓语,在结尾处呼吁的时候,都要与称谓语相呼应,前后一致。倡议书开始一般不用问候语,结尾不用祝颂语。

正文。一份规范倡议书的正文一般由倡议背景(引言)、倡议事项(主体)、倡议希望(结尾) 三部分构成。

倡议背景。倡议书正文的开头一般要交待发出倡议的缘由 、目的和意义等,使倡议对象在了解倡议者的倡议动机之后能够决定是否响应倡议。

倡议事项。这是倡议书正文的主体,一般应明确交代倡议的具体内容和可行措施等,使倡议对象明了应该怎样参与倡议活动。现实情况的不同,各种倡议书提出的倡议是不同的。一种情况是号召阅读者提升某种理念,另一种情况是号召他人要从行动上去践行某事,也可以是二者的结合。另外,其还有务虚的部分,比如倡议“做一名爱绿、护绿的‘绿色护卫者’”等。倡议内容与要求是倡议书的重点,应清晰明确、严谨具体,可采用分条列项的方式,但条目间应有递进的逻辑顺序,且相关内容与要求应具有号召性、指导性,使倡议对象对做什么、怎样做、达到什么标准等一目了然。

倡议希望。倡议书正文的结尾一般诚恳表达倡议者的决心,提出对倡议对象的希望等。倡议书结尾要以激情昂扬的语言、铿锵有力的语势号召,结束全文,使倡议对象心潮澎湃,积极响应。

落款。倡议书的结尾处一般应在正文右下方署上倡议者的单位或姓名 ,如

“××厅工会”“××大学学生会”等。再另起一行在署名下面写明具体年月日。倡议书一般不在结尾写表示敬意或祝愿的话。

三、写作要领

根据倡议发起者的动机和倡议书的宣传特性，撰写倡议书可以从以下四个方面入手。

（一）精心制作标题，做到发人深省，具有鼓动性

常言道，“看书看皮，阅文阅题”。好的标题往往能够吸引读者的眼球，诱导读者阅读全文。好标题的标准不外乎两个：一是恰当，二是新颖。文章标题在恰当的前提下是否新颖、醒目，直接关系到文章的接受程度。

倡议书的标题一般比较简单直接，很多人在制作标题的时候，不会也不愿花太多的时间和精力去精心拟制标题。倡议书的题目有两种：一种就是最简单的格式，署上“倡议书”三个字即可；另一种就是采取新闻标题格式，可以双行也可以单行标题，如“关于节约水电的倡议书”等，这两类标题虽简短明了且常用，但是，美中不足的是缺少特色，缺少个性，也就是说缺少吸引力。因此，在拟制倡议书的标题时，应多下点力气，多花点心思，可以把活动的宗旨也揭示出来，如下面例文《从点滴做起 共建节约型校园——致全校学生倡议书》标题，这就比简单的“倡议书”更能揭示主题。

（二）认真撰写缘由，做到情真意切，具有感染力

倡议书的缘由，就是为什么向人们发起倡议，或者说，就是倡议的目的、依据、原因等相关内容。缘由部分是倡议书的关键核心部分，一项倡议活动，响应者是有还是无？或者响应者寥寥还是云集？这主要取决于缘由是否充分，情感是否真挚，论述是否到位。倡议书要想打动观众，引起读者情感共鸣，只能靠以理服人和以情感人。以理服人，就是通过摆事实，讲道理，来达到以理服人的目的，从而让阅读者心悦诚服地认可支持，进而积极参加所倡议的活动。以情感人，就是通过煽情的言语、感人的情节、催人泪下的情感，去慢慢地触动读者，感化读者，影响读者，或者去征服读者，从而使读者或者受到心灵的强烈震撼，深受感动，并进而使其毫不犹豫地积极响应，立即行动起来。

（三）精简倡议事项，做到简单明了，具有简洁性

倡议书的事项应简单明了。倡议的事项只要讲清楚就可以了，没有必要一而再，

再而三地反复强调,直接告诉人们倡议什么即可。比如例文《从点滴做起　建节约型校园——致全校学生倡议书》,开头部分倡议的缘由已经将道理阐释得很透彻,也就是说该讲的理也讲了,该抒的情也抒了,就没有必要再啰唆重复。倡议书的事项,是这样写的:“亲爱的同学们……让我们积极行动起来,提高对建设节约型校园重要意义的认识,从我做起,从今天做起,从点点滴滴的小事做起!”倡议书的事项就应该这么简单明了,千万不要云里雾里,绕来绕去。我们要清楚:倡议书的缘由很重要,它决定倡议的实际效果,一定要叙述清楚;同样,倡议的事项,即倡议的内容也不可小视,因为倡议缘由的万语千言,都是为了后面一句话:倡议内容。从记忆的角度来看,越是精炼单一的内容,往往越容易被人们记住,因此,倡议的事项必须简单明了,具有简洁性。

(四)结尾应干脆有力,做到荡气回肠,具有号召性

文章的开头很重要,是给人们的第一印象。同样,文章的结尾也很重要,是留给人们的最后印象。作为具有一定宣传性、鼓动性的倡议书,虽然在缘由部分充分展示了情或理的魅力,但这还不够,为了进一步激发人们的认同感参与感,还需火上浇油,将人们的参与意识鼓动到极致,这样的应用文书,才能充分发挥其文体功能。如例文结尾:“让我们积极行动起来,提高对建设节约型校园重要意义的认识,从我做起,从今天做起,从点点滴滴的小事做起,为我们的母校节约宝贵的资源,以节约来表示对母校的关心和爱护,以‘建设节约型校园’的实际行动为母校的发展做出自己的贡献力量!”这样的结尾,干脆精练,很有号召力,很有感染力。

总之,倡议书要明确提出倡议者的希望和消除倡议接受者的疑虑。从倡议者的希望和倡议接受者的疑虑这两者之间的关系来说,倡议书的写作者首先要考虑的是,作出正确的判断和明智的选择:尽其所能,消除人们的疑虑,消除倡议之路上的种种不和谐的因素,排除干扰,力争振臂一呼,应者云集,顺利实现倡议的目的。

【范例】

从点滴做起　共建节约型校园

——致全校学生倡议书

亲爱的同学们:

2007年6月5日是第36个世界环境日,今年世界环境日的主题是“冰川消融,后果堪忧”,中国区的主题为“污染减排与环境友好型社会”。勤以修身,俭以养德,

节约为美。勤俭节约是中华民族的传统美德。作为当代大学生,我们应当自觉肩负起“厉行节约、反对浪费”的社会责任,树立勤俭节约意识,从日常生活的一点一滴做起,携手共建节约型校园,同心共筑节约型社会!我们倡议:

一、树立正确的价值观。崇尚节约光荣、增强节约意识,身体力行,自觉杜绝浪费现象。爱护每一块绿地,呵护花草树木。

二、节约每一粒米。一粥一饭当思来之不易,半丝半缕恒念物力维艰。以“光盘”为荣,以“剩饭”为耻,坚持“餐餐不余、年年有余”。

三、节约每一滴水。水是生命之源。以“节约用水、合理用水”为荣,以“浪费水源”为耻,时刻不忘关紧水龙头,天天洗涮切忌过量用水。

四、节约每一度电。电是文明之光。以“节约用电、合理用电”为荣,以“浪费电力”为耻,在每次最后一个离开教室、寝室或晚上就寝前,勿忘关灯和关闭各种不用的电器;可用自然光时,就让灯管“休眠”;夏日合理使用空调,勿让温度太低。创低碳校园,从节电开始。

五、节约每一张纸。滴水是金,片纸是银。以“节约用纸、合理用纸”为荣,以“浪费纸张”为耻;能一纸多用、循环利用,就不再多费一张纸;能自带水杯、碗筷,就不用一次性物品。

六、节约每一分钱。无论国家财富、校园财产,还是家庭积蓄,每一分钱、每一件物品都凝聚着辛劳和汗水。以“艰苦朴素、合理消费”为荣,以“奢侈铺张、虚荣炫耀”为耻,珍惜国家对于高等教育的每一分投入,用好每一分钱。

亲爱的同学们,节约是美德,节约是品质,节约是责任,节约更是一种境界。你任何一丝节约意识和行为,都是对母校爱的表露,情的凝聚。“历览前贤国与家,成由勤俭破由奢”,让我们积极行动起来,提高对建设节约型校园重要意义的认识,从我做起,从今天做起,从点点滴滴的小事做起,为我们的母校节约宝贵的资源,以节约来表示对母校的关心和爱护,以“建设节约型校园”的实际行动为母校的发展做出自己的贡献力量!

校团委

绿色环保协会

2007年6月5日

第7讲　写述职报告

述职报告,就是对照工作岗位职能,陈述履行职责情况的一种事务文体。

机关单位工作人员的工作往往都需要通过述职报告的形式接受履职情况的检验与考核。体式上要注意与工作总结或工作汇报两个文种相区分；要摆正角色，用对人称；要以第一人称形式陈述自己的工作内容；述职内容要实事求是、掌握分寸，做到朴实无华，讲真话、讲实话、讲心里话；要言之有物、重点突出，侧重四大关键素质和能力。

述职报告，顾名思义，就是对照工作岗位职能，述说履行职责情况的一种事务文书。党政机关、企事业单位工作人员的工作往往都需要通过述职报告的形式接受履职情况的检验与考核。一份有质量的述职报告，可以反映出一个管理者对本职工作的驾驭能力、对工作成果的总结提炼能力，也从侧面反映出管理者的工作开展思路、完成质量以及是否称职。

述职报告的作用主要体现为三个方面：一是利于述职者个人回顾检查岗位履责尽职的情况，从而总结经验教训改进工作；二是为上级领导、组织人事部门考核提供依据；三是利于本单位职工群众进行监督测评。它比一般的工作汇报、工作总结有着更大更权威的依据和评判作用，兼之其具有极强的透明性和周知性，因此，述职报告的写作越来越广泛地受到各类管理者的重视。

一、基本特征

述职报告在行文上有自身鲜明的特点，具体表现在以下三个方面。

标准的统一性。述职报告不能像一般工作总结那样，可以自行设定总结的形式和内容，而是有其统一的标准，即由部门或单位统一制定的岗位职责和任务目标，规定了述职者的职权范围和工作职责。它必须按照组织人事部门考核领导干部的有关规定，从德、能、勤、绩、廉等方面分别进行汇报，且重点是述“绩”，有一套相对固定的格式。

角度的自述性。述职报告是述职者陈述本人在一定时期内履行职责的情况，是对自己工作的全面梳理和客观评价，无论是简述阶段工作目标，汇报工作成绩，还是说明存在的问题，展示自身的素质和能力，都应该采用第一人称写法，以叙述、说明表达方式为主。同时也要注意情感因素的注入，处理好事、理、情三者的关系。既直观展示个人的德才风貌，又表现出内在的逻辑力量和情感力量，做到以德赢人、以理服人、以情感人。

内容的鉴定性。即述职人依据个人岗位的职能和职责，对自己任内的所作所为作出综合的自我鉴定、自我评估、自我定性。述职报告既要“述”，述说、陈述自己的履职情况，回顾、总结自己任职期间的工作得失和经验教训；又要“评”，评析工作中存在的问题和不足，解剖其中的原因，最后要对任期内工作称职与否作自我鉴定。述职报告大都是在上级领导甚至单位员工面前当众宣读，有的还要进行分组讨论或民主评议、公示，报告中所列举的事例、引用的数据等会接受公众的评判；述职报告还会作为述职者升迁、留任、降职或调任等的重要凭据而纳入干部或专业技术人员管理档案。因此写作时要注意客观准确，经得起鉴定检验。

二、要素内容

述职报告一般包括标题、署名、呈送机关或称谓、正文和日期等项目。

标题。标题的写法比较灵活，一般有以下几种方式：(1)直接写出文种“述职报告”；(2)由任职时间和文种组成，如《2014年度述职报告》；(3)由任职时间、所任职务和文种组成，如《2013—2014年度任××处处长的述职报告》；(4)正副标题法，正标题一般高度概括和揭示述职报告的主旨、基本观点，副标题写何人任何职务的述职报告，如《抓好人才培养工作，推动学院科学发展——××学院院长××的述职报告》。有时，也称为“工作思想小结”。

署名。一般将述职人所在单位名称、职务和姓名写在标题之下一行，具体可视标题结构和内容的完整程度而定。署名也可写在末尾落款处、日期之上。

呈送机关或称谓。如果是向上级呈送的书面述职报告，写明收文机关，如“××党委”“××人事处”等；如果是口头述职报告，则可用“各位领导，同志们”。

正文。一般由前言、主体、结语三部分组成，包括主要业绩、存在问题、今后打算等。

1. 前言或引言。即基本情况，一般写明何时任何岗位工作、职责范围、履职期间完成的主要目标等。这部分内容要简洁明确，给听者一个大体印象即可。

2. 主体。应包括任职期间的主要业绩、存在问题和今后打算。这是述职报告的核心内容，着重阐述自己是怎样履行职责的。可根据工作内容的不同分成几个方面来写，每个方面归纳出一个观点，分条列项、逐个阐明。每个观点可先写工作对象或成绩，再写认识和体会。要突出个人的工作能力和水平，特别是管理能力和政策水平，体现领导才干。

撰写工作业绩时，要详略得当、抓住主要方面，要把较大的篇幅放在主要业绩的完成情况及具有创造性、开拓性的亮点工作的说明上，以任期内工作成果中最突出最有特色的业绩为重点，主要围绕采取了哪些措施、解决了哪些实际问题、取得了哪些成效来写。述职者应实事求是写明工作中存在的主要问题(包括缺点、不足和失误)，造成的损失，应承担的责任，需要吸取的教训等。

今后的打算，主要写下一步工作改进的方向和所要达到的目标，以及为实现工作目标而计划采取的措施。这部分应写得精当扼要、入情入理，要注意领会上级的政策意图，结合师生员工的意见呼声，对应自身存在的问题和不足。

正文结尾处还应对自己的工作称职与否给出整体评价，评价等级一般为“优秀”“称职”“不称职”。

3. 结语。一般写“以上报告，请批评指正”或“以上报告，请予审议”。

日期。落款处注明成文或述职时间。

三、写作要领

要写好述职报告，应注意把握如下几点。

(一)体式上要注意与工作总结和思想汇报相区分

述职报告与总结和汇报(报告)在写作上也确实有许多相通之处，比如，介绍任期内完成的工作，取得的成绩，谈经验、教训，都要求事实材料和观点紧密结合，但区别也是明显的。

与工作总结的区别。一是取材角度不同。工作总结是单位或个人对一项工作或一段时期内的工作进行回顾或归纳：做了哪些工作，取得哪些成绩，存在哪些不足，要吸取什么教训，并总结出带规律性的东西，用于指导下一阶段的工作；而述职报告重在叙述个人履行职责的情况：有什么职责，履行情况怎样，是怎样履行职责的及个人所起的作用等。二是内容侧重点不同。工作总结一般以总结工作实绩、汇报工作成绩为主，重点在于工作实绩；而述职报告以汇报履行职责情况和德能勤绩等为主，重点展示履行职责、开展工作的理念、思路和能力。三是取材范围不同。工作总结不受职责范围的限制，凡是做过的事、取得的成绩，都可以写入工作总结之中，它可以是单项的，也可以是综合的；而述职报告必须局限于职责范围之内，围绕“职责”这个基点来精选材料。

与思想汇报的区别。思想汇报是个人向组织汇报思想和工作情况的一种应用文体，汇报的内容主要是思想状况，它可以是务虚的，对工作、对职责的认识和打算；也可以是务实的，基于某种思想认识展开了某项工作，履行了岗位职责。侧重的是其中的思想认识变化的情况（包括变化的起因、过程和结果等）。述职报告则是要把任职期间的思想和行为如实展现出来，侧重的是履职的思想理念和能力。述职报告不必过多地谈思想认识，应着重阐述尽职履责过程中所展示的理念和能力。

（二）要摆正角色、用对人称

要以第一人称陈述自己的工作，用“我”或“本人”的口吻，不能用第三人称和集体名义，切忌用单位总结代替个人述职。个人述职报告特别是单位负责人，不要将单位的工作总结全盘照搬过来或将分管部门的工作总结简单拼凑作为自己的述职报告，而要正确处理个人与集体、主观与客观的关系，始终站在述职者本人的角度，将自己在单位所任职务中扮演的角色、在开展某项工作中所承担的任务表述准确，精选提炼足以显示工作业绩和能力水平的典型材料加以阐述，体现出个人的作用。因为即便是同一项工作，因为职务不同，从处长到副处长、科员，每个人所承担的责任、做的事情层次是不一样的，对于部门正职而言，是“负责主持、全面统筹”，对于部门副职而言，是“协调配合、组织推动”，而对于科员来说，更多的则是“具体执行”。

（三）要实事求是、掌握分寸

述职内容要追求朴实无华，讲真话、讲实话、讲心里话，无论称职与否都要坚持与事实相符这个基本原则；无论功过是非，都要分清原因和责任，既不争功诿过，自吹自擂，掠人之美，将明显属于别人的功劳归到自己名下；也不必让功揽过，过于谦虚，隐己之善。要善于用摆事实的方法，叙述掌握分寸，评价讲究恰当，以获得听者或阅读者的认可。自己在集体活动或某项工作中扮演着什么角色、发挥了什么作用，都应实事求是地说，没有起组织领导或主要作用，或根本就没有参与，就不要“强行占有”或“刻意挨边”。

（四）要言之有物、突出重点

如前文所述，述职报告既不是工作总结，也不是思想汇报，更不是经验材料汇编。字数一般在3000字左右，稍长的以不超过5000字为宜，口头报告时间一般控制在8—10分钟内，不能长短无度。堆积事例、罗列政绩等只是履行职责的情况和结果，仅是述职的基础和出发点。真正的主题是阐述在履行职责的过程中所展示出的述职者个人的素质和能力。一般地，述职报告的主体都承担着重要的行政管理职责，在述职报告中应该展示四大关键素质和四大关键能力。四大关键素质即政治素质、品德素质、知识素质、心理素质；四大关键能力即思维分析能力、处事决策能力、组织协调能力、开拓创新能力。要明确述职的意义和目的是展示述职主体对工作职责认识清不清，任职的素质高不高，工作的能力强不强，完成的效果好不好，从而得出称不称职的结论。所以述职过程中，在阐明工作思路、展示履职过程、陈述任职实绩、总结经验、剖析工作失误时，都应服从突出能力和素质这个主题。但要注意的是，由于岗位或工作性质的不同，写作时，对这些素质和能力的揭示不可能也不应该面面俱到，应根据岗位和工作的性质，结合事实和实绩，详略得当地予以展示。如高校机关处室领导应突出政治品德素质、大局意识、处事决断能力和开拓创新能力；学院院长可强调专业知识素养、科学决策和科研的能力；科级干部可强调心理素质、思维分析能力、组织协调能力、办事能力等。

【范例】

××同志工作思想小结

【背景】

2010年，按照《中共××省委关于公开选拔一批领导干部的通知》(×文〔2010〕52号)精神和省委公开选拔领导干部工作办公室第一号公告的规定，经省委公开选拔领导干部工作办公室审定，我通过笔试成为高校副校长职位考察对象人选，这是我的述职材料，以《××同志工作思想小结》在网上公示，后来被一些网站作为例文转载。

【正文】

自2002年以来，我先后担任校团委书记、党委办公室副主任、主任，××学院分党委书记，学工部部长、团委书记。在学校党委、行政的坚强领导下，在领导和同事们的关心和支持下，圆满完成了各项工作任务，自己取得了一些进步和成绩。

一、勤于学习，政治立场坚定，具有较高的政治思想道德素养

政治上的坚定源于理论上的成熟。我始终把政治理论学习作为重要职责，增强政治理论学习的紧迫感和责任感，注意在实际言行和工作中加强党性修养，思想政治理论水平不断提高。(略)

二、开拓进取，工作能力较强，具有较强的组织协调能力

我党性坚强，服从组织安排，执行上级指示态度坚决。(略)

我具有较强的组织、协调能力。(略)

我思维活跃，思路清晰，工作积极，实事求是，责任心强，工作作风务实，办事雷

厉风行，推进工作力度大，讲究效率，不怕吃苦。（略）

三、勤奋工作，工作绩效好，大学生思想政治教育工作成效显著

认真履行岗位职责并取得工作成效，是我的工作追求。我在不同的岗位结合工作实际，认真贯彻校党委、行政决定，措施具体，开拓进取，创新工作方式方法，在本职和其他各项工作中发挥了较好的作用，成绩较为显著。（略）

四、遵纪守法，廉政意识强，保持了党员领导干部的良好品质

拒腐防变、廉洁自律、廉洁从政，是党员干部应有的品质。我以“清清白白做人，踏踏实实做事”为工作和生活信条，加强自身修养，做到自重、自省、自警、自励；我遵纪守法，廉洁自律，认真执行党规党纪，遵守法律法规，不为个人谋取私利，时刻保持共产党员的清正廉洁。（略）

五、今后努力的方向

回顾自己所取得的进步和成绩，归功于学校党委、行政的领导，归功于组织上的培养，得力于领导和同事们的关心和支持。对照党员干部的要求和工作职责的要求，我深知自己还有许多不足。主要表现在理论水平和创造性思维需要进一步加强，对高等教育办学规律的研究、认识和把握需要进一步深入，需要在实践中进一步锻炼和提高。我将以更加饱满的工作热情，强烈的事业心和责任感，扎实努力地工作，为学校事业的发展，做出自己新的成绩。

第四章　传播类文书写作

第1讲　写新闻

新闻,就是新近发生的有价值的事实的报道,是一个单位文化的重要组成部分,是展现干部群众面貌、展示单位成果的形象台。怎样写好新闻呢？一是深入基层深入群众,挖掘鲜活的新闻源。二是精心做好采访准备,深入挖掘感人故事。三是精心谋篇布局,选好新闻切入角度。四是注重凝练标题,写活写好新闻。

新闻,就是新近发生的有价值的事实报道,是机关单位文化的重要组成部分,它所报道的主体是机关的人和事,刊载的媒介有机关网站、微信公众号等机关类媒体和社会新闻媒体。一条好的新闻,可以极大地提升机关的形象。因此,对于机关人员来说,写好新闻是很有必要的。

一、要素结构

新闻,主要形式有消息、通讯、特写等。一篇新闻报道,一般都包含6个要素(也就是记叙要素):时间、地点、人物、事件的起因、经过、结果,即五个"W"和一个"H":Who(何人)、What(何事)、When(何时)、Where(何地)、Why(何因)、How(怎样)。

新闻结构就是指消息这一文体的内部构造成分及其组合方式。新闻一般由标题、导语、主体、背景和结构组成。常见的几种新闻结构是:

倒金字塔式结构。其特点在于它的导语一般采用"部分要素导语",即在新闻导语中突出一两个最吸引人的新闻要素;对于过程的叙述往往比较简略。适用于时效性强、事件单一的突发新闻,而对于某些非事件性新闻就不适宜了。优点在于能迅速地把最新鲜、最重要的事实开门见山地告诉读者,使读者一目了然,节省阅读时间。

金字塔式结构。其特点在于把最重要、最精彩的内容放在文章后面,按时间顺序,依次叙述。适用于故事性强,以情节取胜的新闻,尤其适合现场目击记。

车辐式结构。其特点在于以一个中心事件或事情为纲,其他事实像车辐一样辐射出去。宜于报道比较散的事件。

并列式结构。其特点在于把众多主要事实并列叙述。适用于报道事实各部分的重要性相等或相似的新闻,多见于公报式新闻。

二、基本特征

新闻具有真实、客观、及时等特点,尤其要注意的就是时效性。一般来说应当在活动的当天发稿,如果拖了一两天,这篇新闻稿就失去了价值。

真实性。客观真实是新闻的灵魂和生命,新闻报道要求绝对的真实,不允许夸张和虚构,这是新闻工作的根本原则。

新鲜性。"新"一是指新闻所反映的事实必须是最近发生的;二是从内容上说,新闻必须有新意,能给人以新的信息、新的启发。

时效性。"新闻是易碎品",新闻要求以最快的速度把信息传递出去,传递上稍有耽搁,就会失去它应有的价值和效应。

三、写作要领

新闻学是一门应用很广泛的学科,是每个机关人员都应该学习、研究的一门学问。

(一)深入基层深入群众,挖掘鲜活的新闻源

有发现才会有新闻,没有发现,新闻无从谈起。这就要求机关人员要有新闻敏感性,在平时的工作、学习和生活中,具备敏锐的观察力。因此,无论是在参加活动、出席会议,还是外出学习参观考察等,时时处处都要做有心人。同时,还要经常深入基层,观察群众的工作、学习与生活,了解他们的意愿和要求,力争写出有价值的新闻。

挖掘机关新闻选题可以从以下六个方面入手。一是中央、省委最新政策重大

决策在本单位落实情况。政策出台后，各单位怎样贯彻落实，存在什么问题，有何建议，都应成为新闻报道的重点。二是重要活动报道。要时刻关注发展中的新动向，以及发生在机关部门中的新鲜事。各大活动、各种会议、文件、简报等都可能找到新闻点。三是群众典型报道。基层群众的所思、所想、所盼，是领导迫切想要了解的，也是媒体关注的内容。四是干部群众重要成果和获奖情况报道。五是特色工作报道。要善于挖掘在各自工作中创造的"叫得响"的好经验、好做法，"以点带面"宣传推动工作。六是节日活动报道。节日活动贯穿全年，节日活动的有关情况是媒体关注的重要内容，需要围绕节假日提前谋划准备。要根据相应的节日如植树节、清明节、世界读书日、青年节、母亲节、环境日、建党节等，及时反映机关干部践行绿色理念、缅怀革命先烈、建设书香单位、志愿服务等工作呈现的新特点、好做法。

（二）精心做好采访准备，深入挖掘新闻故事

发现了新闻线索，有了有价值的、鲜活的新闻源，接下来就是做好采访了，这是写好新闻的前提条件。俗话说，采访决定写作。好的文章是"七分采，三分写"。要写作就得有翔实的事实材料，而采访就是为写作提供材料的。

一定要走进事件，挖掘表象背后的真实。做好各种采访前的准备十分必要，提前了解被采访人背景；选好地点、时间；精心准备好问题，通过提问营造一种融洽的气氛，从而拉近同被采访对象的距离，善于运用层层追问的办法来挖掘新闻背后的故事、深入了解人物的内心世界。

采访首先要选好角度。同样的一件新闻事件，从不同的角度去审视，其特点和意义都是不一样的；从不同的视角去报道，产生的影响也是各不相同的。这就要求作者用独特的角度去观察问题，分析问题，去捕捉新闻，这样才能提炼出有价值的新闻。其次，要善于把新闻与社会热点有机地结合起来，抓住社会层面与机关层面的契合点，做大做强新闻报道，使其具有独特的艺术魅力。

（三）精心谋篇布局，选好新闻切入角度

在确立了写作的主旨后，就要围绕主旨对整个新闻结构进行谋篇布局，考虑其组织构造及它们之间的逻辑联系。每则新闻在结构上，一般包括标题、导语、主体、背景和结语五部分。前三者是主要部分，后二者是辅助部分。主体是新闻的躯干，它用充足的事实来表现主题，是对导语内容的进一步扩展和阐释。新闻应反映机关单位的新思路、新措施、新成果、新经验、新特点和新人新事、新风尚等。写新闻可以从不同角度去写，特别是在新闻信息含量大、信息点多的情况下，选好切入角

度显得尤为重要。

新闻的选材角度可以从三个方面挖掘。

一是思想角度。思想角度就是把坚持正确政治方向摆在首位。习近平总书记在党的新闻舆论工作座谈会重要讲话中指出党的新闻舆论工作的职责和使命是：高举旗帜、引领导向，围绕中心、服务大局，团结人民、鼓舞士气，成风化人、凝心聚力，澄清谬误、明辨是非，联接中外、沟通世界”①，强调要承担起这个职责和使命，必须把政治方向摆在第一位，牢牢坚持正面宣传为主。这些重要的论述，为新闻舆论工作指明了努力方向、提供了根本遵循。

二是特色角度。特色角度主要是从所报道内容的活动来讲的。不同的活动自有其不同的特色，同一活动不同时期也有其不同的特色。例如，从横向来讲，一个学校有各种各样的社团，每个社团的活动自然各有千秋、各具特色，如社会公益性社团举办的必然是与献爱心有关的活动，文学社所举办的一般是征文类活动，科技实践性社团也自然与科技实践类活动有关；从纵向来讲，每个社团每年都要举办活动，但是每年活动的核心思想却有不同，文学社去年所举办征文主题可能是践行核心价值观、今年所举办的可能与中国梦有关等。这就要求新闻采编人员具有敏感性和特色视角，要及时准确地抓住特色，并在新闻报道中将这一特色表现出来、给人以耳目一新之感、从而将“旧闻”变成“新闻”。

三是读者角度。一位作家曾这样说，“故事写出来都是给人看的”，新闻虽然不是讲故事，但也是对事实的报道，因此也要注意对于读者的考虑。新闻报道写得是否成功，不是在于词语用得是否华丽、语言用得多么优美，重要的是在于是否契合读者的口味。

（四）注重凝练标题，写活写好新闻

有了好的题材，找到了好的角度，就应在新闻事实发生后，力争在最短的时间内撰写、改定并发表出去。要写出生动、活泼、耐看的新闻稿件，关键还要在写作上多下功夫。

一是凝练标题。我们常说标题是新闻的“眼睛”“题好文一半”，新闻的标题就如人的眼睛，要能传情达意，表达出新闻的核心内容，帮助读者迅速了解新闻的主要内容，以吸引读者了解详情。新媒体时代的新闻标题宜用“一个句子说清一件事”单一性标题结构，以实题为要，强调叙事准确、完整，表达有效率。标题要以文章内容为命题依据，能够揭示内容要义，使人看了标题便知晓文章的大体轮廓、所

① 《习近平谈治国理政》（第二卷），外文出版社2017年版，第332页。

报道的主要事情和论述的主要内容以及作者的写作意图，而不能似是而非。好的新闻标题包括小标题，对揭示内容、评价事件、吸引读者、活跃版面有着不可估量的作用。如《光明日报》记者唐湘岳荣获中国新闻奖的稿件《成功的不等式：中南大学三校合并的启示》中使用的三个小标题是“1+1+1=1，1+1+1<1，1+1+1>3”，非常新颖、有特色，让人过目不忘。

二是坚持生动活泼、新鲜有力的文风。新闻语言的基本要求是准确、鲜明、生动。但长期以来，新闻语言特别是消息语言干瘪、枯燥、概念化几成痼疾。要改变这一现象，就要在准确、鲜明的基础上，少一点宣传腔，多一些人情味。机关人员只有饱含情感，写出的文章才能富有人情味，才能吸引人、打动人。

三是表现手法灵活。抓住新闻事实中的某一要素或片段，用精练的语言做现场和细节描写，或通过对人物的语言、神态描写，使人物形象有声有色，增强报道的感染力。这里尤其要强调叙述描写上的“细”。如果说情节是人物通讯的骨架的话，细节则是人物通讯的“血肉”。有了栩栩如生的能够体现人物个性的细节描写，人物形象在读者的眼里才会活起来。写人物通讯时就更要注重细节。用细节描写，刻画出人物和事情的特点，丰满人物的个性，从而吸引和打动读者。还可恰当运用插叙、倒叙、补叙等手法，借助新闻背景材料，揭示新闻事件的来龙去脉和深层意义，全面立体地展示新闻事件的全貌。

四是反复修改。修改是写作的一个重要环节，是保证新闻质量、提高写作能力的重要途径，也是检验作者是否具有高度社会责任感的标尺。新闻写好以后，要有文不厌改、精益求精的精神，不能马虎从事或匆忙发表。一定要多读几遍，避免出现一些常识性的错误。如领导职务不准确、出现错别字等，这样给读者易造成歧义，理解不透你所要表达的意思。修改新闻，要综合运用新闻写作基础知识，从主旨、材料、结构、表达、文面等方面，逐一进行检查和修改。当然，最关键的应是抓住重点，舍得割爱。

【范例】

“蓝灯”照亮星星的孩子

——武汉纺织大学志愿者关爱自闭症儿童小记

本报讯（记者 黄兴国 通讯员 高建勋 侯庆）近日，在武汉纺织大学新生报到现场，人来车往，一片繁忙。人群中，一名戴着小红帽的小男孩格外引人注目。他时而打着手势，时而大声而缓慢地告诉新生：“大学生活动中心向右走。”

这个小男孩叫牛牛，是个自闭症患儿。他正随着学校艺术学院志愿者团队参与迎新活动，任务是给新生和家长指路。可在两年前，他还不敢讲话，不愿与人交流。这一切的变化都得益于武汉纺织大学“蓝灯行动”关爱自闭症儿童志愿者的努力，让一个个像牛牛这样的自闭症患儿走出了封闭的世界和孤寂的心灵。

自闭症儿童对声音充耳不闻、对周围的人视而不见、不愿意开口说话，有人形容他们是“星星的孩子”。2011年9月，武汉纺织大学艺术学院学生陈晨无意间听说了牛牛的故事，决定陪孩子玩耍，想通过自己的努力，使孩子有所改变。一次、二次、三次接触，小牛牛就是不接受陈晨，不跟她讲话。一次，陈晨给牛牛讲故事，牛牛捂着耳朵不听，两眼死死地盯着头顶上的风扇达10多分钟，嘴里还发出奇怪的呜呜声，怎么劝说都不行。但陈晨始终微笑着，继续她的活动。功夫不负有心人，陈晨的坚持终于赢来了牛牛的接纳，如果哪一个星期天陈晨不去，小牛牛会嚷着吵着让妈妈去找晨姐姐。

自闭症患儿生活不能完全独立，出行都要有家人陪伴，稍有照顾不周，就容易出问题，给家庭和孩子父母带来沉重压力。“社会上还有很多自闭症患儿和家庭，仅凭个人力量是微不足道的，必须依靠集体力量，关爱更多的自闭症患儿！”陈晨建议招募志愿者，成立关爱自闭症儿童行动小组。她的建议得到了艺术学院领导的高度肯定，学校给予了大力支持。

很快，艺术学院成立了关爱自闭症儿童的“蓝灯小组”，以艺术教育活动为主，让孩子们在活动中去感受、锻炼，增加胆量、提高能力。艺术教育活动可以由简到繁、由浅到深，逐步推进。

经过一段时间的磨合后，“蓝灯小组”逐步走向稳定、规范。艺术活动从最初的绘画、陶艺、打鼓，增加到舞蹈、歌唱，表演等，不仅吸引了更多校内师生加入志愿者，社会上不少爱心人士也纷纷加入。同时，武汉市及周边的自闭症儿童越来越多地要求参加“蓝灯小组”活动。“蓝灯小组”把星期六作为艺术活动的固定日期，每到这个时间，都是自闭症儿童们最快乐的时刻。

从2011年至今，武汉纺织大学“蓝灯小组”的志愿者由40人扩大到400余人，参加“蓝灯小组”活动的500多名自闭症儿童，经过志愿者的辅导、帮助，逐步改变了以往孤僻、冷漠、胆怯、易怒的性格，学会了自理，独立思考，与陌生人沟通，甚至会关心、帮助他人。“蓝灯行动”因此获得湖北省首届大学生公益活动创意大赛一等奖。（原载2014年9月25日《中国教育报》）

第2讲　写新闻评论

新闻评论和新闻报道是新闻宣传工作中两种基本的体裁。如果说新闻报道是新闻宣传的主体和基础，那么新闻评论就是旗帜和灵魂。新闻评论在写作上要尊重新闻传播规律，确保所引用的新闻事实的真实性和新鲜性，另一方面也要考虑到它作为新闻评论的特点，必须弘扬主流文化，提倡多样化；以正面引导为主，开展必要的批评。

新闻评论是对最近发生的新闻事件及其有关问题提出一定看法和意见的一种新闻文体。新闻宣传要以正确的舆论引导人，就要发表意见。新闻报道是无形的意见，新闻评论是有形的意见。所以，新闻宣传既要有报道，又要有评论。它们在统一的思想指导下，互相配合，相得益彰，从而更好地发挥作用。

新闻报道和新闻评论在表现方法和写作特点上有明显的区别。新闻以报道客观事实为主，而评论则是在客观事实的基础上发议论讲道理。新闻报道主要是传播信息，提供事实，作者的倾向、情感、意见是包含在事实的叙述之中。它的主要特点是用事实说话。新闻评论则是在客观事实的基础上，通过分析说理，直接表明作者的思想观点。它的特点是议论说理，直抒己见。

一、基本特征

新闻舆论工作处在意识形态斗争最前沿，好的舆论可以成为发展的“推进器”、民意的“晴雨表”、社会的“黏合剂”、道德的“风向标”。新闻评论不同于一般的议论文，有以下特点。

政治性。新闻评论是新闻舆论工作的重要组成部分，必须把坚持正确政治方向放在首位，注重选题的政治意义，着重从思想、政治、理论的高度分析和论述问题。坚持正确政治方向，就是要坚持党性原则这一根本原则，坚持马克思主义新闻观这个灵魂，坚持正确舆论导向这个生命，坚持正面宣传为主这一基本方针，激发干部群众团结奋进、攻坚克难的强大力量。

时效性。新闻评论讲究时效性，只有对新近发生的新闻事实和当前群众关注的热点问题及时发表观点和言论，才会引起广泛的社会关注。“时”，就是要看准舆论引导的最佳时机，什么问题第一时间报道，什么问题看看后续发展再报道，都要有精准的时间概念，不滞后也不超前；“效”，就是要把准舆论引导的实效质量，既要尊重受众的参与权、知情权，回应受众的关切，又要善于因势利导，引导受众正确认识事物真相，确保取得最佳舆论引导效果。

群众性。做好新闻热点的舆论引导，面向广大受众，关心广大群众的切身利益，反映群众的要求和呼声。热点是一段时间内受到社会关注的问题，是舆论引导工作的一个难点，需要进行科学分析、正确回答、有效引导，把党和政府的政策解读好，对热点问题怎么看、怎么办讲清楚。

二、形式

常用的新闻评论的形式有：

一是以中央和上级指示为内容写评论。这种评论能起到传达上级指示精神的作用，是媒体常见的评论样式。而写这类评论，一要吃透精神，二要上下结合。

二是配合机关中心任务和党委重大决策写的指导性评论。如会议评论，这就要求作者要注意明确任务、讲清道理。

三是针对一种错误倾向、错误思想或者是模糊观点来写的评论。写这种评论，问题要抓准，说理要透彻。

四是为突出新闻、通讯的思想性为其配发的评论。也就是在对问题作了事实的回答之后，再给予理论的、思想的回答。如以下例文《时代需要这样的本色校长》。这要求作者写作时，一要结合紧密，二要画龙点睛。

五是有关节日、纪念日以及重大活动的新闻评论。

三、写作要领

当前，由于网络空间的开放度和自由度提高，相对于传统媒体没有太多的限制；参与门槛降低，只要接受过一定程度的文化教育，有思想、有表达的人，都可以对时下热点新闻及焦点事件发表评论。机关干部更应该主动回应社会关切，写好新闻评论。

（一）选择合适的问题

选什么样的问题进行评论，对于写好新闻评论文章起着重要的作用。总体上说，对于那些有利于事业科学发展的问题应当积极宣传和推荐，让其发挥更大作用；对于那些背离科学理论或有碍事业发展的问题应坚决进行批评。除去这共同的“抑恶扬善”的选择问题的标准外，每位机关干部还应结合自己的具体情况，从实际出发，发挥自己的优势，从而确定自己选择问题的标准和原则。

一是选择自己本岗位本专业或较为熟悉的问题。新闻评论要深入地分析问题，评论者必须对此问题有深入的研究和理解，这样评论才能做到深入而确切。新闻评论者要站在比别人高的地方，才能写出有指导意义的新闻评论文章。

二是选择自己感受最深刻的问题。机关单位文化纷繁多彩，新闻评论者应该选择给自己印象、感受最深刻的问题进行评论。新闻评论者对所评的问题必须“有明确的是非，有强烈的好恶”，然后才能写出有分析、有判断的新闻评论文章。

选择要评论的问题是一项很艰难的工作，从某种意义上看如同一种科学发现。新闻评论者要选择到好的、适合自己评论的问题，就要经常关注人们对社会现象的反应，在切实掌握这些信息后，结合自己的优势，选择适合自己评论的问题，写出有见解、有建议的好的评论文章来。

（二）认真提炼和推敲论点

新闻评论的论点是新闻评论主体对具体客观的新闻评论客体进行分析归纳而得出的观点。论点是新闻评论的灵魂，它体现着评论主体观察、分析、理解评论客体的基本成果。人们读评论时，首先是看观点、看见解。观点、见解是第一位的。观点新颖、见解深邃，即使修辞略显简陋、笔法略显稚嫩，仍是好作品。观点如果站不住脚，整篇文章都是失败的。所以，要写好新闻评论，在准备阶段除了选好论题，还要在立论上下功夫，认真提炼和推敲论点。

客观、公正是首要的基本的要求。新闻评论的论点除了要符合党的路线方针政策外，首要的是必须符合新闻评论客体的本来面目，准确反映新闻评论客体的状况。“论不符实”是新闻评论之大忌。论点要客观公正地反映和揭示评论客体的本质，就需要评论主体对评论客体有充分的调查研究，进行认真的由表及里、去伪存真的思考和抽象概括。

新颖是对新闻评论立论的主要要求。从新闻评论文章的实际效果看，立论的新颖性是吸引读者的主要因素之一，又是新闻评论文章写作的难题之一。新闻评论的立论求新，可以从以下五个方面着手。

首先是新的思想、新的见解。在观点上有所创新，言人之所未言，也即“扩前人所未发”。

二是新的角度。“横看成岭侧成峰，远近高低各不同。”新闻评论客体总是有多个侧面的，可以从不同的角度去立论。把经常性的老题目写得有新意，把同一论题写出新意,变换立论的角度,是最常见的和有效的方法。

三是新的材料。有些题目和观点,光讲道理是讲不出多少新意的,而结合新的事实,选用新的材料去议论,就能赋予论点以新生命,老题目也会具有新意。从教育评论的实际来看,一些老题目和重要的思想,应经常结合新的事实,运用新的材料不断宣传。

四是新的背景。在一定的新的背景下,一些以往评论过的思想观点,会具有强烈的现实针对性从而给人以新意。同时还需要看到,读者群也是经常变动的。所以看准时机,只要有现实针对性,结合实际地重复一些老观点也是可行的。

五是新的表述。一些老的思想通过新的巧妙的表述,也能使新闻评论具有一定的新意。要在评论文章中有新的表述语言,就离不开借鉴古今中外的表达方式,也离不开吸收大众新闻评论的精彩语言。总之,新闻评论文章立论的要求主要是客观公正和新颖。

(三)论证要充分严密

所谓论证就是把材料和观点统一起来,组成一个完整的说理体系的过程,也就是摆事实讲道理,分析问题的过程。论证是新闻评论写作的重要环节之一,新闻评论怎样展开,论点怎样得到阐释,文章结构怎样安排,怎样把自己的观点论述得无懈可击令人信服,都要靠严密充分的论证来实现。要保证评论论证的严密性,在论证过程中应该注意几个问题。

一是材料和观点的结合要严密。要想让评论有一定的说服力,所选的材料一定要能够突出地说明作者的观点,观点也一定要能够统帅所选的材料。

二是论证要充分,切忌简单化。论证一定要遵循基本的逻辑规律和原则,用准确的概念、正确的判断、严密的推理来充分有力地证明观点,切忌杂乱无章自相矛盾。

三是以理服人,防止片面性。在论证的过程中要对问题做辩证的分析,不能强调一个方面就忽视与其相联系的另一个方面,不能讲过头话、搞一点论。

(四)坚持客观公正的立场

新闻评论的一个重要功能就是帮助人们了解事实的本质和真相,引导舆论向积极的方向发展。新闻评论的意见表达往往会比其他性质的文章有更强的效果与感召力,它承担着引导舆论的社会责任,因此,新闻评论一定要坚持客观公正的立场和较强的社会责任感,要面向广大群众,写出群众的心声。机关人员要广泛深入基层了解群众的心声,评论的话题和观点要能够引起群众的关注和共鸣,只有这样广大群众才会关注新闻评论，并积极参与到新闻评论所关注的活动中来。

（五）展现活泼通俗的文风

新闻评论是媒体的旗帜和灵魂，但是一些受众却不喜欢看，不喜欢听，其中一个原因是传统的评论往往居高临下板着面孔说话，缺乏活泼通俗的文风。活泼的文风体现在以下几个方面。

一是篇幅尽量要短。一篇评论应当集中解决一个问题，或一个问题的某个侧面，尽量把它说透，不能长篇大论泛泛而谈。

二是注意材料的鲜活性和时效性。新闻评论常常以新闻事实作为立论的由头和说理的论据，新闻本身要注意鲜活性和时效性，这样的评论，读者阅读才有新鲜感。

三是语言要通俗。新闻评论是说理性文章，如果语言运用不好，文章就会显得枯燥而没有生机。因此，在写作新闻评论时应该尽量运用通俗生动凝练的语言，来阐发富于哲理的能够发人深思的闪光的思想，发出理论的强音。只有这样，写出的评论才会让大众愿意去读，喜欢读。

（六）注重平时学习积累

首先是长期的不间断的理论建设。机关干部要养成重视思想修养和理论学习的风气，倡导看书学习、营造读书氛围，尤其加强习近平新时代中国特色社会主义思想的学习，不断提高自身思想理论素质。

其次是对现实生活尽可能保持最近的距离，以极大的热情，细心观察和了解时代的变化。事实上，今年的中国和去年的中国就有很大的不同。客观形势不同，社会热点不同，主要矛盾不同，人们的心态也不同。只有了解这种不同，研究这种不同，才能和时代的脉搏一起跳动，也才能切中时弊。

三是养成好学深思的习惯，多方面汲取知识和信息。“问渠那得清如许，为有源头活水来。”要想写好教育评论，一定要不断学习他人的长处，平时要多看人民时评（《人民日报》）、今日谈（《人民日报》）、光明论坛（《光明日报》）、教育时评（《中国教育报》）、冰点时评（《中国青年报》）等评论类栏目的文章。重视平时知识积累。此外，现代科学的发展十分迅速，出现了不少新的学科，新的知识也不断增加，这些都是我们应该学习和涉猎的范围。对新鲜知识的掌握和吸收，可以帮助我们突破某些旧的思想方法的束缚，发挥创造性。

【范例】

时代需要这样的本色校长

武汉纺织大学老领导贺经平的故事日前经媒体报道后，在高校和社会引起巨大反响，众多网友和校友纷纷为清廉老院长“点赞”。在这个关注点容易转移的时代，贺经平的事迹为何能如此强烈地拨动人们的心弦？

贺经平没有豪言壮语，没有英雄壮举，只有二十年如一日不占公家丝毫便宜、四十七年如一日照顾病重妻子的平凡坚守。但正是这种平凡和坚守，造就了他的不平凡，把他无私的境界、知足的情怀和担当的品格展现得酣畅淋漓。让我们看到了一位老干部的时代价值。

无私的境界。有一种境界叫无私，心底无私天地宽。贺经平退休前是武汉纺织工学院（今武汉纺织大学）的校长，退休后可以享受正厅级生活待遇，但他却从不计较个人得失，退休20年只用过3次公车。贺经平在位时，“那时交通不方便，有一次去花山，我们搭船过去来回用了一天时间；后又坐车去应城、黄冈等地寻土方，从没坐过学校的公车。”老伴余永曼说，当她舟车劳顿筋疲力尽时，她也会对丈夫有车不用有些抱怨，贺经平却反问她：“小车是学校派给我们做事用的，你又没为学校办事，凭啥用车呢？”在同事的印象里，老院长当年也从来不参加公务用餐，每次其他人去公务接待，他就自己到食堂打一份盒饭，和学生们一起吃。他公私分明，不允许家人利用自己的职权占取任何好处。作为党员领导干部，有权不可任性，就应该克勤克俭，大公无私。哪怕节约一分钱，也是一个共产党员应有的责任与义务。

知足的情怀。知足是一种处事态度，不攀比、不虚荣，保持艰苦朴素的本色。贺经平住在一栋老式家属楼四楼的家，不到100平方米，因为年久失修，墙面漆脱落了大半。家电家具都是20世纪的样式，沙发、扶手都磨得发白了，还有一台转起来吱呀呀的缝纫机，老伴余永曼说，那是她给贺经平做衣服用的：“除了我做的衣服，其余都是他在地摊买的，最贵的也不超过100块钱。”他勤俭节约，住旧房，穿旧衣服，过着朴素的日子。然而有人往往把自己看得很高，“做官就要有做官的样子”，习惯于“打官腔”“摆官谱”；有的贪图享受，忘记了艰苦朴素的劳动本色。要知道“中国共产党党员永远是劳动人民的普通一员”，不能把自己与群众割裂开来，不自觉地视自己高群众一等，沾上“老爷气”。学会知足，才能用超然的心态面对眼前的一切；学会知足，才能在当今社会执着地追求人生目标。

担当的品格。一个具有担当精神的人，上会对国家、社会尽责，中会对团队、集体尽责，下会对亲人、自己尽责。贺经平担当起照顾家人的责任。他的妻子余永曼

1967年就被诊断出患有肾炎，后恶化成尿毒症。多年来，贺经平带着她四处求医，的士、公交、步行辗转奔波。学校也要求退休前所在单位做好服务，让学生志愿者帮忙背余永曼，但都被老人婉拒了。贺经平说，“学生们都有自己的功课，看病也不是一次性的工作，时间也不好把握，我能自己来的就自己来吧，实在走不动了再说。”对于街坊们说他“从来没用过公车”的说法，老人较真地伸出3个指头纠正：“没有他们说得那么夸张，我用过3次车。”原来在贺经平生病期间，学校派公车3次送余永曼到医院。贺经平的病稍微好一点，他就坚持自己送老伴去医院了。干部要有担当，必须从小事入手，必须从实干着眼，务实才是真担当。

无私的境界是共产党员干事创业的基础，知足的情怀是一种积极的处世修养，担当的品格是时代责任。时代需要贺经平式的干部，让我们以贺经平为榜样，不断提升自身修养和境界，做一个让群众点赞、令亲人自豪、得社会称道的人。(《中国教育报》2015年6月8日第9版)

第3讲　写工作简报

工作简报，就是工作情况的简明报道。它在督查工作，交流经验，信息反馈，掌握实情等方面发挥独特的作用，日益受到机关单位的重视。工作简报的写作方式较为灵活，总的要求是简明扼要、内容集中、语言简洁、措辞准确、重点明确、客观真实。真正做到选材要准、速度要快、经验要亮、写法要新、文字要简。

工作简报，从字义上说，就是工作情况的简明报道。它是党政机关、企事业单位、社会团体用于向上级迅速及时反映情况、汇报工作、交流经验、揭示问题，向下级推广经验、指导工作，向平行单位互通情况、交流信息的一种重要事务文书。

简报，可以将工作进展情况以及工作中出现的新问题、新经验及时反映给各级决策机关，为决策机关了解下情，制定政策、进行指导提供参考。同时它也是交流经验的有效途径。工作简报的作用具体体现在四个方面：一是督查工作，确保任务完成。二是交流经验，互相取长补短。三是信息反馈，加强整改完善。四是掌握实情，提供决策参考。日常工作中常见的《××动态》《××简讯》《情况反映》《××交流》《内部参考》等，均属简报文体。

简报的种类繁多，按照不同的分类标准，可以划分为很多不同类型。按内容划分，工作简报可以分为：工作动态简报和专题工作简报。前者是为了推动日常工作而写的简报,也是工作简报中最常见的一种形式。后者是针对某项工作、任务、活动而写的专项简报。专题工作简报的编写是伴随着某项工作、任务、活动的开展而进行的,工作、任务、活动宣告结束,简报的编写也就停止,因而,它比工作简报更看重时效性。

一、基本特征

简报,也可以说就是简要的调查报告、简要的情况报告、简要的工作报告、简要的消息报道等。它具有以下特点。

快。简报的撰写必须讲求时效,就是对工作或会议中出现的新情况、新问题,以最快的速度上传下达,使领导机关能及时掌握新情况,研究新问题,制定新措施。这就要求简报的作者思想敏锐、行动敏捷,对问题反应得快,对材料分析得快,写作构思快,动笔成稿快,同时,还要求简报的编辑、发稿速度快。

简。是它区别于其他报刊的最显著的特点,篇幅特别简短,语言必须简明精炼。工作简报不同于正式的工作报告,展开说理,长篇大论,而是要在充分归纳和提炼的基础上,以短小精悍的面目出现,以叙述清楚、说明道理为目的。一篇简报,几段信息,总共一两千字,读者可以用很短的时间读完,适应现代快节奏工作的需要。

新。工作简报的新就是通过对工作或会议中出现的新情况、新问题的反映,让师生面对新情况和新问题,探索出新的路子,总结新的经验。如果只报道一些司空见惯的事情,就失去了其价值和意义。

实。简报所反映的情况要真实、准确、可靠。对基本情况的估价要客观、全面、辩证,不能以偏概全,更不能只报喜不报忧。未经审核的材料,不要写入简报。引用材料,要准确无误,严禁弄虚作假,随意拔高夸大,确保选用的材料经得起事实检验。用事实说话,是简报的主要特征之一,也是我们编写简报应该注意的一个重要问题。

二、写作要领

简报的写作方式较为灵活,总的要求是简明扼要,内容集中,语言简洁、措辞准确、重点明确、客观真实,编发及时。写好工作简报要注意以下几点。

首先,要明确工作简报的特点。工作简报的特点是及时真实地反映情况。如重大会议或情况发展变化很迅速，需要每季度报一次，有时每月报几次，以便领导及时全面地了解真实情况，指导工作。因此，执笔写简报务必掌握全面情况，并尽快形成书面文字材料，必要时需集体讨论后才可交领导签发。

其次，要清楚简报的内容。工作简报的内容，一般有两种情况：一是综合报告一段时间内各方面的概括而又具体的情况。如一次重要会议召开前的各方面的准备工作简报，某项重要活动，各职能部门、各院系开展情况的简报。二是反映某项任务或某方面工作进展的情况。例如，对上级主管部门交办的一项重大专项任务，限一年内出显著成果。这样每隔一个阶段要撰写一次简报。

最后，在具体写作过程中努力做到以下几个方面。

一是选材要准。简报不能有事就报，它要注意从当前中心工作和本单位阶段工作的需要出发，在众多的事件中选取那些最有指引意义或必须引起重视的经验、状况和问题，予以全面的、实事求是的报道。从内容上来看，工作简报的编写一定要紧贴党委政府的需求，紧紧围绕当前中心工作，每一篇必须围绕一个中心，突出一个重点，表现一个主题，全面及时准确规范地反映单位改革发展稳定等方面的新情况、新问题、新举措、新成果，为领导了解情况，指导工作，科学决策提供服务。为此，要努力做到“三个贴近”，即贴近领导意图，抓住重点信息；贴近基层工作，捕捉亮点信息；贴近上级需求、提供高价值信息；努力做到“三个围绕”，即围绕重点工作，围绕改革创新，围绕热点难点撰写简报；努力做到“三个结合”，将简报内容与中心工作相结合、与新闻舆论工作相结合、与调查研究工作相结合。要突出四个点，即围绕重点报进展，围绕亮点报经验，围绕热点报情况，围绕难点报问题。

二是速度要快。简报也是一种“报”，它有新闻性，内容要有新鲜感。简报如果只报道一些司空见惯的事情，就没有多大价值和意义了。简报要反映新事物、新动向、新思想、新趋势，要成为最为敏感的新时代的晴雨表。这就要求简报的编写要快，对于工作中、会议中出现的新动向、新经验、新问题，编写者要及时地予以捕捉，并用最快的速度予以报道。否则，失去了新闻性、时效性，简报就会降低指导意义，乃至完全失去应有的作用。

三是经验要亮。机关工作简报的编写应该遵循经验交流、反映问题与解决问题相结合。工作简报的信息主要来源于基层，基层各单位的工作状态与进展怎样，工作经验有没有总结，工作中有没有问题或者困难，这些都是领导和上级部门关心的主要问题。如果能准确地发现问题，提出问题，就意味着简报成功了一半。如果能对问题加以分析综合，指明问题的性质，提出解决的办法，那么简报就更出色了。

四是写法要新。简报写作是一项艰苦复杂的创造性劳动，只有思维创新、观点创新、内容创新、文字创新，才能启发人、引导人、激励人、吸引人。创新是在前人基础上的一种超越，是一种创造性的实践。(1)超越模仿思维，不鹦鹉学舌，人云亦云，不满足于已有的东西，勇于探索，努力发现和创造新东西。(2)超越定式思维，不受固定模式束缚，既重视书本和权威，更重视求异和独特性。(3)超越有限思维，善于联想和想象，从有限走向无限，超越已知走向未知。总之，创新是对传统的继承和发展，对固有模式的突破和再造，对司空见惯的现象的提炼和升华。

五是文字要简。简报的一个"简"字，可以看出简洁对它来说是多么重要。"简"是指内容集中、篇幅短小、提纲挈领、不蔓不枝。为了体现这一特征，在撰写简报时首先要注意选材精当，不求面面俱到；其次，要求文字简洁，对事物作概括的反映。一篇简报最好是千字左右，除非有创新的经验做法。篇幅过长，文字过繁的做法，是不适于简报的编写的。

撰写工作简报必须加强调查研究，没有调查研究，就没有发言权，只有开展深入细致的调研，才能准确把握工作的脉搏，发现问题的根本，把实事写得生动贴切。平时必须强化理论学习，只有注意理论的日积月累和不断提炼，才能抓住要害，激发写作的灵感，将理论高度提升到新的水平。

【范例】

武汉科技学院创新机制推进辅导员队伍建设

武汉科技学院党委根据教育部印发的《普通高等学校辅导员队伍建设规定》、《2006—2010年普通高等学校辅导员培训计划》等文件精神，探索出"科学化促效率，民主化促质量，专家化促成长，专业化促素质，人性化促发展，动态化促活力，特色化促水平"的辅导员队伍建设路子，为加强和改进大学生思想政治教育、维护学校稳定奠定了坚实的工作基础。

一、完善"三个体制"，创新管理机制

坚持"责任制管理"思路，以管理科学化促进队伍工作效率的提高。一是完善决策体制。……二是探索运行体制。……三是健全协调体制。……(略)

二、严格"三个程序"，创新选聘机制

坚持"高标准进入，严把入口关"思路，以选聘民主化促进队伍质量的提高。一是健全工作制度。……二是硬化选聘标准。……三是规范选聘程序。……(略)

三、搭建"三个平台"，创新培训机制

坚持"可持续发展"思路，以专家化促进辅导员队伍的成长。一是搭建学习培

训平台。……二是搭建交流平台。……三是搭建科研平台。……(略)

四、实施“三项举措”,创新保障机制

坚持“作风生命线”思路,以作风建设为突破口,以专业化促进辅导员素质的提高。一是实施挂牌上岗制度。……二是实施值班制度。……三是实施“五个一”。辅导员每周深入学生宿舍1次、深入学生课堂1次、检查学生自习1次、参加晚点名1次、谈心1次,了解学生,指导学生,服务学生,使各项工作落到实处。

五、落实“三个统一”,创新激励机制

坚持“以人为本”思路,以人性化促进辅导员的发展。一是物质激励与精神激励相统一。……二是教学与行政双向发展相统一。……三是学校发展与个人发展相统一。……(略)

六、注重“三个结合”,创新考核机制

坚持“制度化、动态化”思路,对辅导员单独集中考核,以全程监督、多方考评、动态管理激发辅导员队伍活力。一是注重平时考核与年终考核相结合。……二是注重领导考核与学生评议相结合。……三是注重考核结果与使用待遇相结合。……(略)

武汉科技学院创新机制,建设高素质的辅导员队伍,使其有效维护了学校的安全稳定,促进了和谐校园建设,形成了学生工作特色品牌,全面提高了学生的综合素质。……(略)(原载湖北省教育厅《情况反映》2009年第4期,2009年3月25日在教育部门户网站主页刊发。)

第4讲　写工作论文

工作论文是机关干部做好管理工作、总结管理经验、提高管理水平不可或缺的一个重要环节,对干部能力素质的提升作用是显而易见的。写好工作论文,要做好三个方面:一是要精心选题。选题总的原则是来源于实践,把工作中的重点、难点、热点作为选题的依据。二是要注重收集、整理、选择和提炼写作素材,养成列提纲、写草稿的习惯。三是要修改完善。论文修改的过程,既是筛选的过程也是再创作的过程。要以积极的态度和坚韧的毅力对待写作过程中遇到的困难,绝不能半途而废。

工作论文是对工作的某个问题的研究过程和研究成果进行论述,旨在探讨问题,进行科学研究,或者用于学术和工作交流的文章,着重探讨事物发展的客观规律，阐述自己对这些规律的了解与认识，给人以认识上的启迪，所以论文的功能主要是为了证明作者自己的某个观点，侧重理性思辨。

工作论文是机关干部做好管理工作、总结管理经验、提高管理水平不可或缺的一个重要环节，是对机关管理进行研究的主要阵地，工作论文写作水平的高低，是干部能否较好地运用管理工作科学方法的综合体现。随着硕士、博士研究生等高知人员加盟机关管理岗位，这些人的特点是“科班”毕业，专业功底强，思维敏捷。但也存在明显的不足，他们从校门走向校门，行政管理的实践经验不足；而且受校园学术空气的影响，崇尚理论上的阐释和推导，却在一定程度上轻视对管理实践的调查研究。另一方面，有部分单位不重视机关管理研究工作，造成不少机关人员将工作论文视为分外事情或负担。

事实上，撰写工作论文对机关干部能力素质的提升作用是显而易见的，通过工作论文写作可以促使机关人员学习管理知识，进一步明晰工作思路；可以提高写作水平，有助于准确有效地表达思想；可以增强管理者的工作责任心，提高自身的研究能力和管理业务水平，从而提高工作质量。论文写作的过程，实际上是一种学习理论并进行研究实践的过程，在这个过程当中，管理者可以提高分析问题和发现问题的能力，增强搜集文献资料和筛选信息整理资料的能力，强化归纳和概括研究资料的能力等。这些能力是机关干部自身专业化所急需的。

一、基本特征

机关管理工作论文有以下特点：

专业性。机关管理工作论文，其专业性是指论文所写的是机关管理领域的内容。应该重视以问题为导向的实践研究，深入研究机关管理问题，如党建思政、干部评价、科学管理问题等。

理论性。工作论文必须有自己的理论系统，不能只是材料的罗列，应对大量的事实、材料进行分析、研究，使感性认识上升到理性认识。论文的内容必须符合历史唯物主义和唯物辩证法，符合“实事求是”“有的放矢”“既分析又综合” 的科学研究方法。

创新性。科学研究是对新知识的探求。创新性是社会科学研究的生命。工作论文的创新性在于作者要有自己独到的见解，能提出新的观点、新的理论。创新并非一定就要“高大上”，一般人也能成为创新主体。正如习近平总书记所指出的，哲学社会科学创新可大可小，揭示一条规律是创新，提出一种学说是创新，阐明一个道理是创新，创造一种解决问题的办法也是创新。[①]没有创新性，工作论文就没有科学价值。

科学性。工作论文的科学性，要求作者在立论上不得带有个人偏见，不得主观臆造，必须切实地从客观实际出发，从中引出符合实际的结论。在论据上，应尽可能多地占有资料，以最充分的、确凿有力的论据作为立论的依据。在论证时，必须经过周密的思考，进行严谨的论证。

二、写作要领

工作论文的写作，一般有三个步骤。论文写前深思熟虑，全局在胸；充分打好论文腹稿，提起笔来，一气呵成；写出论文初稿后，放一段时间，反复修改，千锤百炼。

（一）精心选题

论文的选题是写工作论文的首要环节。所谓选题，就是确定一篇论文的研究目标、论述对象和有待证明的问题。选题必须真正具有理论上或实践上的学术价值。事实上，工作论文的选题至关重要，它直接关系到论文写作的成败，因为写作并不仅仅是个“写”的过程，它首先要有一个“思”的阶段，思维是表达的基础，只有想得好才能写得好。机关干部应该面向现实问题，面向基层，大力培养主体性，发现问题，思考问题，写自己想写的文章。工作论文的选题要遵循以下三个原则。

价值性原则。选题不仅要有学术价值，而且要有应用价值。选题要来源于机关管理实践，把本职工作中的重点、难点、热点和关注焦点作为选题的依据。选题要有实用价值，能够解决实际问题。如围绕基层党组织建设、干部队伍建设、行政文化建设等需要解决的问题来选题，都符合价值性原则。

创新性原则。机关干部不是专职搞理论研究的，要做出理论创新比较难，但我们在实践第一线，做很多新鲜的事情，碰到许多新的问题、新的矛盾和新的困惑，有很多创新的做法，解决别人没有解决或没有完全解决的问题，即“人无我有，人有我前，人前我新”，如党务公开、微时代思想政治工作等，研究这些新情况，就天然具有创新性。当然，这些内容可能别人已经捷足先登了。这就需要我们写作之前一定要先检索一下是否有人研究过这一课题了，如果有研究，你切入的角度是否不同，如果他人已有了较深刻的论述，再选择相同题目恐怕难有新的建树。千万不要在

① 《习近平谈治国理政》（第二卷），外文出版社2017年版，第342页。

没有检索的前提下就开始动手写论文，这样很可能重复劳动，很难创新。

可行性原则。可行性原则是工作论文写作的前提性原则，不能满足可行性原则的观点，再重要、再新颖，也不宜作为工作论文的论点。要从主、客观两方面判断拟写的论点是否具有可行性。选题不要好高骛远，只有熟悉才能量力而行；要克服“主题拔高化”倾向，有的作者只注重论文的结构和技巧，泛泛而谈，失却了真情实感，假话连篇，假情况、假情感屡见不鲜。选题时还要充分估计到完成本课题的必要条件，如完成论文所需时间、所需财力物力、所需文献资料等。在坚持以上原则的前提下，再结合个人兴趣，从实际出发，扬长避短，量力而行，这样就容易出成果。工作论文的标题要确切。标题是论文最重要的信息点，标题精准，常常可起到画龙点睛的作用；反之，则会削弱整篇论文的信息价值，让人失去阅读的兴趣。所以很有必要在凝练标题上下一番功夫。好的论文标题要符合三个标准：一是体现核心内容和主要观点。二是包含关键词。关键词可以作为编制题录、索引和检索的主要依据。三是简明。一般不宜超过20字，既言简意赅又体现文学修养。如果标题很难完全表达论文的内容，可以用副标题对主标题进一步说明。切忌用冗长语句，不用惊叹号或问号，也不能将论文题目写成广告语或新闻报道用语，要通俗易懂，用直叙语气。

（二）选择论据

有了选题，就可以搜集、整理、选择和提炼写作素材。工作论文写作的一般程序是：搜集资料、研究资料，明确论点和选定材料，最后是执笔撰写、修改定稿。

首先可以从查阅图书馆、资料室的资料，做实地调查研究、实验与观察等三个方面来搜集资料。搜集资料越具体、细致越好，最好把想要搜集资料的文献目录、详细计划都列出来。搜集完资料要对所搜集到手的资料进行全面浏览，并对不同资料采用不同的阅读方法，如阅读、选读、研读。

工作论文写作务必要把写作与工作相联系，搞开放式写作。机关干部要走出机关办公室，走进社区学校，深入群众中间，建立作者与基层一线群众相结合的多渠道写作网络，通过深入调查研究，直接获得第一手材料；注意日常工作中的积累，间接获取第二手材料。平时注意从工作中的热点、难点、重点中选择提炼；从急需解决的工作问题中选择提炼，经过归纳、总结，获取写作的基本素材。在实际生活中获得写作灵感，挖掘主题，丰富内容，找准问题，研究对策，创新结构，避免内容拼凑化、问题抽象化、对策一般化、结构模式化的问题。同时，养成写日记、随笔等习惯，通过这些形式多样，灵活自由的练笔方式可以更好地学会观察生活、认识生活、积累材料。

（三）构思写作

工作论文写得好坏，关键在于准备。写论文要养成列提纲、写草稿的习惯。提纲的编写可分为几个步骤：拟出标题，写出主题思想和逻辑目标，给材料排序，考虑开头结尾和整体谋篇。一篇文章的结构与构思是否巧妙，决定了论文的整体水平和质量。

工作论文与一般论文的要素是相同的，即论点、论据、论证。对三要素的基本要求是论点正确，论据确凿，论证严密。论点是一篇文章的灵魂，也是写论文的目的和归宿。因此，论点正确是写好论文的关键。论点是否正确，与论据有很大的关系。因为论据是证明论点的理由和根据，是为论点服务的。只有通过确凿可靠的论据，才能使论点具有坚实的基础。论证的过程是分析说理的过程。一篇论文，论点能否鲜明地表达出来，论据能否有力地表达论点，取决于论证是否严密清晰。论证要严密，就要用逻辑的手段来组织论据，使论证成为连接论点、论据的桥梁和纽带。需要注意的是，机关管理工作论文写作是对机关管理现实问题的研究和探索，但是目前，缺乏针对实际问题的对策研究。写出的工作论文提不出建设性意见，没有实际运用价值，就不能指导工作实践。

工作论文一般由绪论（引论）、正文和结论三部分组成。结构形式的策划又称为构思。那么，三部分的要求各是怎样的呢？用一句简单而形象的话来概括，就是“绪论要洁如凤头，正文要美如猪肚，结论要力如豹尾”。

绪论的写作要求是简洁明了，旨在用简明扼要的语言把文章的中心论点或者把中心论点所涉及的范围开宗明义地介绍给读者，以引起读者的注意，切忌拖泥带水，使读者如坠云雾之中。

正文是文章的主体部分，是中心和重点，一般包括三大板块：即提出问题、分析问题、解决问题，三大板块之间具有紧密的逻辑性，体现论文的三个层次，层层递进，步步深入。

一是提出问题。“问题”是工作论文的出发点。习近平总书记在哲学社会科学工作座谈会上指出，理论创新只能从问题开始。从某种意义上说，理论创新的过程就是发现问题、筛选问题、研究问题、解决问题的过程。[①]这表明，问题就是哲学社会科学创新的“支点”。怎样提出问题？提出问题不能满足于仅仅指出某种现象，还要尽可能对这种现象的本质进行分析。只有对问题的本质进行界定，才能确定

① 《习近平谈治国理政》（第二卷），外文出版社2017年版，第342页。

研究的价值所在。要力争讲清楚,在某些纷繁复杂的现象背后,存在一个什么问题,这个问题已经产生什么影响,将要产生什么影响,解决这一问题又有什么重要意义。这需要作者对问题进行深入思考,虽然是写在开篇的第一个层次,实际上作者已经有了基本的判断,体现了作者对问题的研究程度。

二是分析问题。要解决两个问题,分析什么?怎样分析?所谓分析什么,主要是原因分析和运作机制分析。原因分析最重要的是要找出问题产生的主要原因,包括根本原因、主观原因和内因。主要原因是相对于次要原因而言的,次要原因包括直接原因、客观原因和外因。可以根据具体情况决定详略。理清原因之后,要进一步作机制分析,即相关因素之间是怎样互动的,发展趋势或后果是怎样的。所谓怎样分析,最重要的是分析框架,即从哪几个方面来分析,可以运用系统论全面地、联系地、发展地分析研究问题,这样才具有较强的科学性。

三是解决问题。首先确定解决问题的目标,其次进行解决问题的理论思考,最后提出解决问题的具体措施。工作论文的目标往往就是所要证明的论点;理论思考主要是在分析主要原因和运作机制的基础上,提出解决问题的思想方法、前提条件、理论依据等;具体措施要呼应前文分析的主要原因,一一对应地提出解决问题的措施。

论文写作,就是要把上述三个层次的内容写得环环相扣,令人信服,广泛引用多方面的材料和确凿的数据,通过摆事实、讲道理来论证绪论中所提出的中心论点的正确性。

结论是全文的结尾部分。开头难结尾也难,文章很容易写成虎头蛇尾。结论的作用是将文章所论述的问题进行总结,进一步加深明确全文的论点,给读者一个鲜明的印象。结论要求有力,留给读者遐想的余韵,如果结尾平淡,再好的文章也会给人留下遗憾。

规范标识参考文献。所引用的参考文献应是正式出版物,以便读者考证,列于论文的末尾(列于页面底端的是注释)。基本要求是:所列参考文献要标明序号、作者、著作或文章的篇名、出版物信息(出版地、出版者、出版日期、起止页码)。这方面我们做得规范的较少。

期刊类格式:[序号]作者. 篇名[J]. 刊名,出版年份,卷号(期号):起止页码.

专著类格式:[序号]作者. 书名[M]. 出版地:出版社,出版年份:起止页码.

报纸类格式:[序号]作者. 篇名[N]. 报纸名,出版日期(版次).

参考文献类型以单字母方式标识,主要类型如下:J—期刊文章(Journal),M—专著(Monograph),N—报纸文章(Newspaper),C—论文集(Collection of the thesis),D—学位论文(Dissertation),R—报告(Report),对于不属于上述的文献类型,采用字母Z标识。

(四)修改完善

写好论文初稿后,是要反复修改、千锤百炼的。因为初稿比较粗糙,有些问题不可能考虑得那么周到,只有继续加工,才能使文章趋于完美。论文的修改在论文的写作中占有十分重要的地位。修改的过程,既是筛选的过程,也是再创作的过程。工作论文写完了,可以从以下四个方面进行修改完善。

一是观点是否正确新颖。观点有政治上的错误吗?读者可以对你的观点说“不”吗?对立的观点是否也成立?别人已经发表过相同文章了吗?是不是老生常谈而又缺乏新的角度、新的观点?凡属基本论点和分论点有不集中,不鲜明、不全面之处,都要加以修正,使之更为正确、鲜明、突出。

二是结构是否严谨合理。文章有层次吗?层次合理吗?层次到位了吗?是否哪进哪出(开头和结尾讲的是否为同一个问题)?是否几进几出(是否问题多、结论少)?如有结构残缺不全、轻重倒置、行文松散、前后脱节的情况,都要认真加工,使文章首尾圆合,浑然一体。

三是文字是否准确精练。读者看文章,目的是看信息,而不是看文字,用最少的文字表达最多的信息,读者才愿意看下去。要检查:笔墨是否集中于读者感兴趣的核心问题?读者不关心的信息是否删除干净?言辞分寸是否把握得当?文章开头是否吸引眼球?结尾回应是否清晰明了?凡此种种,都要反复锤炼,加工润色,使语言更富有表现力和说服力。

四是对策是否具体有效。工作论文带有较强的实用性,文章写完后,要自问:对策、措施是否具体明白、没有歧义?是否可供借鉴(具有相对广泛的适应性)?是否有所创新?表述是否过于笼统?在阅读的过程中发现问题,再进行修改。

修改论文的过程是很艰苦的,需要反复推敲,一字一句的斟酌,必要时要忍痛割爱。不仅自己反复锤炼,还应请有关人员提意见。论文修改时凡是属于写作规格和篇幅方面的问题还应按编辑部的审稿要求修改。我们要以积极的态度和毅力对待工作论文写作过程中遇到的困难,决不能半途而废。

总而言之,只有不断地学习、积累、创新,不断地奠定并强化写作基础,才能写出“言之有理,言之有物,言之有序,言之有文”的高质量的工作论文。

【范例】

走出就业指导急功近利的误区

随着高校毕业生就业制度的改革，毕业生已逐步走向人才市场自主择业，各高校根据新形势的需要纷纷开设了就业指导课，对毕业生进行就业指导，这为毕业生树立正确的择业观，提高毕业生择业成功率起到了积极的作用，受到了毕业生和用人单位的欢迎。但是我们应该看到，在一些高校，就业指导中出现了急功近利的现象，这必须引起重视，加以改变。

一、高校就业指导急功近利的表现

(1) 轻视就业指导的德育功能。(略)

(2) 一些教师盲目或积极地迎合毕业生和用人单位急功近利的心理。(略)

(3) 就业实践与就业指导的矛盾性。到基层去就业应当是大有可为的，但我们不是经常听到类似的经验吗？某某学校多少毕业生到北京、上海等大城市就业，多少学生到省级以上党政机关就业，我们口头上倡导毕业生下基层，到国家最需要的地方去工作，但实际推崇的是毕业生到大城市，并以此作为学校就业工作的成绩，作为招生宣传的资本。长期以来，一些学校在优秀毕业生、学生党员的就业问题上力求将他们安排到优越的单位和职业，而对鼓励教育他们服从国家和社会的需要，面向基层的工作做得不够，甚至错误地认为下基层就是对他们的不公，因而对艰苦行业、地方和基层就业避之唯恐不及，对基层单位态度冷漠，热衷于接待大单位。学校就业指导的这种片面性对大学生所产生的择业误导不可忽视。

二、就业指导应走出急功近利的误区

1. 转变观念，大力加强就业指导的德育功能。(略)

2. 建立一支适应时代要求的高素质的专业就业指导队伍。(略)

3. 就业指导应贯穿于整个大学阶段。(略)

4. 把就业指导同解决毕业生就业实际问题结合起来。(略)

5. 采取丰富多样的教学形式引导毕业生到祖国最需要的地方建功立业。(略)

(《纺织教育》2001年第2期)

第五章　领导讲话稿写作

第1讲　领导讲话稿的特征和作用

领导讲话特指各级领导在各种重要会议和某种特殊场合以职务身份面向被领导者发表带有指示或指导性的讲话。讲话是公务活动的一项重要工作，对于有一定职务的领导者来说更是如此。领导讲话是讲话人理论修养、思维能力、政策水平、生活阅历、知识储备、言辞技巧等多方面综合素质的体现，也是群众评价领导干部的能力和水平的一个重要方面。优秀的领导者必定是那些能把话讲好的人。

广义的领导讲话稿包括领导干部所有类型的讲话稿、发言稿和演讲文稿，如会议总结讲话、礼仪性致辞、工作汇报、述职报告等。狭义的领导讲话稿特指各级领导干部在各种重要会议或出席某种重要场合以职务身份面向被领导者发表的，带有指示性或指导性的讲话文稿。我们这里主要讲的是狭义的领导讲话稿的撰写方法。

一般来说，有领导活动，就会有领导讲话。领导讲话稿不像大会工作报告那样有着鲜明的集体意识性，它可以有领导个人的观点。领导讲话稿通常提倡由领导自己撰写，也可由领导授意，其他机关干部代写，最终由领导审定使用。

领导讲话稿在机关工作中运用频率很高，也非常受领导重视。领导讲话稿的质量高低，直接反映了领导的思想和智慧，体现着领导的风格和形象。这无疑对撰稿人的思想理论水平、政策水平、知识水平和文字水平提出了高要求、高标准。

根据讲话的场合，领导讲话稿可以分为会议讲话稿、广播讲话稿、电视讲话稿、现场讲话稿等。根据会议的性质,可以分为工作会议讲话稿、动员会议讲话稿、传达会议讲话稿、座谈会讲话稿、表彰会讲话稿、纪念会讲话稿、庆祝会讲话稿、交流研讨会讲话稿、新旧领导工作交接会议讲话稿等。根据讲话的性质,可以分为思想阐发型讲话稿、动员激励型讲话稿、工作部署型讲话稿、总结评论型讲话稿、传达贯彻型讲话稿、表彰号召型讲话稿、批评指导型讲话稿等。

一、基本特征

领导讲话,在不同的场合、不同的时间、面对不同的听众,要求亦不相同。虽然各有特性,但毕竟有其共性。就领导讲话的共性而言,有以下五个特点。

政治性。政治性是机关干部运用语言的第一要求,也是一条不可逾越的高压线。在当代中国,政治性说到底就是干部的党性,是领导者说话办事的准绳。机关干部必须带头树牢“四个意识”,坚定“四个自信”,坚决做到“两个维护”。政治性要求机关干部,一是不能无原则地评价人和事;二是不能随心所欲发表意见;三是不能违反原则随意表态;四是不能说无原则的话。

权威性。领导讲话是领导机关表明政治倾向、实现政治主张,宣传政策、领导推动工作的一种重要方式。领导讲话所发表的观点、提出的要求体现的是领导机关的意图和旨意,其中的重要决策和工作部署都是要求下级贯彻执行的,带有一定的指令性和指导性,具有一定的影响力,我们称这种影响力为权威性。权威性是领导讲话的基本特点。权威性决定了领导者无论出现在什么场合,一言一行都会备受关注,这就决定了领导者在讲话时,要严谨周密,掌握分寸,把握尺度,不说过头话,注意自己的身份。

务实性。与一般演讲相比,领导讲话总是针对一定的现实问题,阐明政策观点,指出工作原则方略,作出决策部署,提高人们的认识,获得解决现实问题的工作指南,具有较强的务实性。领导讲话为今后的工作提出要求、明确目标、制定措施,使大家清楚地知道前进的方向和工作的路数,知道应该做什么、怎么做、做到什么程度、达到什么效果。领导不能在下属和群众面前“打太极”,尤其是作出答复要有着落,出言必践,让群众迅速准确地掌握讲话的要旨和内容,从而更好地配合领导者完成工作目标和任务。

针对性。所谓针对性,就是紧扣主题,该解决什么问题就讲什么问题,讲深、讲透、讲到点子上,不要不着边际地泛泛而谈。因此,领导干部的讲话,要对什么人说什么话,到什么山上唱什么歌。说话要根据说话对象的性别、性格、文化程度、心理状态、心理需求、身份特征等因素来选择说话方式，这样的讲话，才能使人入耳入心。否则，讲话就起不到应有的效果。

鼓动性。一个优秀的领导者，首先是个优秀的鼓动家，他会善于用语言去激发群众的热情，调动大家的干劲，一席话就能使懦者勇、愚者悟，奋然图进，使群众满怀信心地跟他干，尤其是在困难面前，危急时刻，他会用极具鼓动性的语言去激励群众的情绪，鼓舞大家的斗志，极具鼓动和煽动力的语言在关键时刻发挥着不可估量的作用。

二、意义作用

讲话是领导工作的重要方式，是各级领导机关宣传政策、部署工作、鼓舞士气的有效形式。当今美国人把“舌头、美元和电脑”称为三大战略武器，“舌头”即口才，可见，语言的力量，讲话的作用是不可低估的。为什么重视领导讲话？究其原因，就是它有着强烈而广泛的社会作用，有着不可估量的价值。

一是政策宣传作用。即思想观点上的理性教育作用。正如古希腊唯物主义哲学家德谟克利特所说，用鼓励和说服的语言来造就一个人的道德，显然比用法律和约束更能成功。讲话是要以理服人的，“理”（社会的、科学的、人生的）的真理性启迪，是领导讲话最主要的教育作用。机关各级领导要通过召开会议、讲话去宣传党的政策主张，启迪群众认识真理，掌握真理，形成正确的舆论氛围，从而使群众在思想上政治上行动上同党中央保持高度一致。

二是传达部署作用。传达上级精神，无外乎文字、口头两种形式。会议传达、学习研讨、交心谈心是最基本的途径，这样才能把上级的原则精神更加具体、生动、彻底地吃透并贯彻落实到各项工作中去。

三是动员号召作用。讲话的目的就是让人采取行动。领导干部需借助语言，向广大听众讲清行动的目的、意义，讲话的目的在于最终能引导听众采取符合预期的行动。听众的行动是讲话一切理想感性作用的最集中最实际的体现。不能引发行动的讲话，其作用是浅层的、微弱的，不会有更深远的价值。

四是引领推动作用。当工作进行到一定的阶段之后，随着时间的推移和形势的变化，又有新的东西在前头，又会出现许许多多新的情况和问题，原有的方案要调整、目标要更新、措施要完备、内容要充实。这就需要适时召开有关会议，由各级领导就下一步的安排做出进一步的规划和部署，使工作和活动进一步深化和发展。

五是总结推广作用。一个单位、一个部门的日常工作，历经一年、一季之后，或某项重大任务、中心工作经历一个阶段、全部结束之后,就应该进行小结或总结,对该项工作和任务的进展状况和完成情况,做一个系统全面的回顾,以便于总结经验、检查问题、发扬成绩、纠正错误。通过总结,肯定工作成绩,交流成功经验,表彰先进典型。

以上所列举的讲话的作用,是在大多数领导讲话的基础上归纳概括出来的。实际上单独一场讲话的作用往往只侧重体现某些方面,并且不同的主题和内容的讲话,其作用也各不相同。

第2讲　掌握领导讲话的五个基本功

著名作家朱自清先生说:“人生不外言动,除了动就只有言,所谓人情世故,一半是在说话里。”可见说话实在是小觑不得。然而受自身特点和经历限制,许多年轻干部把握不住讲话要点,影响了沟通和交流的效果。机关干部必须自觉加强语言训练,真正成为善于讲话的能手。

领导干部要做好公务讲话,在实践中,应注意把握好以下五个方面的基本功。

一、动真感情,用富于情感的话语打动听众

“感人心者,莫先乎情。”许多成功的讲话稿,都是把真挚的情感流露于字里行间,拉近与听者的距离,让人倍感亲切、温暖和感动。习近平总书记常常用诗一般的语言抒发内心汹涌澎湃的家国情怀,体现平等、平易、平实的风格特点。比如,他号召,生活在我们伟大祖国和伟大时代的中国人民,共同享有人生出彩的机会,共同享有梦想成真的机会,共同享有同祖国和时代一起成长与进步的机会。有梦想,有机会,有奋斗,一切美好的东西都能够创造出来。①这段话直抒胸臆,真挚动人,亲和、温和、随和跃然纸上,在不经意中感化人、教育人和引导人。讲实话不讲空话,是对机关干部最基本的要求。这就要求讲话者以诚恳的态度对待每一次讲话,拉近与听众的距离,使听众产生强烈的共鸣。

要以情感人。情是打开人们心扉的钥匙,人的情感都是共通的,只有设身处地地去设想听众的喜怒哀乐,真正把话讲到群众的心坎上,才能收到良好的语言交际效果。这就要求讲话者必须牢固确立“服务基层,服务群众”的理念,话语坦荡,推

① 《习近平谈治国理政》(第一卷),外文出版社2018年版,第40页。

心置腹。因此，讲话要善于借助情感的力量，去拨动听众的心弦，以声传情，寓情于声，声情并茂。说话时，要有情感真挚，以情动情，情情相融，才能引起心灵的共鸣，赢得群众的理解与支持。

要以理服人。一次成功的讲话，要就有关的重要决策和重大问题，从理论和实践的结合上，从历史与现实的比较上，从内因与外因的分析上，讲出一套可以启迪和说服人的道理来，摆出的事实要雄辩有力，阐述的道理要无懈可击，能发人深思、令人警醒、催人奋进。作为主讲人，必须掌握马克思主义的唯物论和辩证法，面对错综复杂的情况，准确揭示事物的本质，预测事物发展的趋势，并运用客观的、有力的论据以及最能有效地影响和说服听众的方式表达出来。

二、不落俗套，用富于创新的话语吸引听众

作为领导干部，不仅要敢于讲真话、讲实话，还应当善于讲新话。所谓新话，应当是包括理论创新在内的，具有新思想、新观点、新内容、新表述的话；应当是把党的路线方针政策与具体实践结合起来，有独到观点见解或者进行了创造性阐述的话。讲新话并非一味标新立异，更不是提一些不切合实际的新口号、新概念，而是要尽可能使自己的语言顺应时代发展要求，进而在具体工作中起到实实在在的指导作用，其最大特征就是教人新知，引人思考，给人启迪。

一是讲新话需要克服“浮气”，不断夯实“底气”。即敢讲真话，不讲人话、空话、套话。那么，这种底气从何而来？从根本上说，它就来自机关干部的知识理论素养和思想认识水平。领导干部要顺应时代进步潮流，从不断变化的客观实际出发，解放思想，不断开拓马克思主义理论发展的新境界，在新的实践中大胆探索，善于思考，勇于创新。

二是讲新话需要克服“霸气”，不断弘扬“正气”。领导干部应用坦诚、平等、与人为善的态度，讲真话，通过讲事实，摆道理，以理服人，切忌居高临下、以势压人，讲霸道的话。即要允许下属、群众提出不同的意见，切忌简单粗暴，否则不但收不到好的结果，往往还会引发逆反心理，起反面作用。

三是讲新话需要克服“俗气”，多接“地气”。如李瑞环同志的讲话不仅深入浅出、言简意赅，而且语言生动、内容丰富、引人入胜。他的许多真知灼见一旦和群众的语言相结合，就立刻变得生动起来、鲜活起来。面对一些同志唯上唯书不唯实，他说，脑袋长在自己的肩膀上，不能长在别人的胳膊上。面对一些同志不分轻重缓急、眉毛胡子一把抓的工作作风，他说，这就好比“螃蟹吃豆腐——吃得不多，抓得

挺乱”。你看,多么生动、多么深刻、多么风趣!短短的几句话,比某些长篇大论更解决问题。这就需要机关干部不断深入了解不同群体特点,深入了解他们所想、所需、所盼、所求,熟悉群众的思想和语言风格,运用通俗易懂的语言。只有这样,同听众才会有共同语言和心灵上的沟通,收到事半功倍的效果。

三、形象生动,用富于哲理的话语启迪听众

机关干部讲话既要有丰富深刻的思想内容,又要有生动感人的语言。生动形象的语言可以再现生动形象的现实生活。语言生动活泼,具体形象,幽默风趣,才会更好地教育和启迪听众。幽默,是领导干部在讲话过程中,能够抓住可笑或诙谐想象的一种能力,是领导智慧和灵感在讲话中的体现。给听众留下深刻印象的往往是那种幽默的语言,所谓“余音绕梁,三日不绝”,就是幽默所产生的最佳效果。善于运用幽默语言,这是领导讲话艺术的一种境界。因为领导讲话幽默,既能深化主题,又能使讲话的气氛轻松和谐;既可调节领导讲话的声音节奏,又可使听众消除疲劳。事实上,古今中外许多杰出的政治家都是运用幽默的大师,幽默艺术在领导干部讲话中的作用十分重要。著名演讲家海因兹·雷曼麦说过,用幽默的方式说出严肃的真理,比直截了当地提出更易让人接受。幽默是讲者和听者之间的润滑剂,拉近两者之间距离。

四、明白朴素,用简洁干练的话语凝聚听众

简洁干练,意思是说领导讲话要干净利索,遣词造句准确精练,削繁去冗留清瘦。善于讲短话也是领导能力和水平的体现。全国政协会议期间,为了让更多委员有发言的机会,大会发言时间拟定8分钟。领导讲话简洁,无论是长话短说,还是直来直去,都必须言之有物。因为讲短话并不是目的,目的是要管用,要让听众听进去,受到启发和教益。领导干部要善于讲短话,更要善于讲有用的话。如果讲话不切实际,满篇套话、空话,即使讲话时间不长,也是对听众的不负责任。李瑞环同志讲话,一个突出的特点就是“务实”,即他所提倡的“知实情、想实招、说实话、求实效”。谈到一些会议的会风不好,他说,主要是“空话套话、似是而非的话、没有错也没有用的话太多,而结合实际、回答问题、具体管用的话太少”。领导讲话要达到言之简洁、准确精练的艺术境界,必须做到“真”“实”。一是讲话要求真,即要体现出对真理追求的坚定性。二是讲话要务实,即用发自内心的简洁的大实话,去吸

引、打动和感染听众。

五、配合肢体语言，用丰富的体态语言感染听众

肢体语言也同样传递着各种信息各种感情，领导者的语言不仅仅指有声语言，还应当包括手势语言、面部语言、眼神语言和肢体语言等体态语言。动作配合语言，才能充分显示领导者的思想感情和意图。体态语言虽无声音，却可表情达意。讲话时，领导干部配合必要的肢体语言，可让讲话形象生动，增添难以言表的魅力。要仪态得体。不论是何种场合讲话，都要落落大方，给人一种冷静沉着、气度不凡的感觉，于细微处展现干练。要目光流转。讲话时，要善用眼睛这扇心灵的窗户，用注视的眼光徐徐扫过所有讲话对象，让听众感受到重视，促进沟通交流，拉近感情距离。古希腊著名的哲学家亚里士多德曾经说过，一个充满了感情的演说者，常常使听众和他一起感动，哪怕他所说的什么内容都没有。而且，饱满的情绪也能吸引听众、感染听众、打动听众。要善用手势。手势要随讲话内容、个人情感和现场气氛自然流露。手势的部位、幅度、方向、力度应与讲话的有声语言、面部表情、身体姿态密切配合，协调一致，不可生搬硬套，勉强凑手势。领导者要善于根据不同的语言环境和讲话对象，采取适当的肢体语言，充分表达自己的思想感情，增强讲话的吸引力和感召力。

第3讲　领导讲话的心理调适

对于一个正常人来说，讲话并不难，生活中的讲话是家常便饭。讲话者侃侃而谈，娓娓道来，讲话内容恰似高山流水，悦耳动听，又像大江奔腾，跌宕起伏，能紧紧地吸引听众。但是当需要就某一主题、在某一特定场合、面对众目睽睽的听众讲话时，有的人就怯场。这完全是心理作用。要解决怯场问题，最根本的办法就是要多实践、多学习、多积累知识、讲话前尽可能做好构思准备。

一、克服恐惧心理

一般来说，接到大型场合讲话任务有些担心是正常现象。一要认真准备。无论做什么事情，如果是早有准备，相对来讲就胸有成竹。“世界上怕就怕认真二字”说的就是如果我们能安下心来认真做一件事情，就没有做不好的。卡耐基也一再

强调，只有有备而来的演说者才能获得自信和成功。如果没有准备，就像一个人上了战场，带着有故障的武器，并且身无弹药。二要暗示自己没有什么可怕的。把听讲话的人当作自己的父母、兄弟、老师、朋友，相信他们都是支持、理解自己的。在讲话准备得有点眉目时，可以适当地进行一些演习，把你要讲的内容运用到和朋友及同事的日常谈话中。三要有自信心。相信自己的能力和水平，能够讲好。四要自减压力。要告诫自己即使出现失误也是常事，世界上没有常胜将军，今天的失败是明天成功的起点。这样就会慢慢镇静下来。

二、克服紧张心理

部分领导干部之所以害怕脱稿讲话，面对媒体，不愿意接受媒体采访，其中很重要的一个原因就是，舆论不允许领导干部说错话。迫于舆论的压力，部分说错话的领导干部还会受到不同程度的处罚。我们要营造“允许官员说错话”的舆论生态。王岐山在2004年任北京市代市长时就曾说过，老百姓应允许官员有时说句错话，要不然政府工作人员一对着镜头就紧张，又去念稿，说话怎么会生动？美国总统布什还老说错话呢！说错后，新闻发言人再去纠正就是了！汪洋2008年时任广东省委书记时也说过，要让领导同志讲真话不讲套话，讲实话不讲空话，讲有感而发的话不讲照本宣科的话，就必须允许他讲不准确的话，或者是允许他讲错话。允许领导干部说错话，对领导者来说，这是一种舆论松绑；对民众而言，这意味着将会听到更多“真声音”。此外，公务讲话中有时会出现意想不到的卡壳现象，遇到这种情况，先放松紧张心理，然后逐渐放慢讲话速度，或重复已讲问题的要点，或进行概括性的归纳，一方面使听众能继续听下去，另一方面给自己的大脑腾出搜寻语言信息的空间；或者很自然地调整一下话筒的高度，或者翻一翻讲稿，缓解一下紧张情绪，开启记忆的闸门；实在想不起来，也不要紧，可以临时向听众发问。这样不仅可以激起听众的兴趣，还会活跃会场气氛，也能为翻看讲稿争取一点时间。

三、克服急躁心理

领导讲话是一项经常性、复杂的工作任务，是机关干部长期实践的课题，不是“一次性”，更不是“走过场”，必须牢固树立“功成不必在我”的意识，克服急躁心理，正确处理好“长与短”“远与近”“实与虚”的关系，不因一次任务而急躁，更不能因一次失误而烦恼，注重自我锤炼。如果在讲话中出现突发情况，也应淡然处之。会场秩序的好坏直接影响即席讲话的质量。如果在讲话时，特别是中途会场秩序不好，可以用两种方法解决：一是停顿下来，等安静下来后再讲；二是可示意主持人，由主持人发话维持秩序。自己千万不要动怒，一发脾气就会影响情绪，情绪不好肯定讲不好。

第4讲　做好讲话前的六项准备

害怕当众讲话的原因之一是缺乏准备。要想提高讲话的艺术和水平，最重要的是提前精心准备。这种准备除了较长期的知识与经验准备之外，还包括在每一次具体的讲话前的准备。多一分准备，就多一分成功。

"话前请三思，做好准备再说话"是说在表达之前，要在脑子里理清思路，拿捏好每一句话，每一个词，避免说错话或者废话连篇，给别人留下极其不好的印象。

一、平时注重学习积累

语言是思想的外壳，干部有没有水平，说出来的话群众愿意不愿意听，关键就看有没有思想，是不是说自己的话。领导干部讲不出自己的话，无外乎三种原因：不学、不会、不敢。"不学"就是平时不读书、不看报、不积累"存货"，关键时候拿不出新材料、讲不出新话。"不会"就是不善于开动脑筋、不勤于深入基层，对实际工作中的问题研究不深，对各方面的情况掌握不多，讲起话来心里没底，自然就不会讲新话。"不敢"就是对自己缺乏信心，怕出岔子、怕捅娄子，为求"稳妥""正确"，就尽量拣书上有的去说。因为不学所以不会，因为不会所以不敢。怎样才能做到多讲新话、少讲套话呢？说自己的话，最根本的是要有自己独到的思想和见解。

一是在调研中出新。坐在办公室碰到的都是问题，深入基层看到的全是办法。经验在基层，群众出智慧，实际工作中有很多鲜活的例子、生动的语言和闪光的典型。年轻干部要多深入基层、多接触基层群众。这样，才能够不断地汲取思想和语言的养分，讲起话来才能够有根有据、有血有肉。

二是在学习中出新。这就需要领导干部要善于学习，多读些经典理论书籍，遴选富有新意的知识点，及时摘录备案，将积累的知识转移到自己的大脑中，打牢理论功底，使自己的思考和见解有一定的理论深度，对于上级领导的讲话及文件，不能照本宣科生搬硬套，而是要在认真学习领会并掌握其精髓要义的基础上，经过独立思考融会贯通消化吸收，渗透进自己的理解和思考，形成自己的独到见解。

三是在创造中出新。真理固然不怕重复，但也不能总是那么一副老面孔、老调子。如何用通俗的话讲明白深刻的道理，用生动的语言讲清楚枯燥的理论，需要领导者认真思考并有所创新。要善于转化，结合工作实际，让知识经过一个升华过程，真正内化为自己的能力和技巧。

二、提前了解听众对象

要弄清楚“对谁说”，做到因人而异、有的放矢，增强说的针对性。话总是说给确定的人听的，因此，机关干部在讲话时就必须看清对象，要弄清楚“对谁说”，并把握听众对象特点，这样才能达到预期目的。

一是要区分讲话受众对象。根据不同的听众，决定怎样说话。根据讲话对象的知识水平、文化素养以及年龄、经历和接受话语的能力的不同，选择恰当的词语及表达方式，要对讲话对象进行分析，把握讲话对象的心理和性格特征，做到有的放矢。从而心中有本“谱”、脑中有根“弦”，这样说话才能有底气，才能打好“有准备之战”。

二是要做到心中有人，因人而异，因事而异。面对不同对象、不同场合时，采取不同的表达方式，以满足不同层次人的心理需要，有针对性地进行谈话。要有的放矢。根据不同对象，有针对性地选择说话的方式方法，包括使用什么样的语言、语气、语速，引用什么样的事例，甚至于场合、分寸和节奏等都要注意，使对方听得进去、自己说得下去。与年轻人说话，要理解他们的所思所想，适应年轻人的思维特点，使自己的话融得进去；与老同志说话，要知道他们在思考什么，充分尊重他们，虚心求教，使自己的话不至于被顶回来。

三、自己动手准备提纲

言为心声，文以载道。讲话内容是机关干部思想的直接体现。现在有些干部在大会小会上的讲话稿，多依赖于办公室人员代笔，事先对讲话稿没有认真阅读和思考，临时拿来念，有时候会出现“卡壳”现象，有时候甚至会念错字。

所以，第一步就是要自己写讲话稿。自己写讲话稿，就需要机关干部对本职工作进行深入的调查研究，对工作有理性专业的思考和建议，展现出自己的想法和目的，这也是一个重新学习、消化上级指示的过程，有助于培养深谋远虑的大局观和长远观。

其次，在写讲话稿的时候，要注意谋篇布局的问题，让讲话有一个合理的架构，主次分明，重点突出，让人一听就懂。同时，在语言文字的运用上，要尽量有感染力和说服力，说实话，说好理解的话，甚至可以说有实质意义的“大白话”，在遵循准确、适当、得体原则的基础上，力争说独特新颖的话。

四、准备一些故事来吸引听众

我们在一些会议上，时常看到这样的情景：领导在主席台上讲的满是激情，主席台下有玩手机的，有打瞌睡的，有窃窃私语的，出现这个场面的原因，就是某些讲话缺少吸引力，无法引起听者的兴趣。这就需要我们尽量去感染听众，讲故事就是一种有效的方法，好故事能打动人心，也便于记忆。

我们通过舍生忘死制服井喷的故事认识了王进喜，知道了“铁人精神”；通过牛顿与苹果的故事，学会了万有引力；通过愚公移山的故事，明白了只要坚持不懈就能克服困难，由此足见故事的魅力与影响力。

好故事能触动人心，其所达到的宣传效果远远大于长篇大论的说教和话不离口的标语口号。的确，从传播学角度看，故事带给人们的是图像化、形象化、情节化的记忆，比单纯道理让人记得住、记得牢。有些时候，我们传播的内容群众不爱看不爱听、不能入脑入心，原因不在于“道”之不正确、不中听，而在于不愿讲故事、不善讲故事。从概念到概念的传播难以吸引人、说服人，从火热的实践中发现生动的故事、寓道理于其中就富有感染力、穿透力。

五、善于吸收古今中外的优秀文化元素

习近平总书记在他的讲话中经常引用一些古今中外的格言、警句、古语和诗词，即使到国外的一些演讲，也都信手拈来、恰到好处，为每一次讲话增色不少。他用著名学者王国维关于治学的三种境界来论述理论学习也要有“望尽天涯路”的追求，有耐得住“昨夜西风凋碧树”的清冷和“独上高楼”的寂寞；也要有“衣带渐宽终不悔”“为伊消得人憔悴”的心甘情愿；更要有“众里寻他千百度”，最后在“灯火阑珊处”去领悟真谛。这种语言比一般地提学习要求更妙趣横生、意味深长。

2005年以来，李瑞环同志先后出版了《学哲学　用哲学》《辩证法随谈》《务实求理》《看法与说法》等多部著作，受到了广大读者的欢迎。这些著作中许多比喻、典

故都脍炙人口，流传很远。这种比喻和用典的结合，使这些著作既具有严谨深邃的思想性和说理性，又富有鲜活生动的生命力和感染力；既有理论、观点、方法，又覆盖工作、学习、生活，非常适于日常学习掌握。这种广征博引古今中外的优秀文化元素，正如习近平总书记所说，是从前人留下的思想宝库中汲取治国理政的珍贵滋养，从人类创造的最新文明成果中寻找登高望远的思想阶梯。[①]值得我们学习借鉴。

六、选择合适的着装

人们见面的第一直接感受就是从着装来的，大多数往往根据着装去判定一个人的性格特征、品味和习性，同时更多的是判定一个人的内涵和思想的高度，阅历和修养。据此去评价一个人的优劣。

俄罗斯作家契诃夫说，人的一切都应该是美的，外貌、衣裳、心灵、思想。领导讲话是公务场合，不仅要有美的语言，也要求有美的仪表。英国剧作家莎士比亚曾说过，一个人的穿着打扮，就是他的教养、品味、地位的最真实的写照。一个得体的着装可以让人既能体现仪表美，同时也能增加交际魅力，给人留下良好的印象，由此可以看出，着装对于机关干部来说都是至关重要的。

在日常工作和交往中，尤其是在正规的场合，穿着打扮问题越来越引起人们的重视。讲话者的着装应以庄重大方、朴实得体、整洁美观为突出特点，既要与职业和出入场所相和谐，又要与气候环境和自身形象相和谐。在公务或正式场合应穿正装，不允许穿牛仔装、运动装、沙滩装、家居装等。参加一些喜庆场合活动，如欢度节日或纪念日、联欢会等，可穿着时尚潇洒、鲜艳明快的服装。

第5讲　起草领导讲话稿

领导讲话是参与公务活动的一种方式，是履行管理职能的重要途径。讲话是领导者一种必备能力和基本工作方法。如何起草好领导讲话稿，仁者见仁，智者见智，但万变不离其宗，都包含讲稿的六要素，即讲者、目的、场合、对象、内容、语言。要想写出领导满意、受众认可的高质量讲话稿，需要在平时下真功夫。

① 中共中央党史和文献研究院、中央“不忘初心、牢记使命”主题教育小组办公室编：《习近平关于“不忘初心、牢记使命”论述摘编》，党建读物出版社、中央文献出版社2019年版，第205页。

起草领导讲话稿是机关干部的一项重要职责。当前，一些机关干部主要存在以下四个方面的问题。

一是对领导意图把握不准确。不少年轻干部接到起草领导讲稿任务后，不能够很好地理解把握领导之所思所虑，导致在动笔时不知道为什么写，也不清楚写什么和怎么写。这样的话，即使绞尽脑汁写出来一篇文稿，也是不合领导意图、不对领导胃口的，最后难免将自己置于尴尬和窘迫之境。

二是对上级精神领会不充分。最新的上级文件精神反映着上级最新的工作要求和工作重点。部分年轻干部长期疲于应对诸多事务性工作，对上级的最新信息学习不及时、把握不到位、积累不充分，导致其在撰写领导讲话稿时所用的材料陈旧、无新意，甚至会出现传达精神违上的情况。

三是对群众意愿了解不深切。当前一些年轻干部只是一味地坐在办公室闷头写作，很少主动到基层一线去了解社情民意，很少到基层去调研群众"急难愁盼"。这样凭空杜撰、费尽心思写出来的领导讲话稿，明显与当前单位的实际情况、与群众的意愿诉求严重不符，让领导无法采用。

四是对参会对象掌握不清楚。领导干部通过发表讲话来传达贯彻上级工作要求，讲话的成败很大程度取决于听众的接受度、评价度的高低。部分起草者没有很好地掌握听众的教育背景、知识水准、接受水平等信息，导致听众对一些讲话要么不易领会，要么觉得少滋无味。

要想写出领导满意、受众认可的高质量讲话稿，需要在以下五个方面下功夫。

第一，提高站位，把握领导讲话基调。机关工作的一个重要特点就是业务之中有政治、政治之中有业务。政治属性是领导讲话稿的第一属性，一篇讲稿主张什么、反对什么，必须旗帜鲜明、绝不含糊。坚持正确的政治立场，就是要注意在涉及党的基本理论、方针、政策等重大观点、重要提法上，必须始终同党中央保持高度一致，否则就会发生偏差、出现错误。

领导讲话稿必须有高度、有深度。起草领导讲话稿，既要接"天线"，体现党中央决策部署，又要接"地气"，体现群众意志、维护群众利益、激发群众创造。领导讲话不是"打官腔"，不是居高临下，而是根据主题、场合、对象的不同，灵活掌握讲话的内容和方式，发挥出良好的作用。

一是要明确讲话的主题。不同性质的讲话，目的要求不同，写法也不同。其中，讲话的主题决定了讲话内容的方向和重点，主题也就是讲话稿的中心思想。同一场合不同领导的讲话内容各不相同，其根本的原因在于讲话主题的差异，讲话内容、角度、语气随主题变化而变化。比如，领导在年度工作会议上的讲话，有的侧重总结过去一年的成绩和经验，有的侧重部署今后一年的重点和目标，有的侧重对干部提出工作要求。要结合会议的主题和领导讲话的侧重点来确定领导讲话稿的方向、结构、内容。

二是要弄清讲话的场合。讲话的场合对讲话的内容、方式具有一定的影响作用。比如，领导在大会开幕式上的讲话，应该言简意赅，富有鼓舞性：先用简洁的语言宣布大会开幕、介绍议程，再着重阐述召开大会的重要意义，引起参会者的重视。然后用鼓舞性的语言发号召、提要求，确保大会取得圆满成功。而领导在闭幕式上的讲话，则应该具有高度概括性：先用概括性的语言对大会成果作评价，再对大会提出的问题进行概括总结，最后发出号召，宣布会议结束。

三是要把握受众的心理。一篇好的讲话稿必然要让讲话者和听众产生良好的精神互动，因此，机关干部在起草领导讲话稿前，先要弄清楚听众的身份地位、思想政治水平、文化程度及职业等，充分尊重听众的现实需求，写出具有针对性的内容，这样才能产生共鸣。比如，面对学历层次相对较低的听众，领导的讲话就要从讲大道理转化成说大白话，让听众能听得懂、听得明白，这样才能拉近领导和听众之间的距离；而面对学历层次高的听众，用上述方式则会让听众觉得领导没水平，可能会直接影响领导在听众心中的形象。因此，撰稿人要提前把握好听众情况，这样才能写出听众“听得懂、记得牢、好落实”的讲话稿。

第二，认真领会，把握领导意图。起草领导讲话稿是代领导表达观点，必须充分体现领导的意图，彰显领导的思想，阐明领导的主张，反映领导的风格、特点、能力、水平。机关干部在接受讲话稿写作任务时，务必弄清落实领导意图，把领导想要表达的观点、想要达到的目的、想要强调的工作等用语言文字表述出来。把握领导意图，一要有换位思维，二要有延伸思维。

换位思维，即站在领导高度和位置。一般来说，领导都会“面授机宜”，但是，这个“机宜”只是个大体轮廓，具体讲什么，需要执笔者多动脑筋。因此，机关干部在起草领导讲话稿时，需认真听并理解透领导说的每一句话、每一个字。要“身在兵位，敢为帅谋”，进入“领导”的角色，甚至达到“忘我”的境界。站在领导的高度，换位思考，根据会议主题和上级有关要求，以及本单位实际情况，揣摩领导讲话意图，弄清楚领导想要通过会议传达的主要内容是什么。既“想领导之所想，谋领导之所谋”，又“想领导之未想，谋领导之未谋”。抓住领导意图的大致要领，经过整理使之连贯起来，最终形成完整清晰的思路，从而准确、完整地把握领导意图。因为只有在思想上真正进入了“领导状态”，才能最大可能地知道领导在“想什么”，从领导的角度来看“哪些工作需要加强”,“什么措施最得力”,这样的讲话才“像”领导讲话。如果你总以你的角度来考虑问题,那写出来的就不是领导讲话稿,而是基层群众的看法与见解。

延伸思维,即把握领导的思想。任何讲话稿,外在表现是“写”出来的,实质上首先是“想”出来的。写作水平先由思想水平决定,有多高的思想水平才可能写出多高水平的文稿。可以说,“想”是“写”的前提,“写”是“想”的表现。接到讲话稿写作任务后,先要弄清来龙去脉,再认真构思文稿的结构和内容。要注重创新,克服一般化,领导讲话不能让人一听就感到没有什么新意,老一套;构思文稿的过程就是酝酿准备的过程,这是起草时必不可少的环节。因此,脑子从来没有清闲的时候,不仅要想领导之所想,还要想领导之未想。领导想说的,群众想听的,就是我们要写的。

领会领导意图并不是“奉命行事”,不是机械呆板的,起草者的思维应该是领导思维的延伸,起草材料要通过领导的谈话、文章、批示,特别是脱稿讲话,把领导对同一问题的看法和见解串联起来,并加以丰富和完善,提炼出鲜明的论点、提高与领导思想的贴合度。领导工作场景可能每天都在变化,但不管在什么环境状态下,工作内容总会有大量交叉重叠。起草领导讲话稿也就没有必要每次都去另起炉灶,重新再来一遍,只需进行相应的重组即可。

文稿要创新,集成也许是最快捷的路径。如果是就同一个问题起草文稿,可以对兄弟单位解决该问题的先进经验进行归纳总结,搜集专家学者的观点进行概括集中,在此基础上优化重组、加工整合、提炼升华,从而得到自己的见解。如果在写作中发现有遗漏的地方,应该敢于发表个人意见,积极发挥执笔者的主观能动性,在掌握领导意图的基础上对领导意图进行扩展,创造性地理解和发挥领导意图,使讲话稿既体现领导意图,又将执笔者的独到见解融会其中,使两者有机结合。结合的方法,可以是向深度挖掘,顺着领导的思路深入研究,把领导意见化为深刻的见解;也可以是向广度联想,扩展领导交代的意图,举一反三,防止片面性。

第三,全面了解,把握领导讲话风格。由于领导在年龄、经历、性格、文化程度等方面存在差异,从而形成了各具特色的领导风格,讲起话来也风格各异。机关干部在为领导起草讲话稿时,必须弄清楚为谁而写,摸清楚领导的特点,使讲话内容能够充分体现领导的身份、年龄、职务、阅历、文化修养,让讲话的分寸、角度、风格都是与领导相契合的。符合领导特点的讲话稿才有特色、才能出色。

机关干部要有意识地研究领导,平时要熟悉领导的性格气质,留意领导的个性风格,揣摩领导的思维方式和用语习惯,善于用领导的语言阐述领导的意图。

一是要“笔”跟着领导。平时要主动参加领导讲话的会议,参与领导参加的活动,认真做好会议记录。要把领导即兴讲话中流露出来的工作新思路、新看法不失时机用笔记下来。要把领导交代的主要意图、强调的重点问题,详细记录在本上。有经验的机关干部,会在陪同领导检查工作、考察调研、参加会议,甚至一起吃饭、散步、闲聊的一些言行细节中,捕捉领导的看法与观点,然后将其归纳分析、连贯思索,这样,对领导的工作意图就有了总体上的把握。

二是要“心”想着领导。要研究不同领导的思维方式、语言表达习惯、讲话风格。要善于站在领导的角度、以领导者的身份换位思考。在思想上真正进入领导状态,在意识上与领导“坐在同一张板凳上”,只有这样才能像领导者一样,站得高、望得远、想得深,写出的材料自然就与领导“同频共振”。

机关干部应视情况的不同,在讲话语气、语言、措辞上多下功夫,写出具有个性特征、符合领导口味、符合领导身份、令领导满意的讲话稿。例如,在性格上,人有内向型、外向型、独立型、依赖型等特点,而不同性格对讲话思维有很大的影响,不同性格的领导有不同的讲话特点。一些领导喜欢以稿为主,讲话稿就要准备得很细致,任何字句都要求字斟句酌;偏向于独立型的领导喜欢在讲话中自我发挥,讲话稿则要求提纲挈领,领导熟悉的内容可以略写,以便于给领导留出临场发挥的空间。另外,不同的文化程度和学科专业背景,也直接影响领导的语言习惯。如知识型的领导,注重文采,喜欢用带有哲理性的语言,常常引经据典;学文科的领导偏爱古诗词;学理科的领导喜欢运用数据说话。掌握了这些特点,起草讲话稿遣词造句就有了依据。

第四,内容实在,着力解决实际问题。领导讲话有着很强的现实指导意义,领导讲话要给工作以有效的指导,就必须提出问题、分析问题和解决问题,讲话内容必须做到客观实在,否则文稿的针对性和实效性就会大打折扣。作为文稿起草者,要坚持一切从实际出发,针对实际问题,将解决问题的办法充实到讲话稿当中,使讲话思路清晰、要求明确、措施具体。

起草领导讲话稿重在谋篇布局、搭建框架。写稿之前,要问自己三个问题:一问写这篇稿子有什么目的,要解决什么问题?二问要用什么素材,表现什么内容?三问属于什么文体,应该突出什么特点?这三个问题搞清楚了,写起来心中就有底。然后开始拟写提纲,确定框架,拟好小标题。讲话稿的基本框架:是什么——为什么——怎么办。第一点,讲清楚是什么;第二点,讲清楚为什么;第三点,讲清楚怎么办。它们是帮我们理清楚并解决好所有问题最基本的逻辑。具体写法主要有三种:一是亮明主要观点,阐述重要意义,提出具体要求;二是亮明主要观点,直接提出要求；三是亮明主要观点，用大段篇幅阐述重要意义，最后概括提出几点原则性要求。

首先要吃透上级精神。掌握最新的上级精神是写好讲话稿的前提，要求机关干部及时收集最新的政策性材料、专项性材料、动态性材料以及其他方面材料。简言之，就是及时跟进、全盘掌握、了然于胸、运筹帷幄。起草讲话稿的人绝不能情况不明、大事不知，动态不明、糊涂懵懂。特别是要把好领导讲话稿的政策关，才能帮助领导提高指挥效能，推动工作顺利开展。

其次要摸清下情、掌握实情。情况清楚，才能提出符合上级要求、切合本单位实际的思路和举措，以此为依据来表达观点和见解，提出任务和要求，可以使决策更加科学合理，体现指导性原则，否则所形成的观点就会脱离实际，出现"两张皮"现象，不能起到指导和推动本单位工作的目的。评价一篇讲话稿的价值，关键在于讲话中是否包含有效的措施和对策，看对实际工作是否有切实的指导作用。

第五，反复修改，充分听取意见建议。如果时间充分，应当在写初稿之前，带着要解决的问题找一些人座谈，广泛听取各方面的意见。初稿形成后，要进一步征求意见并修改，以提高讲话稿的质量。

好的文稿是改出来的。一个人想得再周到、再细致、再全面，也难免有局限性，几个人一起议一议，互相启发、开阔思路，是非常必要的。特别是党政主要负责人的讲话稿，与其他文字材料相比，更讲究思想性、全局性、严谨性和规范性，更强调高度、深度和新意。要怀着找茬的心理，审视质疑每一个字、每一句话，做到炉火纯青，多一字是累赘，少一字是缺陷。

讲话稿起草要把好三道关口：一是把好初稿关。很多错误在初稿中一旦形成，后期审改很难发现。要有效避免这一问题，在拟初稿时就必须认真、严谨、规范，每个表述都必须有来源、有依据，且来源依据必须权威。二是把好审核关。文稿审核的关键在于校正和提升。一般来讲，审核者相比起草者，政策理论水平更高、知识范围更广、工作经验更足、领导意图把握更准。审核者要充分发挥这些优势，拿起"放大镜""显微镜"，对起草的文稿进行全方位审视审查，把好政治关、政策关，深查细究、精心推敲每一个疑似问题点。三是把好校对关。有人把校对比喻为字里行间的"啄木鸟"。校对是文稿出手的最后一道关卡，必须细而又细，确保万无一失。校对一篇文稿，最起码要过两遍。一是全文大声诵读一遍，最好两人以上。二是针对易错重点，全部审查一遍。包括序号、标点、多音易错字等，杜绝出现低级错误。

撰写领导讲话稿是一项艰苦的工作，机关干部在写作过程中要全面把握上述五个方面的要求，这样才能写出高质量的讲话稿。同时，提高写作水平是一个厚积薄发的过程，唯有潜心学习，刻苦钻研，积累丰富的学识，再经过长期艰苦的实践磨炼，才能逐渐熟能生巧，写作领导讲话稿才能得心应手。

【范例】

在××大学一流学科建设推进会上的讲话

同志们：

春风浩荡满目新，扬帆奋进正当时。今天的学术报告厅高朋满座、嘉宾云集，我们在这里隆重召开一流学科建设推进会，这既是落实省委、省政府关于“双一流”建设决策部署的具体举措，也是学校加快推进“省属高校一流学科建设突破行动”的“起手式”。各位专家和领导在百忙之中抽出时间，专程莅临我校，为学校一流学科建设把脉开方、建言献策，充分体现了对学校的关心和厚爱，让我们对专家和领导的到来表示诚挚的欢迎和衷心的感谢！

下面，我讲几点意见。

一、提高政治站位，增强使命自觉

我们要准确把握党中央深入推进“双一流”建设的新形势、国家重大战略和区域经济社会发展的新需求、“美好×大”建设加快推进的新方位，肩负起新一轮“双一流”建设的历史重任。

一从“国之大者”上看……推进“双一流”建设是以习近平同志为核心的党中央作出的重大战略决策，是新时代我国高等教育强国建设的引领性、标志性工程，对于提升我国教育发展水平、增强国家核心竞争力、奠定长远发展基础，具有十分重要的意义。

二从“省之大事”上看，省第十二次党代会提出，要努力建设全国构建新发展格局先行区，充分发挥湖北科教人才优势，打造“三高地两基地”。……

三从“校之大计”上看……建设一流学科是推进高水平大学建设的必由之路。学校把2023年确定为“学科建设年”，就是为了突出“学科建设”这个引领学校事业高质量发展的“牛鼻子”，以“赶考”的清醒姿态，以强大的政治自觉、思想自觉、行动自觉圆满完成省委、省政府交付的重大使命任务。

二、坚持特色一流，深化内涵发展

高质量推进一流学科建设，必须对标对表、精准发力。要按照省委、省政府提出的关于“一流学科”建设“六个一流”（一流理念、一流规划、一流人才、一流平台、一流成果、一流机制）的发展思路和要求，从以下四个方面精准发力，为一流学科建设奠定坚实基础。

一是聚焦“×大之痛”，确保实现博士授权突破。（略）

二是聚焦引育并举，加快集聚高端领军人才。（略）

三是聚焦立德树人，加快提升人才培养质量。（略）

四是聚焦“四个面向”，加快产出重大科技成果。（略）

三、强化顶层设计，压实主体责任

一流学科不仅仅是××单个学科的一流学科，而是××大学的一流学科，更是全体×大人的一流学科。推进一流学科建设，必须上下一心，共同缔造。

一要搞好顶层设计。（略）

二要层层传导压力。（略）

三要勇于担当作为。（略）

总之，全校上下要认真学习贯彻习近平总书记关于“双一流”建设的重要指示批示精神，严格落实省委、省政府对省属高校一流学科建设提出的目标要求，举全校之力，凝聚精气神，汇集人财物，以高度的责任感和使命感，以“钉钉子”精神扎实推进一流学科建设，为××加快建设教育强省、建设全国构建新发展格局先行区作出新的更大的贡献！

中篇　办会的经验与策略

办会指的是组织、安排、管理会议的工作。办会则需明确目的、合理安排并协调沟通,以集中意见并推动进展在现代工作中,会议已经成为了一种重要的工作方式,因此办会也成为了一项重要的工作技能。通过办会,可以集中各方面的意见和建议,协调各方面的资源和工作,推动工作的进展和问题的解决。

在办会过程中,需要注意以下几点:

一是会前准备要充分。我们常说,会务工作80%以上在会前。只要前期准备充分了,会议开始后反倒要轻松很多。一般情况下,会前要做好以下准备工作:制定会议方案;组织召开协调会议;发放会议通知;布置好会场;进行会务检查。

二是会间服务要周到。主要做好以下工作:组织好会议报到;开好预备会议;做好会场组织工作;做好会议记录;回收会议材料;做好与会人员的返程服务工作。

三是会后工作要到位。会议结束,会务工作不能同时结束,还要继续做好会议的善后工作:整理会议成果,下发会议纪要;做好财务结算;做好会务工作总结;落实会议精神和会议决定的事项。

第六章　做好会前筹备工作

第1讲　会务工作的六个特点

会议是实行集体领导的基本方法之一，是集思广益、交流信息的重要方式和途径，也是协调关系、解决矛盾的有效手段和办法。会务工作千头万绪、环节众多，是整个会议活动不可缺少的一部分，其质量好坏和效率高低直接影响会议是否达到预期目的。要做好会务服务工作，必须认真抓好会前、会中、会后三个环节，谱好会前“曲”，唱好会中“戏”，弹好会后“琴”。

会议是各级领导制定方针政策、决定重要事项、贯彻上级指示、检查布置工作、总结交流经验的一种工作方式，是一种集众议事的行为过程。早在原始社会就有氏族民主议事会。现代社会会议成为人们信息交流的重要方式。尽管各类会议的具体作用不尽相同，但作为处理和决定问题的方式方法，任何会议都是为了实现领导意图，达到一定目的而召开的。会议有科学决策、宣传动员、总结部署、检查督促、调查研究、交流沟通、指导推动、密切联系等方面的作用。当然，也有部分会议人员不少、质量不高，严重浪费时间和人力，为此，我们提倡少开会、开短会，多开一些能够解决实际问题的会。

会议也是机关工作中一种常见的活动形式，可以说机关干部每天不是在开会，就是在筹备会。办会、参会是每一位干部必须会的工作。会务工作是会议活动中的重要组成部分，是会议正常进行和取得预期效果的重要保证。机关干部作为会议的筹备者、组织者、服务者，要善于站在领导决策的高度、解决问题的角度、服务发展的维度，精心筹备组织好各类会议，努力提升会议质量和服务水平，更好地服务发展、服务决策、服务落实。

一、机关单位为什么需要召开会议

一是落实上级的要求。主要传达学习上级指示精神，如传达学习党的二十大精神、全国“两会”精神、省党代会精神，中央和省委重要会议精神等。还有的民主生活会，这是一项制度，各级领导必须第一时间落实，有的会议还需要将学习情况上报上级党组织。

二是工作任务的需要。有些专项工作或重大任务，如地方重大项目开工，高校一流学科建设、学科评估等，领导需要及时了解掌握情况、协调解决矛盾问题，推动工作进度，所以部署会、协调会、推进会、总结会等，还是很有必要的。

三是单位发展的需要。在机关单位日常管理中，势必经常研究处理“三重一大”事项，即重大决策、重要人事任免、重大项目安排和大额度资金运作。上级文件明确规定，“三重一大”事项必须由领导班子集体研究做出决定，在日常执行中，需要党委常委会会议研究决定。研究机关干部人事、经费，以及中长期发展规划等内容，也都需要开会统一思想、征求意见，还有培育文化精神的务虚会等，都是有必要开的。

需要注意的是，会议是一种工作方法，但不是唯一的工作方法。我们承认会议的重要性，但不能把它的作用无限夸大，更不能用它代替其他工作方法，以至于造成“文山会海”的现象。

会议的基本要素有：会议名称、会议时间、会议地点、会议组织者、与会人员、会议议题和内容、会议成果等。

会议活动是有组织、有目的、有秩序的多人集体参加的活动，需要一定的组织安排才能顺利进行。通常把会议的组织、安排以及各种事务性服务工作统称为会务工作。会务工作是会议过程中多种事务性、辅助性工作的总和，主要是会议筹办、组织协调、服务保障等工作，包括会议的前期筹备、中后期的组织统筹协调和会后的总结收尾工作，具备服务性、协调性及统筹性，其根本任务是为参与会议的全体人员特别是领导提供全面服务，是整个会议活动不可缺少的一部分，其质量好坏和效率高低直接影响会议是否达到预期目的。

二、会务工作的六个特点

第一，政治性。这是会议的内容所决定的。各级机关把党的政治建设摆在首位，以党的政治建设为统领，是坚持党的领导的必然要求。机关各项工作都要讲政治，会议内容具有政治性，会议必然具有政治性。会议的政治性主要表现在开会的时机、会议的形式和会议的内容。所以，会务工作也要讲政治性。[①]

第二，服务性。会务工作是随着开会的需要应运而生的，它的一切活动，都是给参与会议的所有人员提供良好的环境和方便条件，做好各项服务工作，保证会议顺利进行，达到会议预期目的。

第三，事务性。组织会务的各个环节多有较强的事务性，繁杂而琐碎。然而，正是通过这些事务性工作，保证了会议按照预先的安排顺利进行。有时一个很小的事务性工作未做好，也可能影响整个会议活动的进程。

第四，综合性。参加会议的人员来自各个单位的各个部门，有时会议的内容涉及的也比较广泛。做好会务工作，要能够从全局出发观察和思考问题，具有高度综合的能力。

第五，保密性。无论国家机关还是各类组织，许多重要事情都要通过会议讨论后作出决定，所以会议的内容就不可避免地涉及各种机密。因而，许多会议的内容都有很强的机密性，保守会议秘密理所当然地成为会议的一个主要特点。

第六，时间性。会议活动本身具有很强的时间性，作为与会者要遵守时间，按时参加会议，作为会务人员更应有高度的时间观念，绝不能出现诸如与会者已经到齐但会场还没有布置好，或记录人员还未到等情况。

机关干部从会务工作的实际要求和具体工作出发，不断积累经验，同时注重会务工作的技巧与艺术性，组织好、服务好、落实好会务工作，让领导满意、各方满意，将会务工作做到规范化、科学化。会务工作中有个非常著名的定律："100-1=0"定律，即形容整个会议中1% 的疏忽就可能会导致100% 的失败，要求做到"零差错"。

第2讲　会务工作的总体要求

会务工作是指会议的组织、保证和服务工作，是会议活动中的重要组成部

① 刘俊：《科学高效做好办公厅(室)会务工作——读〈习近平在浙江〉有感》，《秘书之友》2022年第7期，第17—19页。

分。有序、高效地做好会务工作，是会议取得预期效果的重要保证。

一、会务工作的主要内容

会务工作是为会议服务的各种具体事务工作。会务工作的内容视会议规模而定。一般规模小、会期短的会议，会务工作的内容相对简单些；而规模大、会期长的会议，会务工作的内容就会复杂一些。

会务工作大致可以分为三个阶段，有下列几个方面的工作内容。

第一阶段，会前准备。主要有四个方面的工作：一是制定会议方案；二是下发会议通知；三是起草会议材料；四是做好会场布置。

第二阶段，会中服务。主要有六个方面的工作：一是做好会议的报到工作；二是做好会场布置对接工作；三是做好会议文件的现场发放及保密工作；四是做好会场服务工作；五是做好会议记录工作；六是做好会场秩序维护工作。

第三阶段，会后收尾。主要有四个方面的工作：一是搞好财务结算；二是搞好会务总结；三是搞好材料合订存留；四是会务用品的归还和整理。

二、会务工作的总体要求

会务工作的总体要求是搞好会议控制，提高会议质量。具体包括以下六个方面。

一是严格会议审批。认真落实中央八项规定及其实施细则精神，最大限度地减少会议。对工作的重视和落实，并不由开会数量、规模和时长来衡量。一般能够通过更简单、更高效的方式解决问题的，就不必开会；内容相近或参加人员相同的会议合并到一起开，尽量地减少会议。

二是控制会议规模。严格按会议类别和内容确定出席人员，参加会议的一定是必要的、非出席不可的人员。会务工作人员也要精干。1958年1月，毛泽东起草的《工作方法六十条（草案）》中规定“大型会议，中型会议和小型会议，都是必要的。各地和各部门要好好安排一下。小型会议，参加几个人，一二十人，便于发现问题和讨论问题。上千人参加的大型会议，只能采取先做报告后加讨论的办法，这种会不能太多，每年两次左右。小型中型会议每年至少要开四次。这种会最好到下面去开”[①]。

① 毛泽东：《毛泽东文集》（第七卷），人民出版社1999年版，第356页。

三是细化过程管理。会议组织者要掌握会议的全过程,会议主持人是会议管理的“交通警察”,要掌握会议的讨论过程和讨论效果。如果发生与会议议题无关或深入到不必要的细节上,会议主持人或讨论主持人应及时引导回到议题本身。对分歧意见不能统一或讨论议题不能形成决议的,可顺延到下次会议讨论决定。

四是压缩会议时间。中央八项规定明确提出,要精简会议活动,切实改进会风……提高会议实效,开短会、讲短话,力戒空话、套话。会前要对会议和会议的每个阶段的时间进行精确预测。要准时开会、准时结束。必要时限制个人发言时间,有效把握会议进程,防止松散拖沓。如全国政协双周协商座谈会中,每位参会者发言有时间限制,发言不能超过8分钟。

五是严格经费开支。严格会议开支,要通过从严从紧审批会议、合理确定会议类别、严格把控会议规模和时间、精确测算会议综合定额、严肃会议报销管理来实现。要节约每一个铜板。这与控制会议规模、控制会议时间直接相关,尽量减少不必要的开支。

六是抓好应急处置。会务中的诸多环节环环相扣,特别是文件准备、会场管理、会议车辆调度、医疗服务等要做好应急预案,准备多套方案。要合理使用各类力量和资源,切实把会议过程中出现的各种问题消灭在萌芽状态,确保会议的质量和安全。

三、会务工作的四项原则

会务工作千头万绪,要做好会务工作,应遵循如下原则。

一是准备充分。要根据会议的内容、特点和领导要求,认真细致地做好各项会议准备工作,严密协调地组织好各项会议服务,使会议善始善终,达到预期目的和效果。围绕会议的中心议题和目的展开充分的调查研究,搜集必要的统计数字,了解群众的看法和意见,掌握最重要的第一手资料等。重要会议还必须事先准备好会议文件,决策性会议应将讨论方案预先印出,提前送达有关领导审阅。当然,不同级别、种类的会议,会务工作的重点也不同。一个大型的露天集会,如大型招聘会,工作的重点应该是队伍的入场、散场的科学调度以及安全保卫工作;而一个报告会,重点是会场的选择,音响、投影仪等设备的调试,与报告人的沟通等。

二是组织严密。会议预案的重要方面是组织工作。除做好常规的准备之外,应特别注意可能出现的某些问题,逐项研究,制定相应对策并列入预案之中逐项落实,保证会议进行得有条不紊。由于会务工作涉及许多方面,有些大型会议的工作人员很多,包括工作人员、服务人员、保卫人员等。要保证会议的顺利进行,每一个环节都要组织得非常严密。各类工作人员应定人定岗、各负其责,还要密切配合,防止工作脱节。会议组织人员要做好统筹管理,做好监督、检查和协调工作,及时发现问题、堵塞漏洞。

三是服务周到。从总体上说,会务工作属于服务性工作,会议的服务工作是由大量的细小琐碎之事构成的,而每件小事都是一个环节,任何一个环节脱节都会对会议产生或大或小的影响,要避免因小失大和造成不应发生的忙乱现象。组织人员应该待人热情礼貌,全心全意为领导和与会者服务,要不怕麻烦,耐心细致,热情周到,将自己良好的个人风貌、职业素养体现出来,给与会者留下美好的印象。

四是确保安全。会议不论大小,都要确保安全。大型会议因与会人数众多,非会议人员(如记者)也大量云集并携带大量器材,在有重要领导人出席时,除工作人员陪同之外还有大量服务人员或围观与欢迎的群众,因此更须确保安全。

四、打造"四有"会务工作干部

为保证会议的圆满成功,对负责会务工作的机关干部提出了更高的"四有"要求。

一是要有统筹协调的能力。一场大型会议一般由多个单位、部门人员承担,一般分为会务组、现场参观组、材料组、后勤接待组、宣传报道组、安全保卫组等若干个工作组,作为会议组织者在具体工作中,既强调一个口子进出,又推行分工协作、分块负责、分兵作战。对于固定步骤,要按部就班开展,做到忙而不乱,忙而有序;对于突发状况,要主动介入,尽快统筹协调解决,切不可视而不见,或者绕而行之,让小问题酿成大事故。同时应当提前制定好会议应急预案,以便不测之需。

二是要有务求实效的作风。对于办会人员来说,会场如战场,办会人员既要当好指挥员,又要当好战士。这就对我们提出了较高要求。所有人必须有落地有声、有令必行的执行力,踏石留印、抓铁有痕的落实力,遇河架桥、逢山开路的战斗力。要有"会交我办无差错、会交我办出精品、会交我办请放心"的工作理念。只有以极端负责、极其用心、极为精细的工作态度将各个环节落到实处,才能保证会议的圆满成功。

三是要有关注细节的意识。会务工作无小事。会议期间小到服务员倒水时间的把握,大到会议整体组织程序,不能有一点瑕疵,这不仅体现了办会人员的能力水平,也代表了单位部门的对外形象。因此要将"细节决定成败"这句话入脑入心,在细节上下功夫，每一次会议、每一篇讲话稿件、每一个环节都要谨小慎微，考虑得细而再细，杜绝浮躁、粗枝大叶的习惯，在关注细节中体现认真、细致、严谨的工作作风，绝不能因为细节上的小问题而影响整体会议效果。

四是要有勇于创新的勇气。充分利用电视电话、网络视频等多媒体工具，在提高办会智能化水平的同时，降低会议支出成本。例如在承办会议期间，对参会代表实施“一对一”对口联系引导机制，按照“对口引导、热情周到、来宾至上”的原则，从出发至会议结束，都专门起草了会议温馨提醒短信模板，让参会对象有了宾至如归的感觉。到达目的地后通过建立微信群，办会人员在线及时答疑解惑，掌握参会人员需求，了解会议请销假情况，在保证参会对象按时参会，放心参会的同时，办会人员能够及时掌握情况，调整座次，确保开会时一个不少、一个不漏。同时通过微信群、QQ群等帮助办会人员随时传递信息，提醒注意事项，掌握会议进程，应对突发状况。

第3讲　科学拟定会议方案

凡事预则立，不预则废。开会也一样，会议方案制订得好，会议就不会出现纰漏，会议才能圆满成功。注重超前谋划——“不打无准备之仗”。由于会议方案先于会议召开而拟定，需要在方案中对会议的方方面面事先做好设想及安排。

拟订方案就是前期谋划，在会议召开前对会议的目的、规模、时间、地点、内容、议程、日程、组织形式、会议文件、经费、后勤服务等要素做出周密安排，能促进会议顺利进行，取得完满的预期效果。有些会议还需要向上级机关请示核准，会议方案可作为上级审核批准的重要依据。有些会议方案也可发挥通知的作用，向联办或与会单位通报筹备情况，以便做好必要的准备。在思想准备上，会前认真组织学习习近平新时代中国特色社会主义思想，深入学习中央有关通知要求提高政治站位，夯实思想根基。[①]在时间准备上，提早着手、超前谋划，实践证明，只有打出工作提前量，想在前、干在前，才能在会议筹办工作中争取主动，做到心中有数、忙而有序。

① 陈俊：《草拟会议方案要过好政治关》，《秘书工作》2017年第11期，第47—48页。

一、会议方案内容

(1)确定会议名称。(2)确定议题。(3)指导思想。(4)任务要求。(5)确定与会人员。(6)确定时间地点。(7)会议期限。(8)日程安排。(9)会议领导。(10)确定会议通知内容。(11)会议通知跟进落实程序与要求。(12)会场布置要求。(13)会议文件资料种类、内容、要求。(14)会议设备和用品种类、要求。(15)会议后勤安排。(16)会议记录安排。(17)会场服务安排。(18)会议预算安排。(19)议定事项催办及反馈的程序、要求、责任人。(20)其他注意事项。

二、会议方案的写作

会议方案通常由标题、开头、主体、结尾、落款等五个部分组成。

标题。会议方案标题的规范写法由召开单位或范围、会议名称、文种名称(方案)"三要素"构成,有时可以省略会议召开单位。常用的文种名称有:方案、筹备方案、筹备接待方案、计划、策划方案等。

开头。在开头之前,有的要写明方案的送达机关。属于要送上级机关批示的,就写送达上级机关名称,属于要下级知晓的、发给与会机关或个人的,则写下级机关名称。开头部分一般写明召开会议的缘由、根据、单位、会议名称、会议时间、地点、会期等,对会议的基本要素进行说明,引出下文。大致相当于一般专题方案中"指导方针""总体设想"部分。

主体。主体部分一般要写明会议的宗旨、主题(内容、议题)、规模(与会人员)、议程、日程、会议形式、会务机构的组织和分工、会议文书、会议经费、保障措施、筹备情况等事项,相当于一般计划中的"目标要求""措施方法""实施步骤"。一般分条列项写出。

结尾。结尾语部分的写作,要根据会议方案的性质而定,属下级机关请示上级机关的,可写上类似请示报告结尾的用语。如"以上方案,当否,请批示"。

落款。一般写明方案的制发文机关、签署日期,并加盖公章。

三、注意事项

一是科学安排,周密详尽。会议方案是进行会议的依据,会前要把举行会议的有关规定、各种程序、各方面可能遇到的情况都要考虑到、估计到,总揽全局、全面统筹。如,党代会大家知道要通过一些决议,主持人会问大家对决议有什么意见请发表。主持人问到这样的内容,下面没有任何反应,会场就显得非常尴尬,我们特别安排工作人员“应声”,下面说“没有”,主持人就会转到随后的议题。像这样的环节,我们都要考虑周到。要及时掌握会场参会人员到会情况,遇到参会人员临近会前请假等突发情况,要及时修改会议方案和会议议程。

二是明确要求,责任到人。大中型会议涉及人员多,头绪繁,内容杂,在设计会议筹备方案时应周密考虑,妥善安排有关事项。方案要做实做细,每一项具体工作都要严谨细致,每一项具体工作都要明确到人。有人落实,有人检查、有人督促落实。不能出现遗漏。如对材料撰拟、分发、会标制挂、座位排列制作、安全保卫、医疗服务等都作出明确的安排。对会议衔接时间计算准确,周密计划,精心安排。

三是加强沟通,准确高效。制定方案能够便于请示汇报,也便于沟通衔接。审定方案的过程是把我们的意见建议变成领导决策的过程,也是和领导沟通协调的过程。一个会议有很多的议程,需要领导的审批和决定。比如说会议确定几个发言人,确定哪几个发言人,不是想定谁就定谁,是要报批的。比如说在分组讨论中,如何编排分组,都要报批后由领导定夺。同时领导在审定方案的时候也就知道了他自己在会议中承担的任务,就会做好自己的准备工作。

四是留有余地,灵活机动。既要把任务、时间尽可能计算准确,同时,又要为相关活动留有弹性空间,防止安排太紧、太满而造成被动。

五是层次分明,合理安排条款顺序。写作时合理安排各条款间的逻辑顺序,既要条款分明,又要顺序合理。

【范例】

医用纺织材料产学研深度融合座谈会方案

为推动医用纺织材料产学研深度融合,我校拟举办“医用纺织材料产学研深度融合座谈会”,诚挚邀请××副省长以及省发展和改革委员会、省教育厅、省科技厅、省经济和信息化厅、省财政厅等单位领导出席活动。活动安排如下:

一、活动时间

2022年×月×日上午×时×分

二、拟邀请出席领导

××　××省人民政府副省长

××　××省人民政府副秘书长

省发展和改革委员会、省教育厅、省科技厅、省经济和信息化厅、省财政厅负责人

三、座谈会安排

（一）地点

××大学行政楼××会议室

（二）参加人员

1.省政府领导

2.省发展和改革委员会、省教育厅、省科技厅、省经济和信息化厅、省财政厅负责同志

3.地方政府领导（××市、××区政府负责人）

4.与会专家学者

5.企业代表（××医疗集团董事长、××医疗（武汉）有限公司总经理、××医疗（黄冈）有限公司总经理）

6.校内参加人员。（略）

（三）主持人

××大学党委书记 ××

（四）议程

1.××校长汇报学校产学研情况；

2.××医疗集团向××大学捐赠仪式；

3.地方政府、与会专家学者、企业代表发言；

4.省直有关部门负责人发言；

5.××副省长讲话。

四、有关要求

1.请相关单位将参加会议名单于×月×日前报办公室。

2.请后勤处做好环境卫生工作；保卫处做好车辆停放安排。

3.请党委宣传部做好宣传报道。

第4讲　制发会议通知

会议通知是向与会者传递召开会议信息的载体，是会议组织者同与会者之间会前沟通的重要渠道。制发会议通知是会前准备的重要环节。会议内容、时间、地点和与会人员一经确定，就要制发会议通知，一般来说，规模较大、

较为重要的会议都应发书面通知。在拟写完会议通知经领导审定后，应及时发出会议通知，让与会者做好充分的准备。

制发会议通知是会议筹备的关键环节。会议通知是会议系列文稿中的首篇，影响贯穿会议全过程，会前便于与会者提前知悉会议主题，从而做到"心中有数"，会中利于增强会场凝聚力、向心力，会后有助于宣传和贯彻落实。因此，做好会议通知的起草、下发、告知、归档工作是会议圆满筹办的基础和前提。

一、起草好会议通知

办会的第一个流程就是撰写并发送会议通知，一则好的会议通知应做到篇幅短小精悍、语言准确凝练、表达简捷有效、要素全面完整、格式规范严谨。要写好会议通知，就要掌握会议通知的行文格式和构成要素，严格遵守会议通知的写作要求。

（一）会议通知的行文格式、构成要素及写法

会议通知的构成要素是标题、主送机关名称、正文、发文机关名称、发文日期等组成。公文的标题有三种写法：一是发文机关、事由和文种；二是发文事由和公文文种；三是公文文种。在会议通知的考试中，建议采用第二种写法，这样简单、明了、省时。如"关于组织参加省高校疫情防控视频培训会的通知"就是这种标题。

正文部分由两部分内容组成，即召开会议的目的和须知事项。首先，说明召开会议的目的。在开头交代行文的目的或意图，开宗明义，以便受文机关明确发文机关的意图，这是会议通知通常所用的方式，常用"为""为了"等目的介词来领起下文。其次，是须知内容部分。包括会议时间、会议地点、参会人员及联系方式等，是会议通知常写的事项。一要写明会议时间。哪年哪月哪日至哪日。二要写明会议的地点。包括地址、电话，哪个会议室。三要写明参会人员。按照会议纪要中提供的内容写清楚。四要写明联系方式。包括哪个部门、办公室、具体联系人、联系电话、电子邮箱等。

会议通知的行文格式内容包括：标题、主送机关、正文、发文机关、发文时间等五个要素，必不可少。

标题。通知标题要点明主题，也就是说让人一看就能知道这大概是个什么内容的会。

会议主要事项。一般通知第一段要交代清楚召集会议缘由，比如"为了××"

“按照××要求”等，以及召开会议的目的，方便参会人员做好会前准备。

会议时间、地点。通知第二段要写清报到时间、地点和会务联系人的姓名及联系电话，方便大家沟通联络。同时要在报到地点后面附上乘车路线(比如火车站、机场到目的地分别怎么乘车)和报到地点附近的标志性建筑，方便大家顺利报到。

参会人员或者参会范围。通知第三方面内容要明确参会范围，可以是限定范围，比如“参会人员为单位负责财务工作的领导”，也可以附件形式确定具体人员姓名，比如“××单位，张××”。

会议费用。如果会议涉及收费还要写清楚缴费事项和金额，比如“住宿费××元，材料费××元”。

会议回执。会议回执一般以附件形式体现，设计好填报内容也很重要。比如要填写是否少数民族、性别、联络方式，如果有接送站服务，还需填报始发、终到站名称，航班或车次等。

(二) 会议通知的写作要求

一是开头的目的要简单明了。目的是说明文件下发的合法性，增强文件的权威性，让收文单位提高认识，引起重视，便于更好地落实。

二是事项部分要明确。即事项部分写作要分条列项，逐项表述；做到简单、明了、具体；让人看后一目了然，清晰明白。会议议程及议题的确定应注重实效，科学制定，避免主观性和片面性。篇幅不要过长，切忌长篇大论、拖泥带水，避免冗句、冗词、冗字，删除不必要的表述，做到言简意赅。

三是对要求部分要细致。在工作中可能会遇到的困难或问题，以及下级机关可能不会引起重视的一些环节，要及时提醒注意。在会议通知中，一定要把会议议题、参会人员、会议的时间、会议地点、对与会者的要求(如准备什么材料、需要交多少钱等)都要写清楚，用序号标示，一一交代。

只有从这三个方面去着手，才能使会议通知简明扼要、重点突出，便于下级更好地知晓和办理。

规范行文格式。这是起草会议通知的必然要求，规整、严谨的背后往往代表着单位的形象与办事风格。尽量避免使用“明天”“后天”等易引起歧义的词语，应使用“×月×日”，必要时注明“周×”，若非紧急会议则尽量避免非工作时间召开。起草好会议通知后，要反复核对，认真把关，力避错别字等“硬伤”，确保准确无误。近年来，一些会议多采用线上视频形式召开。这就需要提前协调好保障部门做好会前调试、会中保障等工作，通知中则应明确视频调试时间、保障部门、主会场及分会场安排等。一般情况下，需提前半日做好视频调试。

【范例】

教育部办公厅关于召开全国高校思想政治理论课建设工作会议的通知

教社科厅函〔2015〕35号

各省、自治区、直辖市党委教育工作部门、教育厅(教委),新疆生产建设兵团教育局,部属各高等学校:

为深入贯彻落实习近平总书记关于加强思想政治理论课建设重要指示批示精神,深入贯彻落实中办、国办《关于进一步加强和改进新形势下高校宣传思想工作的意见》精神,总结各地各高校加强思想政治理论课建设的经验,全面部署实施《普通高校思想政治理论课建设体系创新计划》,推进高校思想政治理论课建设综合改革创新,我部定于12月11日在北京召开“全国高校思想政治理论课建设工作会议”。现将有关事项通知如下:

一、会议主要任务

全面部署实施《普通高校思想政治理论课建设体系创新计划》,分析形势,研究问题,交流经验,推进各地各高校思想政治理论课建设综合改革创新,推动各地各高校不断提升思想政治理论课教育教学质量。

二、会议时间、地点

时间:××年×月×日,会期一天。×日报到,×日离会。

地点:××××(北京市西城区××××)

三、与会人员

1. 各省(区、市)党委教育(高校)工委或教育厅(教委)分管负责同志各1人。

2. 教育部直属高校分管负责同志各1人。

3. 有关高校分管负责同志各1人(高校名单见附件1)。

四、会务有关事宜

1. 请各省(区、市)教育部门负责通知有关高校,并将与会人员回执(见附件2)于12月7日前发送电子邮件至我部社科司。教育部直属高校的与会人员回执直接报送至指定邮箱。

2. 会议不安排接站,请与会人员于会议报到当天自行前往。

联系人:(略)

联系电话:(略)

传真:(略)

电子邮件:(略)

附件:(略)

教育部办公厅

2015年11月23日

二、下发好会议通知

会议通知的发送形式分为口头通知和书面通知两种。对于一些较重要、规模大的会议,往往以公文的形式正式印发,可充分利用机关官网、传真等正式途径发送至参会单位,既可作为进入会场的凭证,也能引起与会者的高度重视,同时也便于会后扩大宣传、报销与会者费用等。而一些规模相对较小的会议,则可通过工作群、企业微信、OA办公系统等下发通知,以节约办公成本,提升工作效能。在会议筹备时间紧且参会人数相对不多的情况下,往往使用电话通知,与书面会议通知相比,更便捷、更高效。为了避免出现差错,应使用普通话,简明扼要地交代清楚时间、地点、议题等事项,避免参会人员再次来电咨询,影响通知效率,同时做好通知记录。此外,无论采用何种方式,会议通知发布后应做好跟踪,掌握和落实参会人员的与会信息,做到不遗漏、不重复、无差错。下发会议通知时,在重点关注参会人员的同时也应兼顾到会务工作人员,以便其做好财务预算、会议接待、会场布置等工作。布置会场时,一般需要在主要领导的位置前摆放纸质会议通知材料,以便与会领导科学把控会议进程,有效应对突发事件,必要时其他与会人员也可人手一份。同时要对材料再三检查,以防出现漏页、多页、内容模糊不清等情况,确保会议顺利召开。

三、告知好会议通知

会议通知下发得过早或过晚都不好,过早易出现变数且会被遗忘,过晚则会使与会者缺乏准备仓促参会。因此,要合理把握通知下发时间,以便与会人员收到会议通知后,能有充足的时间准备和协调相关工作,统筹好与会、离会两个时间点的事项。故下发会议通知的时间,应根据会议议题、会议性质、到会的路程时间来合理确定,除紧急临时性会议外,一般应给出三至五天的准备时间。对于定期召开的工作会议,时间、地点、参会人员一般比较固定,且已形成惯例和工作制度,若无特殊情况一般定时定点定期召开,故可提前一至两天下发通知。临时性会议应充分考虑最远距离参加者及时赶到的时间,学习与精神传达类会议则以提前半天为宜。

对于单位内部召开的会议，可根据临开会到场人数随机应变，若人数过少，应及时通过电话或工作群再次提醒与会人员参会。若有时间、地点变动等特殊情况，应及时下发补充通知，重在突出变更事宜，做到简洁明了，确保告知到位。

四、归档好会议通知

会议召开完毕，并不代表会议完全结束，工作人员要对与会人员遗留在会场内的相关文件材料进行收集整理。应遵循“存、销、备”原则，明确归档范围。对一些事务性、临时性、缺乏查考价值的临时通知则不需立卷归档，要按照有关规定作销毁处理，确保信息安全；而正式的公文，或具有重要意义的，或对今后工作有查考价值的，应及时整理归档，切实做到整理规范有序，保管安全可靠。正式的公文形式的会议通知，应及时将纸质文档送收发文管理员归档保存，并做好电子文档备份；非正式公文的，可将纸质档案销毁，留存电子档，以节约办公成本与资源。同时应指定专人，明确职责，切实做好含会议通知在内的各种会议文件材料的收集、整理和归档工作，确保相关文件材料完整归档。办公室工作人员也常常会收到来自上级或同级的会议通知，若有领导参会，应及时报送参会回执；若有相关部门人员参加，应及时通知该部门，并做好用车等保障服务。当然，同时也要做好此类收文的归档工作。

第5讲　起草会议主持词

会议主持词是会议主持者在主持会议时使用的带有指挥性、引导性的讲话。主持词内容跨度大，贯穿会议开始和结束，这是其他任何讲话所无法比拟的。会议主持应注意以下四个方面：一是紧扣会议主题，讲好开场白；二是严格按照会议议程，逐项主持会议；三是精心谋划结尾，总结概括准确精练；四是要有效控制，灵活应变，保持会场的良好秩序。

为了确保会议的质量，主持人需要准备合乎规范的主持词，以便会议按照预定的计划运行。一般大型或正规的会议都要有会议主持词，所以其使用频率较高。与会议的其他文件相比，一般篇幅不可能太长，否则有喧宾夺主之嫌。因此，主持词应做到简明扼要，干脆利落。写好会议主持词，用好会议主持词，对开好会议，取得预期效果具有十分重要的作用。

一、基本特征

会议主持词要根据会议的安排，对有关内容和事项作出说明，对一些重要问题进行强调，对领导讲话作出简明扼要的评价，并对会后如何贯彻落实会议精神提出要求、布置任务。会议主持词有以下几个基本特点。

从属性。主持词是为领导讲话和会议服务的，其从属性表现在两个方面：从形式上看，主持词的结构是由会议议程所决定的，必须严格按照会议议程谋篇布局，不能随意发挥；从内容上看，主持词的内容是由会议的内容所决定的，不能脱离会议内容。主持词的从属性地位，决定了它只能起陪衬作用，不能喧宾夺主。

精炼性。主持词的篇幅一般不宜过长，要短小精悍，抓住重点，提纲挈领。而篇幅过长，重复会议内容就会造成主次不分、水大漫桥。会议主持词重点在开头的会议背景介绍和结尾的会议总结任务布置两部分，中间部分分量较轻，只要简单介绍一下会议议程就可以了。

准确性。会议主持词在语言运用上应该平实、庄重、简明、确切。要开门见山，直入主题，尽量不用修饰和曲笔。说明什么，强调什么，提倡什么，反对什么，有什么要求、建议和意见，都要一清二楚。由于会议性质和主题的不同，主持词的语言风格又有所差异。会议的主题如果是传达上级会议精神、方针政策，或严肃的工作部署，那么主持词的语言就应该突出平实、严肃、严谨的特色。如果是庆祝、庆典、表彰类的会议，主持词的语言则要具有欢快向上、激越昂扬的特色，尽量多用短句，可以用一些排比、夸张等修辞手法，突出节奏感，增加会场喜庆、欢快、蓬勃的气氛。

二、讲话技巧

有效的主持能使会议前后连贯，层次分明，重点突出，提升会议的效果。那么，主持会议要注意些什么呢？

（一）紧扣会议主题，讲好开场白

主持词与其他会议材料虽然同是会议文件的组成部分，但与它们相比，还具有自身的特殊性。它是会议开始后的第一个讲话材料，是开场之作，能给听众留下第一印象。无论用什么方法开头，都应该紧扣主题，用精练的语言吸引听众，自然地引出下文，不要兜圈子。

开场白的形式多种多样，这一部分主要介绍会议召开的背景、会议的主要任务和目的，以说明会议的必要性和重要性。可分为五方面内容：一是首先宣布开会。二是说明会议是经哪一级组织或领导提议、批准、同意、决定召开的，以强调会议的规格以及上级组织、上级领导对会议的重视程度。三是介绍在主席台就座的领导和与会人员的构成、人数，以说明会议的规模。介绍出席人员时，必须注意先后顺序，先上级后下级，先来宾后主人，同时对各位来宾的到来表示热烈的欢迎和衷心的感谢。四是介绍会议召开的背景，明确会议的主要任务和目的，这是开头部分的"重头戏"，也是主持词的关键所在。介绍背景要简单明了，"这次会议是在……情况下召开的"，寥寥数语即可。因为，介绍背景的目的在于引出会议的主要任务。会议的主要任务介绍要详尽、全面、具体一些，但也不能长篇大论，一方面站位要高，要有针对性，以体现出会议的紧迫性和必要性；另一方面要全面而不琐碎，具体中又有高度概括。五是介绍会议内容。为了使与会者对整个会议有一个全面、总体的了解，在会议的具体议程进行之前，主持人应首先将会议内容逐一介绍一下。如果会议日期较长，如党代会、"两代会"，可以阶段性地介绍，如："今天上午的会议有×项内容"，"今天下午的会议有×项内容"，"明天上午的会议有×项内容"。如果会议属专项工作会议，会期较短，可以将会议的所有内容一次性介绍完毕。

（二）严格按照会议议程，逐项主持会议

在这一阶段，可以用最简练的语言，按照会议的安排，依次介绍会议的每项议程。通常为"下面进行第一项议程，请某某某讲话，大家欢迎"，也可以不明确说有几项议程，如"首先，请××致辞，大家欢迎"，"下面，欢迎××讲话"，"接下来，欢迎××致辞"之类的话。在会议过程中，有的会议可能会有几个人先后发言，此时，作为会议主持人，思想一定要集中，千万不能走神，以防止忘记发言顺序，报不出下一位发言者的名字。有时在一个相对独立或比较重要的内容进行完了之后，特别是领导的重要讲话之后，主持人要作简短的、恰如其分的评价，以加深与会者的印象，引起重视。更重要的是，在会议有几个人发言的情况下，有时需要主持人在每位发言者讲话后都予以归纳总结，作出简要评价。

在有讨论的会议上，主持人应该扮演一个聆听者、观察者、引导者的角色。主持人可以提出问题，但不可轻易对发言者的讲话下结论，不能随意专制性地切断会议上的讨论。要通过倾听与会者的发言甚至是相互辩论，启发自己的思考，继而作出初步的判断，在大家充分发表意见之后再表明自己支持哪一种观点、赞成谁的意见。

主持词将会议各项议程串联起来，对规定或调节会议气氛，控制和调整会议节

奏等都产生重要影响。如在两项议程之间主持者可以做一个简短的恰如其分的评价,使这两项议程能自然地串起来,给人以连贯的感觉。在依次介绍会议的每项议程时,切忌千篇一律,要讲究灵活性和多变性,如在选择连接词转折词时,要恰到好处;同一词汇不要多次出现,不要都用“下面”,可以用“接下来”“下一个议程是”之类的话,同一意思要选择不同的词汇来表达,力求达到殊途同归的效果。

(三)精心谋划结尾,力求简明扼要

从人的认知角度来讲,一件事情的开始和结束阶段留给人的印象最深刻,会议主持词结尾讲得怎样,直接关系到会议召开的效果和影响。主持词的结尾部分,语言要有鼓动性,内容要有号召性,力求营造良好的会场气氛,做到前呼后应,上下连贯。

结尾部分主要是对整个会议进行总结,并对如何贯彻落实会议精神提出要求,作出部署。一是宣布会议即将结束。基本上是“同志们,××会议马上就要结束了”之类的话,主要告诉与会的同志们议程已完,马上就要散会。二是对会议作简要的评价。主要是肯定会议效果,如“这次会议开得很好,很成功,达到了预期目的”之类的话。三是从整体上对会议进行概括总结。旨在说明这次会议所取得的成果:解决了什么问题,明确了什么方向,提出了什么思想,采取了哪些措施等。总结归纳会议讲话,要做到内容准确,简洁精炼。最好能用几句话或几点把大会讲话尤其主角讲话的主要内容归纳清楚,以便于与会者学好记好贯彻;三是要有新意。这里的新意,一方面指会议发言者的讲话中的新意要归纳提炼出来,另一方面指归纳的方式或手法要有创意。对会议发言尤其是上级领导发言的评价要做到恰如其分。四是就如何落实会议精神提出要求和希望,最后宣布休会或散会。每次会议都有其特定的目的,为达到这个目的,会后都有一个如何落实会议精神的问题。因此,这不但是结尾部分的重点,也是整个主持词的重点。

要摆正位置,不要错位越位。一般来讲,担任会议主持人员的职位,既低于参加会议的最高领导,又高于与会对象(与主席台就座的其他人员基本平级)。这样一个特殊的角色,要求主持人的讲话既要符合本次会议的身份,又要符合平时的身份。一是作总结时要符合身份。在总结阶段,要对下属的讲话、发言进行适度提升,表明自己处于上级的地位,有对基层指导工作的义务和权利;而对上级领导的讲话则要尽量引用原话,重点强调,表明贯彻领导讲话精神的态度。二是提要求时要符合身份。提要求时一般要采用命令式而不是商量式的语气,这样才有利于把工作落实到位。同时,要注意所提要求既不能与领导的讲话精神相违背,又不能凌

驾于领导之上。否则,就有错位越位之嫌了。主持者要充分展现自信和魄力,最大限度地赢得听众,从而使会议的效果化作听众的自主意愿和自觉行动,成为促进工作目标实现的强大动力。

(四)有效控制局面,善于灵活应变

为了保证会议的正常进行,一般的会议都准备好了主持词。但是会议是现场进行的,我们不可能预料到会议现场会发生什么样的特殊情况,而把所有内容都写进主持词。这就要求主持人不当"传声筒"而当"调控器",要根据会议的类型和现场发生的情况,作出有效的控制,而不能照本宣科、听之任之。

一要控制时间。我们经常会遇到"拖会"的现象,这固然与事先安排不周、每个发言人没有控制好时间有关,但主要责任在主持人。与"拖会"相反,还有一种情况就是会议结束时间未到,而内容已全部结束。遇到这两种情况,主持人要随机应变,在不违背原则的情况下,根据现场情况作出相应的调整。如果时间不够,或要求讲话者压缩讲话内容,或把大会发言改为书面交流,或精简自己的主持内容,以保证会议按时结束。如果时间多余,主持人可安排小组讨论,消化讲话内容;可安排现场咨询,解决疑难问题;可安排代表发言,谈谈如何贯彻。

二要控制气氛。由于会议的类别不同,会议的气氛也应该是不一样的。因此,主持人不能用一个腔调主持会议,而应根据会议的类型变换语言和语气。如主持小型座谈会时要力求语言活泼、语气轻松,努力为与会者畅所欲言营造宽松的氛围;主持大型会议时则要力求语言朴实、语气平缓,努力为大会营造庄重严肃的气氛。

三要控制局面。在一些会议上,有时也会遇到这些情况,一些与会人员迟到早退,有的交头接耳,接打手机,随便走动,严重影响了会议的效果。在会议进行的过程中还会发生一些意想不到的问题,如音响突然出现了问题,临时停电等,对此,会议主持人不能视而不见、置之不理,而应认真应对、及时处理,以保持会场的良好秩序。否则,就是失职。

会议主持看似无足轻重,实际上它关乎会议能否顺利进行,影响着会议的整体效果,同时也考量着主持人的语言表达能力和驾驭局面的能力。因此,学会主持会议是每个机关干部必须修炼的一项重要基本功。只有认清意义,把握特点,掌握格式,明确要求,才能提高会议主持的水平,提升会议主持的质量。

【范例】

在××大学第一届“攀登奖学金”颁奖典礼上的主持词

尊敬的各位领导、老师们、同学们：

大家下午好！

今天，××大学第一届“攀登奖学金”颁奖典礼在这里隆重举行。

“攀登奖学金”是由我校校友、博士生导师、国内著名的纺织材料、纺织技术专家、国家科技进步奖一等奖获得者、我校副校长徐××教授怀着报效母校、关心教育的拳拳之心发起成立的。徐××教授把获得的××省科学技术突出贡献奖奖金100万元捐给学校，加上学校配套的100万元资金，设立了“攀登奖学基金”。凡我校二年级以上(含二年级)的全日制普通本科生、研究生，均可按《××大学“攀登奖学基金”管理办法》申请该奖学金。每年评选奖励本科生20名左右，研究生5名左右；学校对每名获奖学生颁发荣誉证书和2000元奖金。旨在奖励优秀学生，鼓励学生刻苦学习、奋发向上、不断攀登、立志成才。

今天，徐××教授也专程来到了颁奖现场，借此机会，让我们以热烈的掌声对徐教授表达我们衷心的感谢和崇高的敬意！

出席今天颁奖典礼的学校领导有：(略)。让我们对各位嘉宾的光临表示热烈的欢迎！

现在，××大学2010—2011学年度“攀登奖学金”颁奖典礼正式开始。

首先请校领导宣读《关于表彰2010—2011学年度××大学“攀登奖学金”获奖学生的决定》。

请校领导为获奖学生颁奖。(三批上台)

让我们用掌声感谢捐赠人徐××教授和学校领导。

请获奖学生代表：材料学院夏××同学为徐××教授献花。

祝贺所有获奖的同学们！相信刚才所有获奖的同学此时心情一定都非常的激动，接下来我们就有请“攀登奖学金”获奖代表上台来谈一谈他们的获奖感言。

首先请获奖学生代表发言。

下面我们用掌声请校长发表重要讲话。(感谢校长的关心和支持)

辛勤的汗水终于凝结成丰硕的果实，这是幸福的果实，因为过去的努力和付出就在今天得到了学校和社会的认可与肯定。在这里我们再一次地祝贺获得本届“攀登奖学金”的同学们，希望获奖同学们再接再厉，不骄不躁，百尺竿头，更进一步。希望全体同学在校期间牢记校长的三点要求，在将来走出校门、走上工作岗位之后也能像徐××教授一样在自己的专业领域里取得卓越成就,像他一样支持母校的教育事业,积极报效社会,为国家进步和民族强盛作出积极的贡献。

杜甫《春夜喜雨》:好雨知时节,当春乃发生。随风潜入夜,润物细无声。春雨体贴人意,知晓时节,在人们急需的时候飘然而至,催发生机。多好的春雨!春雨来了,在苍茫的夜晚,随风而至,悄无声息,滋润万物,无意争春,唯求奉献。这不正是徐××教授的写照!

再一次感谢徐××教授,感谢学校领导的关心和厚爱,感谢各位领导嘉宾的到来!

最后让我们在《感恩的心》的歌声中结束奖学金颁奖典礼。

××大学"攀登奖学金"颁奖典礼到此结束,感谢大家!

第6讲　准备欢迎词

欢迎词是在迎接宾客的仪式上或在会议开始时对宾客的到来表示欢迎的讲话稿,广泛应用于欢迎会、座谈会、研讨会、迎新会等各种场合。正文是欢迎词的主体,一般要说明三层意思:表示欢迎、阐明意义、表达祝愿。怎样讲好欢迎词?第一,要以礼待人,情真意切。第二,要灵活处理,热情而不失分寸。第三,要用语恳切、简练,切合实际。

一、基本概念

欢迎词是致辞的一种,是机关单位或个人在欢迎仪式或会议和宴会等公共场合上对到访宾客、出席人员表示热忱欢迎的讲话。一般在较庄重的公共事务中使用,是机关、团体和企事业单位常用的一种重要公关礼仪文书。在现实生活中,欢迎词广泛应用于欢迎会、座谈会、研讨会、迎新会等各种场合。按照惯例和程序,在活动或会议开幕式上,常常要由一位主办方或承办方(东道主)的领导向来宾敬致一篇热情洋溢的欢迎词。欢迎词属于讲话稿,需要通过演讲来表达意思。

二、基本特征

欢迎词有以下三个基本特征。

欢愉性。中国有句古话是"有朋自远方来,不亦乐乎",所以致欢迎词当有一种愉快的心情，其用语务必富有激情和表现出致辞人的真诚。只有这样才可给客人一种“宾至如归”的感觉，为下一步各种活动的圆满举行打下好的基础。语言要精确、热情、友好、礼貌。落脚在对宾客的热烈欢迎之情上，同时要体现出迎客的诚意。

口语性。欢迎词本意是现场当面向宾客口头表达的，所以口语化是欢迎词文字上的必然要求，在遣词用语上要运用生活化的语言，既简洁又富有生活的情趣。口语化会拉近主人同来宾的亲切关系。

简洁性。欢迎词要求篇幅短小，言简意赅。欢迎词是一种礼节性的外交或公关辞令，一般适用于隆重典礼、喜庆仪式、公众集会或者设宴洗尘等特定场合，因而其在篇幅上应力求简短，一般以二三百字为宜，切忌长篇大论，空洞乏味，以免冲淡迎送的和谐气氛。

三、讲话技巧

欢迎词是出于礼仪的需要而使用的，因此要十分注意礼貌。具体而言，要注意以下几点。

（一）掌握欢迎词的基本格式

欢迎词一般包括标题、称谓、正文、落款四部分。

标题。欢迎词的标题有两种形式。一是直接用文种“欢迎词”作标题。二是欢迎场合或对象加文种构成，有时可以再写上致辞场合和致辞人。如“在××会议的欢迎词”，或“××在××会议的欢迎词”。

称谓。即对被欢迎宾客的称呼。由于是用于对外（本组织以外的宾客）交往，欢迎词的称呼比开幕词、闭幕词更具有感情色彩，更需热情有礼。为表示尊重，要称呼全名。在姓名前或后面加上职衔或“亲爱的”“尊敬的”“敬爱的”“先生”“女士”等敬语表示亲切。如果欢迎对象是一个群体，就要根据具体情况加以称呼，如“各位来宾，各位朋友”“各位新同学”等，令人倍感温暖。

正文。这部分是欢迎词的主体，应根据实际情况表述不同的内容，一般要说明以下三层意思。

一是表示欢迎。一般要用简洁的文字交代致辞的背景，通常应先说明现场举行的是何种仪式，致辞者在何种情况下，代表谁，向宾客表示欢迎、感谢和问候。

二是阐明意义。欢迎词在这一部分一般要阐释意义。阐明为什么要举办本次活动，目的何为，意义何在。阐述宾客来访的目的、意义和作用，同时回顾宾主双方交往的历史与友谊，较具体地介绍来宾在各方面的成就及在某些方面作出的突出贡献，同时要指出来宾本次到访或光临对增进宾主友谊及合作交流所具有的重要意义，并表示继续加强合作的意愿。对初次来访者，可简单介绍单位情况以增进了解。对长期友好单位或老朋友可回忆彼此的交往以增进情谊。欢迎宾客的，欢迎新成员的，则是表示欢迎，提出期望，表达祝愿。要用充满激情的语言，对合作的前景作出展望，以增强讲话的鼓动性。

三是表达祝愿。这是欢迎词正文的结尾部分，一般用简洁的句子再次向来宾表示欢迎，并表达自己对活动成功举办的美好祝愿和对今后合作的意愿。用祝愿活动圆满成功，或者祝愿来宾生活愉快，并另起段落以"谢谢大家"这样的礼仪结语结束全文。

落款。写致辞人和日期。也可以采用在标题下加括号注明的题注方式。用于讲话的欢迎词无须署名。

（二）要情真意切，以礼待人

欢迎词一定要根据宾客的实际情况和特定的场合，以诚恳热情、情真意切作为第一要义，充分体现出对宾客的尊重之情和友好合作之意，从而使双方的交往与合作得以继续保持和发展。中国素有"礼仪之邦"之称，礼仪文明作为中国传统文化的一个重要组成部分，对中国社会历史发展起了广泛深远的影响。我们应立足于吸收民族文化中的精华，使传统文明礼仪古为今用。称呼要用尊称，感情要真挚，要能较得体地表达自己的原则立场。措辞要慎重，勿信口开河。

（三）要灵活处理，热情而不失分寸

欢迎词多用于对外交往，所迎接的宾客可能是多方面的，如上级领导、检查团、考察团等。来访目的不同，欢迎的情由也应不同。欢迎词要有针对性，一看对象说话，表达不同的情谊。突出主要来宾以体现敬慕和尊重。对主要领导和来宾可称呼全名，在姓名前加上"尊敬的""敬爱的"等敬语，在姓名后面加上职衔或"先生""女士""教授"等，表示亲切和尊重，如"敬爱的××书记""尊敬的××校长"。称呼要能够概括所有来宾。特别是欢迎对象来自不同的单位或不同阶层时，更要注意在称呼中不能有遗漏。此时在必要的称呼后可用一些泛称，如例文中的"老师们""同学们""同志们""朋友们"等。尤其要注意尊重对方的风俗习惯，应避开对方的忌讳，以免发生误会。二看场合说话。欢迎的场合、仪式也是多种多样的，有隆重的欢迎大会、酒会、宴会、记者招待会；有一般的座谈会、迎新会、欢迎会等。欢迎词

要看场合说话。该严肃则严肃,该轻松则轻松。欢迎应出于真心实意,热情、谦逊、有礼。语言亲切,饱含真情。注意分寸,不卑不亢。

(四)要用语恳切、简练,切合实际

欢迎词犹如乐队前奏的第一通鼓,必须热烈而有力。整个篇幅不宜过长,宜多用短句,语言要简洁、朴实、热情,语气要亲切、诚恳、真挚,言辞要亲切、生动、富有激情,要针对致辞的对象将自己的真实感情表达出来,给来宾一种"宾至如归"的感觉,为下一步活动的顺利举行打下良好的基础。要以简明扼要的语言充分表达出对宾客的欢迎之意,使之感到亲切自然,力戒过多使用那些没有实际意义的虚言浮词,以免令人反感。

【范例】

在本科教学工作水平评估专家见面会上的欢迎词

尊敬的教育部评估组各位专家,尊敬的省教育厅领导,老师们、同志们:

今天是一个特殊的日子,是××学院办学历史上具有里程碑意义的日子,是全体科院人期待已久、接受检验、喜获丰收、搏击待发的日子。因为今天,我们迎来了教育部专家组对我校进行本科教学工作水平评估,这必将给我们××学院带来发展的春天!在此,我谨代表校党委、行政和全体师生员工向教育部各位专家的到来表示崇高的敬意和热烈的欢迎!向长期以来关心、指导和支持我校建设与发展的省教育厅的领导表示衷心的感谢!

坐落在南湖之滨、中国光谷腹地的××学院,在行业办学、管理体制改革的28年的实践中,薪火相传,生生不息,逐步确立了"创优质,办特色"的办学理念,形成了"勤奋、自强、求是、创新"的优良校风。在学校几代领导人的带领下,励精图治,负重前行,立足湖北,面向全国,为国家和地方的经济建设、社会发展与纺织业的进步作出了积极的贡献。

××学院的历史是充满了奋斗与责任的历史。(略)

从2004年开始,我们按照"以评促改、以评促建、以评促管、评建结合、重在建设"的原则,全面启动了各项评建工作。进一步强化教学工作的中心地位,人才培养质量进一步提高,形成了人人参与评建的浓厚氛围。(略)

我们雕琢南湖校区,创造阳光校园。正是杜鹃花开遍荆楚的季节,学校的办学条件得到明显的改善。广大师生的精神面貌焕然一新,学校各项事业实现了又快又好的发展。我们深切地体会到,评建工作不仅是一项加强教学建设的质量工程,更是一项办好人民满意教育的重要举措。评建工作给我们留下了理念,留下了思路,留下了机制,留下了凝聚力,留下了推进建设现代和谐大学新的平台。留下了那些无法用语言表达的一切!

此次莅临我校评估的各位专家,都长期从事高等教育管理工作,具有很高的学术造诣和丰富的管理经验。专家们汇聚我校考查评估,是对我校教学工作和整体办学水平进行的一次全面检验,也是我们接受专家组指导的一次极好的机会。我们全校师生员工一定会认真接受专家的检查和指导,积极配合专家的工作,虚心听取专家们的意见和建议。

我们深知"快进则生,中进则退,慢进则衰,不进则亡"的道理。我们将进一步以科学发展观统领学校的全面工作,在改革中讲稳定,在稳定中求发展,在发展中抓质量,在质量中显特色,在特色中上水平。"抓住一次机遇,就会赢得一次跨越,错过一次机遇,就会失去一个时代。"我们将借专家组对我校考察评估的难得的机遇,进一步提升我校的本科教学工作水平,不断提高人才培养质量,为建设创新型国家,为中部崛起战略的实施和湖北经济社会发展作出新的更大的贡献!

祝各位专家、各位领导身体健康、工作顺利!

谢谢大家!

第7讲　做好会前准备工作

会议方案,关键在于落实。会务工作就是保证会议如期顺利举办、召开和闭幕的一个行为过程,那么如何保证这个过程有一个顺利的开端,也就是说如何做好会前的准备工作至关重要。

要做好会务工作必须有目标、有计划,准备充分。

一、会前准备工作事项

会务工作的成效,主要取决于前期准备是否细致。会前准备工作主要包括以下事项。

第一,应该协助领导拟定会议议题。

第二,根据预算合理安排经费。比如场地、设备、会议用品、资料、食宿、交通费等。

第三,制定会议议程、日程和会议进度计划。会议议程是对会议主要内容所做的顺序排列。会议日程是会议议程在时间上的具体安排,一般采用表格形式,一定要做到明确、具体、准确,让与会者一目了然。会议进度计划是根据会议方案、议程、日程等资料,制定关于会议筹备工作的任务分工、具体活动、责任单位、责任人、任务目标和时间节点等方面的具体安排。

第四,做好与会人员范围的确定。要按会议的规格档次及议题内容确定参会人员。

第五,做好会议通知的发送。按照确定的参会人员范围拟定参会人员名单,发送通知时,要落实到位。建议将会议场地、与会时间、参加人等项目列出清单,根据清单项目一一落实场地准备工作和通知事由。通知单上附会议通知回执,确定最终的与会人数,以便合理安排食宿。

第六,提前准备会议材料。会议材料通常涉及领导的讲话稿、总结性的材料、会议报告等,尽量提前呈送给领导修改、审定。另外,应该做好会议文件材料的印制及分装工作。

第七,做好会场布置。主要包括主席台的设置、座次安排,会议用品的准备(桌椅、茶具、音响设备、照明、通信、摄影器材等)都要提前备好。

第八,做好应急处置。开会前期要及时掌握会场参会人员到会情况,迅速通知未到场人员按时参会。如遇到参会人员临近会前请假等突发情况,要迅速调整领导座签和对应的文件资料。

只有做好会前的准备工作才能保证会议的顺利召开。

二、会前准备工作的要求

会务工作是一项精细的事务工作,机关干部在会务准备过程中,必须以会议高质量完成为目标,切实把会务准备工作做实做好。

一是明确目标任务。首先,清楚领导的意图。每次会议召开前,领导都要对会务分工做出具体的安排和部署,部署的内容实际上就是会务承办责任人所领取的第一道原始指令,也是下一步制定会务方案的主要依据,所以必须清楚。其次,明确会议方案内容。会议工作方案,从某种意义上讲,可以说是承办会务工作的行动指南,会务所涉及的内容一定要写清,如会标、开会时间、会议地点、出席领导、参加人员、摄影摄像、会议议程,有的还包括参观内容、参观路线、乘车安排、食宿安排、陪餐领导等。方案内容要简明扼要、类别分明,让领导和会务承办人员都能一目了然。再次,会议通知清楚。会议通知是会前准备工作的重要一环,一般采用书面通知或电话通知的形式,由于电话通知中间流转环节较多,容易出现交代不清、接听不准的现象,所以必须要求会议通知工作人员吐字清晰、通知严密、登记完整。最后,及时向领导汇报。会前会务承办责任人要将会务落实情况逐项向交办领导汇报清,必要时要请领导现场检查指导,以免出现不符合领导意图的地方。

二是关注细节。"大事必作于细",细节特别重要,细节决定成败,会议筹办任务繁重艰巨,实际上也是由一个个具体工作细节构成,注重细致细究。细节决定着整体的质量和效果,每个细节都把握好、做到位了,才能取得预期效果。承办会务的责任人要不辞辛苦、事必躬亲、具体操作。会务方案的设计要细致、严密。会务方案中涉及的内容不但要写清,严防遗漏,还要注明相关事项和环节的具体责任人,如会场的联系和布置由谁负责,出席会议的领导由谁落实,与会人员由谁通知;会场布置是会前准备工作的一项重要内容,会场布置应根据会议内容、参加人数、会议效果等综合考虑,一般来说,人代会会场要庄严隆重、党代会要朴素大方、表彰会要喜庆热烈、座谈会要和谐融洽。首先,关注议程的衔接。会议方案确定以后,要尽快和参与会议的各个方面做好衔接工作,让每个参与会议的人知道自己该干的工作,进度如何。会议的议程和主持词一定要一致。会议主持人是会议的组织者,主持词统领整个会议。开会最重要的就是主持词。其次,关注会议通知到位。通知会议也是组织会议的关键环节。我们通知会议一般要通知一次,落实人员一次,要保证会议通知到人。通知会议要通知好会议的时间、地点和要求。比如党代会要求穿正装,这就要提前通知,让代表有所准备。再次,做好音响的调试。大型的会议一定要保证电力的供应。没有电就没有了音响,无法实现语言的交流。最后,重视席位的设置。按会议要求有时要摆放领导席、专家席、列席席等。席位设置要力求安置合理,与会人员层次分明。在会标和领导座签方面,要严防出现错字、漏字、颠倒顺序等失误,以免造成不良影响。会务工作的每个细微之处都不能出现纰漏和闪失,否则就可能因小失大。比如,应到会的重要领导、主持人、报告人等未及时到会,对会务工作来说就是"重大事故"。因此,会务人员要牢固树立"会务工作无小事"的理念,把自己承担的具体工作放到确保会议成功的大局中考虑和把握。会议开始、中间,可以根据不同场景研究确定使用沂蒙山小调、欢迎进行曲、欢送进行曲、春节序曲等背景音乐,营造良好的现场氛围。

三是做好会前检查。一般在会前一天或提前半天进行,首先,会场门前"三看"。一看前台。确定是否按要求设置签到台,签到表、签到笔、签到负责人是否已到位,签到情况是否需要统计并及时与主持人沟通,是否需要向签到人员发放会议资料等。二看礼仪。落实楼道口、会场门前等关键部位迎接人员是否就位，雨天是否准备雨具等物品；重要路口、停车场有无引导人员或指示牌；会场标识是否明显。三看卫生。检查地面是否湿滑，有无果皮纸屑、树叶花瓣等异物；卫生间、过道是否打扫干净；会场门外是否需要放置垃圾桶、痰盂等。其次，主席台上把“三关”。一把座位关。检查领导桌签是否与会议方案所列一致，摆放顺序、摆放位置是否规范；检查座椅是否结实，上面有无破损，有无污渍、图钉等，座椅间距是否合适，是否方便临时出入。座椅间距宁大勿小，适当大一些，领导坐着宽松些会比较舒服。二把材料关。检查会议议程、主持词、讲话稿等资料是否齐备，并特别注意主持词、欢迎词、讲话稿、工作报告之类因人而异的材料是否与发言人座位对应。三把物品关。检查台上茶杯、矿泉水、纸巾等物品是否符合要求，茶杯手柄方向是否合理(手柄方向应该朝后，不能朝前)；检查笔记本、中性笔等用品是否到位，摆放是否整齐。最后，设备设施重“三查”。一查安全。检查应急出口是否打开，消防通道是否畅通，灭火器、报警器、消防栓、应急光源等是否可用；电器设备活动插头是否牢固，临时连接的电源、信号线路是否容易绊倒行人，是否容易被人绊开。二查稳定。“领导没讲我先讲，看看话筒响不响”，指的就是设备检查。逐个检查无线话筒电量是否充足，会议前后需播放的音乐、提示语音是否准备到位，测试音响发声是否正常，有无杂音、啸叫，会场声音大小、高低是否合适；电脑、网络、投影仪、银幕等仪器运行是否正常，若临时出现故障，是否有备用设备或应急措施，如何进行应急操作等。三查规范。照明设施是否损坏，整体光线是否适合；空调效果是否可靠，室内温度是否舒适；需要演示的课件是否已拷贝到电脑指定位置，演示人员是否提前到位并试机；会标是否准确、规范，旗帜、盆景是否整齐、美观。

四是做好会前演练。要对会议细节进行逐项演练，这有助于发现和解决会务工作中可能出现的问题，更好地落实会议方案中的各项任务。在此基础上制定详细的分工明细表，使每个人都清楚自己的任务，并了解其他人的任务，确保工作没有漏洞、任务没有漏项、人员没有漏位。对于大型会议，要深入会场、住地进行实地演练，根据大会日程一项项地对会务细节进行预演，按照“提前一天”“提前两个小时”的标准做好会议场地布置工作，即每一个会场提前一天布置完毕，每一项活动提前一天部署到位；会务工作者提前两个小时到达会场，一切准备工作提前两个小时就绪。

第七章 高效做好会务管理

第1讲 精心做好会议接待

从表面上来看，对外接待工作都是一些琐碎的小事情，但这些小事往往是为了办成大事服务的，当然这是建立在小事办好的基础上，如果办不好就会误事。特别是一些重要的接待任务，稍有疏忽就会影响大局。

公务接待工作是展示机关单位管理水平和对外形象的“显示器”，是机关行政事务的重要组成部分，也是机关干部日常工作中最常见的事务之一，主要包括外单位人员（外宾）来出席会议、考察调研、执行任务、学习交流、检查指导、请示汇报工作等公务活动的领导或专家的接待与服务工作。能否做好接待工作，不仅事关接待事项本身的成败，也影响着机关和所在单位的形象，还体现着接待人员的能力和水平。

公务接待的分类有很多种，按照其接待对象不同，主要分为国内公务接待、外宾接待、商务接待三大类；按内容可划分为调研类接待、慰问类接待、检查类接待、考核类接待、参观交流类接待等；按范围可划分为系统内接待和系统外接待；按方向可划分为上级类接待、平级类接待、下级类接待；按重要程度可划分为重要接待和日常接待。公务接待工作具有主题性强、流程性强、细节性强、联动性强、机动性强和涉及面广的“五强一广”的显著特征。国内公务接待应当坚持利于公务、务实节俭、严格标准、简化礼仪、高效透明、尊重少数民族风俗习惯的原则。在新的形势下，机关干部要主动适应时代发展变化，在继承中发展创新，提倡特色化定位、有序化运作、个性化服务、协作化完成，使接待工作向着更高的目标和层次迈进。

"接待"，分为"接"和"待"两个重要环节；所谓"接"，是指接送，包含迎接和欢送两个内容；"待"，是指招待、款待，包括会晤、考察、用餐等内容。公务接待对于保证组织和单位顺利开展公务活动、促进相互间的交流发挥着积极作用。从学习层面分析，机关接待工作对主客双方都提供了有效沟通互动的机会，同时也为交流双方提供了一个相互学习、相互促进的良好平台，具体承担接待工作的人员也得到有效的学习锻炼，融洽和谐的氛围就此形成，能保质保量完成接待工作，同时双方共同关心的工作也向前推进一大步。但是开展接待工作时一定不能铺张浪费，尽可能少花钱办大事，关注情感层面的交流，强调事业的高效发展，真正让访客满意，让领导认同。

第一，健全制度，按章办事。党的十八大以来，新一届中央领导集体对公务接待活动出现的问题高度重视，中央八项规定和《党政机关厉行节约反对浪费条例》对规范和简化公务接待提出了明确要求。2013年，中共中央办公厅、国务院办公厅对2006年印发的《党政机关国内公务接待管理规定》进行了全面修订，旨在解决党政机关国内公务接待活动中存在的突出问题，完善制度和标准，创新管理机制，推进社会化改革，强化监督问责，为加强党政机关厉行节约反对浪费工作，改进工作作风，树立党和政府良好形象提供有力支撑。机关单位应根据或参照这一规定，结合本地区、本单位的实际情况，制定本单位的具体实施办法，并严格执行，使接待工作科学化、制度化、规范化，做到接待工作有章可循、有法可依。此外，还要加强监督，使接待工作公开化、透明化，防止在接待过程中滋生腐败行为，维护领导班子及接待干部的良好形象。

第二，厉行节约，经济实惠。在餐饮、住宿方面，要精打细算，不大手大脚，不相互攀比。对不同的接待对象执行不同的标准，不得随意突破标准，避免铺张浪费。不安排上级领导和来宾住高档豪华宾馆，不吃天价宴席，不将上级领导或来宾带到豪华娱乐场所消费；提倡用地方特色菜肴招待客人，既能使客人了解当地的饮食文化，又体现了节约精神；要控制陪客吃饭人数，严禁"一个客人十多人陪"的现象。力争少花钱多办事，让领导和来宾都满意。

第三，规范操作，周到细致。一是要制订详细的接待工作方案，认真细致地做好接待准备工作。客人的餐饮和住宿、接待的时间和地点、参加接待的人员、参观的路线等都要事先确定，每一个环节、每一个细节都要考虑周全，准备充分。接待工作既平常琐碎，又严谨重要，涉及面较广。首要任务是了解清楚来宾的职务和职级，以便确定接待规格。按照尊重、平等的原则，一般要求规格对等，即安排与宾客身份、职务相当或略高一级的人员接待，还需要参照对方在接待我方身份相仿者时所采用的具体礼宾规格。如果来宾的职级和身份明显高于主人,应及时向上级有关部门汇报,以便上级为了工作事务的需要到基层来亲自陪同、共同调研和参与协调。二是在接待过程中,要根据接待工作方案逐一认真实施,一丝不苟,滴水不漏,确保接待工作中的每一项内容都能落实到位。接待人员要树立安全意识,无论什么规格的接待,都要增强保密意识,不泄露单位接待活动安排,不泄露来宾信息。三是接待任务完成后要及时认真总结,找出存在的问题,提出整改措施,精益求精,不断提高接待工作水平。

第四,高效机动,紧张有序。虽然接待工作方案事先就制订好了,但在实际接待过程中,常常会有一些突如其来、意想不到的事情发生,比如来宾的人数有变化、来宾到达时间提前或推迟、参观考察路线临时改变等。这些事情的发生都具有突然性,要求我们在短时间内迅速做出正确的判断,采取行之有效的应对措施,确保接待工作顺利进行。因此,接待人员一要头脑灵活,随机应变,遇到情况发生变化时,要及时请示和商量,根据需要迅速调整接待方案,并尽快通知参与接待的有关部门和人员;二要沉着冷静,准确掌握不断变化的情况,及时果断处理,切忌惊慌、急躁;三要高效工作,雷厉风行,保证各项应对措施迅速落实到位。真正做到有条不紊、忙而不乱。

第五,服务热情,仪表庄重。机关单位能否给来宾留下良好的印象,除了看机关本身的工作业务水平外,接待人员的素质也是一个重要因素。因此在接待过程中,接待人员要注重接待礼仪,着装符合礼仪要求,操作规范标准,举止庄重大方,言谈热情文明,注意把握分寸和尺度。对来宾提出的任何问题或要求,都要做出热情、礼貌地回应。做到朴实、热情、真诚,使来宾有宾至如归的感觉。

第2讲　提升机关接待水平

机关长期从事接待工作的同志有一个共同的体会,就是“做接待工作容易,但做好接待工作不容易”。接待工作往往被看成一个单位工作的缩影。接待人员往往被称为一个单位的“第一名片”,其一言一行和能力水平直接影响来访领导对一个单位的第一印象。

在当今新的形势下,机关单位接待人员要提高政治站位,自觉增强“四个意识”、坚定“四个自信”、坚决做到“两个维护”,始终把旗帜鲜明讲政治贯彻到公务接待的全过程,深入学习中央八项规定精神,端正工作理念、切实改进工作作风。

一、提高接待人员素养

机关单位可以通过采取讲座培训、经验交流等多种形式，组织机关年轻干部开展公务接待学习培训，尤其是学习党的路线方针政策和业务知识。每个季度或者是半年，可以聘请资深人士对相关处室部门的接待人员进行培训，宣传最新的政策理论，检验他们的接待水平和能力。在学习的过程中，领导干部要结合政策方针，不断创新学习模式，利用现代信息技术手段来提高整体的学习水平，提高政治服务的技能。此外，接待工作人员需学习基础的礼仪知识，做到妥善安排每一次的接待活动，提高自己的整体业务水平。

通过学习培训，接待人员应做到“四个坚持”。一是坚持公务接待工作是政治大局。公务接待是一项服务于大局的重要项目，具有敏感性与政治性。这就要求公务接待工作打破传统的接待工作模式，放眼全局，体现接待的政治性。二是坚持公务接待工作是形象、窗口。接待工作是本单位高质量发展的载体，也是体现机关工作作风与干部精神面貌的主要窗口。尤其是接待好宾客，对展示机关形象具有重要意义。三是坚持公务接待工作是桥梁、纽带。通过公务接待工作，不仅为上级领导了解下级铺设渠道，也为兄弟单位之间搭建起沟通交流的桥梁与纽带。四是坚持公务接待工作是服务、管理。接待工作以服务为基准，坚持以人为本、以客为尊的原则，从细节入手，通过有效的管理，为公务接待工作提供有力依据，确保公务接待工作顺利完成。

二、完善接待相关制度

机关单位应该根据《党政机关厉行节约反对浪费条例》《党政机关国内公务接待管理规定》，结合本地实际，制定完善机关公务接待管理制度，细化完善公务接待标准。

一是细化完善用餐安排标准。根据当前市场消费情况，明确规定用餐安排标准范围。接待对象的级别根据来函内容对接清楚，并根据级别来测算出用餐安排的标准范围，同时接待用餐标准不得超出《党政机关国内公务接待管理规定》规定的标准范围。这样一来接待工作人员可视餐馆消费情况进行合理安排用餐。

二是单独制定外宾公务接待管理制度。对于接待除国内人员以外的因公来访人员，明确接待标准，控制经费总额，实行单独管理，注重实际效益，加强审批管理，强化审计监督，杜绝奢侈浪费。

三是对于无公函的接待，在确定是属于公务活动前提下，接待人员根据任务安排填写电话记录表，表格中详细填写接待对象单位、姓名、职务、人数，公务活动事由、行程、食宿明细、用车安排，陪同人员姓名、人数，填写好电话记录表后提交领导审签，以此作为接待依据。

四是严格控制陪餐人员。机关在审签接待任务时，严格按照《党政机关国内公务接待管理规定》中“接待对象在10人以内的，陪餐人数不得超过3人；超过10人的，不得超过接待对象人数的三分之一”的规定，明确安排好陪同人员和陪餐人员。

三、细化公务接待内容

机关单位在进行公务接待工作的过程中，既需要做到用平常心对待每个来宾，也需要具体问题具体分析，提高每个来客的满意度。所以接待人员在接待的时候，要有针对性地提供接待服务。在构建起接待工作的大格局前提下，明确各个部门的职责，清晰划分工作人员的具体工作内容，进一步优化整合资源，针对接待群体形成工作“套餐”，标准化接待流程，结合考察、参观地点，细化具体路线、讲解内容、交流提纲，保障接待效果，提高接待效率。

树立精细管理理念，提倡有序化运作。公务接待要求严而高、细而实。不仅要作风严谨、管理严格、部署严密，达到高起点、高标准、高质量，还要细化、细心、细致，达到求实、务实、抓实。可见，接待工作无小事，事事关系全局；接待工作更无大事可言，由无数琐碎的小事和细节组成。接待工作本身的性质决定要树立精细化管理理念，细节决定接待工作成败，接待工作的每一个步骤、每一个环节、每一个细节，必须深思熟虑、周密部署、有序落实、谨慎行事，才能确保接待工作“高标准、零失误”。

一是方案设计精细化。接待工作方案要严格按照接待制度制定，本着“热情友好、细致周到、对等接待、文明节俭”的原则，明确审批程序，规范接待过程。接待人员在进入接待对象视野的空间范围内都应有所考虑，特别向接待对象展示或与之密切相关的环节要全程模拟演练，不放过每一个细节，选择最佳方案，及时弥补可能出现的疏忽或纰漏；对接待过程中出现的每个细节在方案中都要有所体现，每一项工作都细化到具体单位及责任人、完成工作时间及工作标准，以及接待人员督查情况等。针对接待方案中的迎接、考察、陪同、会议、膳食、住宿等重要环节，都需要仔细斟酌、反复考虑，确保万无一失。

二是流程制定精细化。接待工作流程，主要根据来宾考察目的、接待要求等要素制定的来宾接待日程安排。需要接待方与来宾联系人反复沟通及本单位领导多次报告才能完成，最迟在来宾抵达之前定稿，以便接待方与接待对象都对接待安排心中有数，特别是接待人员要对接待日程中的各个步骤与环节做好充分准备，防止因信息不对称，导致突击应对，手忙脚乱。接待日程中的各项活动安排要科学化、精细化，并将来宾吃、住、行及参观考察活动有机、合理地串在“接待链”上，每一个环节、每一个细节都考虑到位，落实到位，预案到位，确保与主题吻合、环环相扣，实现“无缝隙接待”。

三是落实服务精细化。接待工作属于事务性工作，更多的是服务来宾，需要一支讲政治、精业务、懂礼仪、肯奉献的专业化接待队伍。接待人员要严格按照领导意图办事，按照接待程序落实，不能自作主张，越位办事，更不能奉行自由主义、挑肥拣瘦。热情迎客、诚恳待客、礼貌送客是公务接待的三大流程，每一个环节都至关重要，要确保接待的连续性和稳定性。对于公务接待工作来讲，迎宾不仅是“开场锣鼓”，而且也是整个接待工作之中的一场关键的“重头戏”。待客体现在待客细节，一句问候、一个握手、一杯热茶，点滴细节都反映了接待人员的素质和单位的整体形象。服务来宾要细致周到，提倡亲情化服务，营造宾至如归的感觉，对待协同接待的人更要有礼有节，保证接待工作紧凑、有序、细致、有力，尽力达到“宾客满意、领导满意、部门满意、自己满意”。如在接待初次见面的来宾用餐时，就要提前确定好上菜时间，避免宾主双方因为长时间等菜的冷场和尴尬，这方面的教训很多。如果迎宾是接待工作的“开始曲”“开场白”，送客则是接待工作的“结束曲”“压轴戏”，“出迎三步，身送七步”。善始善终、热情周到的送别往往会给接待工作画上一个圆满的句号。

四、体现单位文化特色

接待工作要避免一切奢侈行为，所有的开支用度都必须严格把控，从全局着手部署接待工作，将不必要的烦琐程序合理简化。一些单位领导错误地认为接待好就是让来宾吃得好、住得好，但其实真正的服务周到是用心、用情和创新，与费用的支出不是完全成正比。机关单位领导和接待人员需要改变过去的陈旧思想，摒弃高消费的理念，将勤俭节约的美好传统进一步深化发扬，主张大家把更多的时间放到提升自身的服务水平上来。打造接待工作中的文化特色，在充分考虑来宾意图及接待方相关情况的前提下，将机关文化作为接待工作的灵魂，贯穿于接待全过程，为接待工作注入生机和活力，提升档次，打造品牌。众所周知，机关单位文化的形成需要长时间的积淀，绝非一日之功，在长期的积累过程中，必然形成有别其他单位不同的文化，其实质就是人无我有、人有我特，可以将单位文化标识、地标建筑、成果荣誉等作为硬文化依托，将机关单位精神、工作理念等作为软文化依托，深挖机关单位文化特色服务，开发文化型服务，培育特色服务品牌，提升公务接待活动的生命力。

首先，接待人员是体现机关文化特色的首要因素。接待过程中，接待人员是接待方的“第一面孔、第一窗口、第一名片”，接待人员的精神风貌，直接影响接待方的整体形象。接待人员要学会用微笑诠释接待工作的内涵，用真情展现接待人员的风采，用自信、干练、大方、热情的状态体现机关的精神文化风貌。

其次，在参观、餐饮、住宿等方面精心设计，更多选择本地文化特色。如涉及来宾参观路线，要立足地方特点，充分展现经济社会发展最新成果，努力设计出展现地域特色的线路；在接待手册和宣传品等方面，图文并茂地展示本地本单位最有特色的亮点；在餐饮方面，更多利用绿色食品，挖掘地方特色菜肴，以“土而特”“少而精”为宜，及时上菜，避免长时间等待；在住宿方面，尽量选择环境设施完备、周边空气清新、安静舒适的住地，为接待对象营造住的温馨、吃得放心、看得用心、听得舒心的良好氛围。

最后，在礼品设计方面体现地方文化特色。礼品赠送在一定程度上拉近人与人之间的关系，具体根据往来情况而定，礼品应有地方特色，而不一定要贵重。

五、提倡个性定制服务

坚持以人为本即为客人着想的原则，在条件和政策允许的前提下尽量满足宾客的需求。体谅客人的生活习惯、提供针对性的饮食起居，事事想到客人前面。

一是接待之前，接待人员要认真研究接待对象。准确了解来宾意图，全面了解来宾的个人信息，包括姓名、性别、民族、人数、单位、职务、工作经历、生活习惯、个人爱好、宗教信仰、抵达日期、乘坐交通工具等相关信息，并认真梳理筛选，去伪存真。掌握宾客情况要尽量细致，清楚性别而不仅从姓名上简单判断是为了安排房间的需要，询问民族是考虑对方特殊饮食习惯的需要，了解客人的地域是为了求同存异。从制定方案到落实接待的每一个环节都要符合来宾身份及其意图，在不违反接待制度的前提下，尽可能满足来宾个性化需求，使接待工作多一份人性关怀，添一些人文氛围。同时要考虑周到，提前制定预案，遇到临时变动能够应变有序。

二是接待过程中，接待人员要“眼观六路、耳听八方”。不仅对本单位负责接待领导的要求高度关注，更要对来宾的一个眼神、动作或不经意的一句话留意和体会，以便采取积极应变措施，尽最大努力保证接待对象的人身安全、饮食安全、住宿安全、交通安全及心理安全，为每一位来宾提供亲情化服务、个性化服务，让接待对象“乘兴而来、满意而归”。

三是接待结束后，要及时将来宾个性材料收集整理，分类归档。及时召开接待工作总结会，梳理经验，查找不足，为今后取得更好的接待效果奠定基础。

六、树立“大接待”理念

公务接待是一项系统工程，大型接待更需要统一部署，有效管理，协同完成，保证接待工作整体指挥有力、运转协调、反应迅速、高效规范。

一要加强沟通协调，形成协同工作机制。首先是做好对上对外对内的沟通。及时了解来宾和领导的意图；其次是做好职能部门间的沟通。及时报告来宾情况及接待要领，取得职能部门的支持与配合；如保卫处负责来宾车辆的放行和停放安排，后勤处负责接待场所的清洁卫生和花卉摆放，宣传部门负责摄影报道，所在单位领导和专家负责讲解等；最后是做好下级沟通。让接待人员按最新要求完成各项接待工作，达到繁而不乱、忙而有序。公务接待人员要善于从大局着眼、小处入手，在“细”字上下功夫 ，做好每一个细小环节、每一件细小琐事，做到“以小见大”，增强接待效果。

二要精心统筹安排，建立工作联动机制。健全完善公务接待工作制度，制定规范化服务标准，规范接待程序，努力做到工作流程明确、人员操作得当，服务规范到位，积极推进接待工作流程化和服务规范化建设。通过召开协调会，明确人员分工、清晰各自职责，建立以接待部门为主导，以对口单位及相关部门为依托，以宾馆、参观考察点为载体的联动机制，确保思想上重视，力量上保证，工作上落实，达到领导指挥衔接统一，上下贯通，左右协调。

三要加强督促检查，推动工作落地落实。接待方案确定后，工作人员要严格按照日程安排程序化运作、规范化操作、个性化服务、专业化接待，确保接待工作的各个环节自然衔接、紧凑有序。必要时，可以根据各个环节要点制作接待清单，来宾抵达前“地毯式”检查各个要素，保证接待过程的连续性和稳定性。同时，对接待过程中可能出现的不确定因素要制定预案。一旦接待任务发生变化，接待部门要及时启动应急措施，第一时间把信息和指令传递到相关单位或人员，做到应变有序、机动高效。

机关干部要充分认识公务接待工作的重要性，树立大局观、长远观、整体观，把公务接待作为推进机关整体建设的一部分,并在做好公务接待共建的基础上服务机关的整体工作。

第3讲　做好会场布置

会议的地点和大小是否合适,设施是否齐全,会场的布局是否合理,会场营造的气氛是否与会议主题内容一致,对会议效果都会产生直接的影响。所以,组织会议的工作人员必须重视会场的布置。会场的布置,主要包括会场气氛的营造、会场格局的设计、会场座次的排列、会场会标的制作和悬挂、会场音响的设置、主席台的布置等。

一、会场气氛的营造

不同内容的会议,要求有不同的气氛,其会场的布置是不一样的。营造会议气氛首先应从会场布置着手。比如党的代表会议要求朴素大方,职工代表大会要求庄严隆重,庆祝大会要求喜庆热烈,座谈会要求和谐融洽,纪念性会议要求隆重典雅,日常工作会议要求简单实用。

会议的气氛首先是通过会议场所的大小、色彩、旗帜、饰物、灯光、音乐等烘托出来的,所以,布置会场时要注意从这些方面营造与会议内容相适应的气氛。

二、会场格局的设计

会场格局应该根据会议的内容来安排,同时要考虑与会者的人数及彼此的关系,还要顾及会场的建筑形状,符合美学原理和与会者的审美观等。选择会议场地遵循两个原则:一是实用。即大小适中、简朴整洁、设施良好、服务专业;二是环境幽雅。即安静舒适、交通便利、安全保密。会场可以布置成圆形、椭圆形、长方形、回字形、山字形等。

三、会场座次的排列

会议活动的成功筹办取决于多方面因素,如活动主题、会议内容、会场布置、会议标识、议程安排、现场组织等。其中,主席台座次摆位作为会场布置的重要内容,对保证会议活动的顺利举办起着不可替代的作用。如果悉心留意从中央部委到省市地方的会议活动就会发现，不同部委、不同省市、不同单位似乎坚持了不同的摆位原则和标准；然而，如果更加深入地去探究其中的原委，就会明白主席台摆位有一定的规律和共性。主席台座次的排列方法：我国目前的惯例是前排高于后排，中央高于两侧，左座高于右座。具体排法为：

（一）单数单摆

当主席台人数为奇数（3、5、7、9、11），第一位领导较第二位领导职务高1级（含）以上时，如果坐在观众席面对主席台观察，则第一位领导应居于主席台中心点位置，第二位及其他领导根据位次高低按照右—左、右—左的顺序依次排列，主席台座次呈中心对称分布，位次最低者居主席台左端。这是大部分会议活动中采用的摆法。

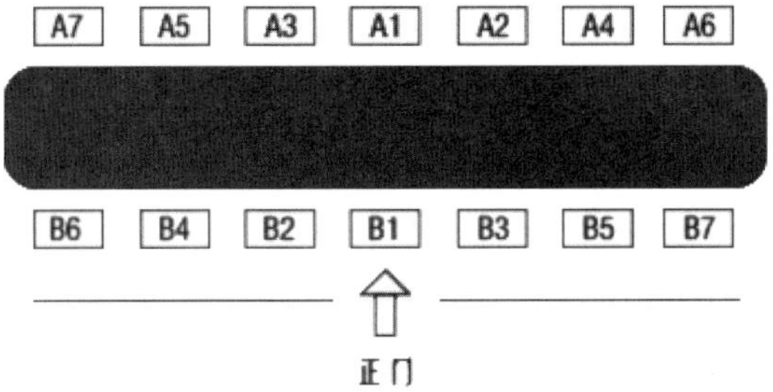

（A为客方，B为主方）

主席台座次排列，领导为单数时，主要领导居中，2号领导在1号领导左手位置，3号领导在1号领导右手位置。

（二）双数双摆

当主席台人数为偶数（4、6、8、10、12），第一位领导比第二位领导职务高1 级（含）以上时，如果坐在观众席面对主席台观察，为突出第一位领导的位次，宜将第一位领导安排在主席台中心点位置。第二位及其他领导的位置有两种摆法：一种是根据位次高低按照右—左、右—左的顺序依次排列，每个人间距一致，主席台座次分布不对称，位次最低者居主席台右端。当主席台人数为偶数且不少于4人时可采用此种摆法，2012年全国人大会议上曾出现过这种情况。

一种是根据位次高低按照右—左、右—左的顺序依次排列，居于主席台中心点右侧部分的领导与其他领导的间距较小，主席台中心点左侧部分的领导与其他领导的间距较大，但右侧间距之和与左侧间距之和相等，主席台两侧距离呈中心对称，位次最低者居主席台右端。当主席台人数为偶数且不少于4人时，常采用此种摆法,这类情况较为常见。

(三)单数双摆

当主席台人数为奇数(5、7、9、11),第一位领导与第二位领导职务对等或平级时,如果坐在观众席面对主席台观察,则宜将主席台中心点位置空出,第一位领导居于主席台中心点右侧第一座,第二位领导居于主席台中心点左侧第一座,第三位及其他领导根据位次高低按照右—左、右—左的顺序依次排列,主席台座次分布不对称,位次最低者居主席台右端。当主席台人数为奇数且不少于5人时,可采用此种摆法。比如,当同一中央部委中党组书记和部长同时出席会议活动时就可采用此种摆位方法。

(四)双数双摆

当主席台人数为偶数(2、4、6、8、10),第一位领导与第二位领导职务对等或平级时,如果坐在观众席面对主席台观察,则宜将主席台中心点位置空出,第一位领导居于主席台中心点右侧第一座,第二位领导居于主席台中心点左侧第一座,第三位及其他领导根据位次高低按照右—左、右—左的顺序依次排列,主席台座次呈轴对称分布,位次最低者居主席台左端。一般情况下,当一个单位的党委“一把手”和行政“一把手”同时出现在主席台时可采用此种摆法。需要注意的是,当领导人数为偶数时,为突出第一位领导的绝对位次,宜将中心点位置空出,第一位领导居于主席台中心点左侧第一座,第二位领导居于第一位领导左手位置、主席台中心点右侧第一座。此种情况多出现在中央级及全国性会议中。另外,当同一单位的现任首要领导与原任首要领导同时出席会议时,为突出第一位领导的位次,第一位领导距主席台中心点要比第二位领导距主席台中心点的距离稍近一些。

单数单摆、双数单摆的标志是第一位领导居于主席台中心点位置;而单数双摆、双数双摆的标志是主席台中心点不安排领导,第一位领导和第二位领导分别居于主席台中心点的两侧。简言之,不论单数双数,第二位的右手位永远是第一位。有外来领导级别高于本单位、本地区最高领导级别时,外来领导居中。

需要强调的是,在实际工作中,会议活动主席台的座次摆位要综合考虑多种因素,包括宾主关系、主持发言、会议属性、单位排序、在职退休等,只有真正做到举一反三、灵活运用、合理安排,才能为会议活动的成功举办奠定基础。

第4讲　精准做好会中服务

会议期间是会务工作最活跃最紧张的阶段，也是突发状况容易出现的阶段，同时也是考验会务工作人员工作能力的阶段。做好会中服务是会议成功举办的关键，细节决定成败，办会人员应当具备“身在兵位，胸为帅谋”素质，从会议签到、分发材料、会场服务到讨论问题、会议记录、会议保密、后勤服务等，一点也不能出现失误。会议过程中的组织协调工作务必做到人员到位、材料到位、服务到位，确保会议有序进行。

一、做实三个服务

一是礼仪服务。会议服务是机关形象的窗口之一，通过现代礼仪培训，每一位会务工作人员都要做到面容整洁、衣着得体、语言亲切、和蔼可亲；举止上稳重端庄，风度自然，从容大方；语言上声音适度，语气温和，温文尔雅。接待人员可化淡妆，少用饰品，勿用浓烈的香水，不得当众说笑、玩手机。会务工作人员需对与会领导和嘉宾的背景资料有必要的了解；对老弱病残、少数民族、外宾等予以特别照顾；对参会人员的要求不可搪塞推责，坚持首问负责；参会人员提出的不合理要求，要耐心解释，坚持原则。

二是细节服务。牢固树立“细节决定成败”理念，严格按照会议操作规程工作，按照要求布置会场，积极协调会议中的相关事宜，时刻关注与会人员的需求，注意细节，把握细节，把细小的事情做到位。如添茶频次，既不能过高也不能过低，避免影响会议效果。

三是周到服务。提倡“以人为本”的服务理念，强调想与会者所想，帮与会者所需，解与会者所难，努力提供方便于人、安心于人和为人解忧的各项服务措施，以用心、尽心、贴心，让与会人员称心。

二、做好六项工作

会议开始后，会务人员的中心任务就是掌握会议动态，通过精心组织和良好的服务，协助领导使会议按预定方案进行，遇到问题及时补台。会议期间一般有六项工作，根据会议的规模也可能增加或减少。

第一，做好会议的报到工作。会议报到是会议开始的前奏，也是提前掌握参会代表到会情况的重要环节。会议报到是与会人员身份再确认的过程，是与会人员领取会议证件、文件材料、办理与会手续的必要环节。通过报到能及时使与会人员了解会议安排，掌握会议动态，同时也能使会议组织者及时知晓与会人员情况。会议报到工作要求热情周到、迅速准确、有条不紊。要确保签到台、指示牌、签到簿、中性笔、会议需要提前发放的材料等物品准备到位。签到台要摆在会场入口处醒目位置，让与会人员远远就能看到，与会人员签到时，负责签到的工作人员必须礼貌、热情地接待参会代表，要加以指点，以防签到人员因找不到自己的单位和姓名而费时太长，影响其他与会人员签到或者漏签。签到之后，工作人员要主动引领与会人员找到自己的座位，防止与会人员对座位安排不熟悉而前后左右寻找，提醒其关闭手机，对于参会人员的疑问应礼貌回答。并设专人指导做好微信或App签到。党代会、人代会等一些有投票表决环节的会议，在会议开始前要清点代表人数，对照检查参会人数是否符合相关规定。目前，我们基层召开会议一般采用簿式签到法。这种方法虽便于保存，但由于参会人员在某一段时间集中进场时，往往会出现漏签的情况。要对参会人员到会情况了如指掌，就需要会务人员做到"两个清楚"，即清楚每个单位的参会人员，清楚每个单位的座位序号。站在会场后面一看，就能立即知道何单位何人没到会，便于及时联系。小型会议一般由会务工作人员负责拍照、录音工作；大型会议应邀请宣传部门、新闻媒体人员列席，并在后期开展宣传报道，向本单位传达会议精神。

第二，做好会场布置对接工作。如果涉及会场翻台、主席台变更、颁奖、表彰等复杂议程，需要提前和会场服务人员、音控人员对接详细议程，明确翻台时间、数量、台型，需要播放特定音乐、音量大小调校等内容，并和主持词撰写人员对接、打印主持词并标注好变化内容交给音控人员和会场服务人员，以方便其把握议程安排与音响的调配。安排专人检查会场灯光、音响、话筒、电脑、屏幕是否正常，启动、关闭有关设施设备的时间节点把握得是否精准；会场内悬挂物件是否存在坠落隐患；空调温度和风速是否适度；音响、灯光、通风设备、安全通道是否正常等，协调专业人员在音控室值守，预防在设备发生故障时第一时间处理解决问题，确保会议顺利进行。领导进场前的短暂集中和休息、茶水供应、进场路线是否有安排、有标识、有指引，开会前十分钟，为保证主席台就座的领导按时到会是否安排了提醒。会场台上、台下和会场外围的会务值守和安保工作是否明确到人、到岗到位，会中一旦有意外状况发生，是否准备了快速有效的应急预案。

会议服务工作由一件件看似不起眼的小事组成，"事非经过不知难"，小事往往都不“小”，稍有疏忽大意、处置不当，就会出“洋相”，甚至酿成“事故”，造成较大负面影响。

有一次，某高校召开工会暨教代会换届选举大会，当会议主持人说到“请工作人员宣读名单”时，后台播音的工作人员却迟迟没有反应。原来，这名工作人员手里没有拿到名单，急得一身冷汗，会议被迫中断，场面十分尴尬。幸好，现场后排一位与会领导反应很快，立即在会议手册中找出名单送到后台，这才化解了危机。这次失误的出现，原因是两个部门在工作衔接上出了问题：负责起草主持词的部门和负责现场调度的部门没有进行充分的沟通和衔接，没有合作模拟演练，播音的工作人员没有及时拿到名单，以至于出现会议“冷场”的事故。这件事启示我们：会议的圆满顺利召开需要参与会务工作各部门的通力协作，树立“一盘棋”思想，加强互相之间的统筹衔接，同时要把每个细节都提前演练一遍、检查一遍，确保万无一失。

第三，做好会议文件的现场发放及保密工作。现场发放的文件由工作人员在会议前发放到每位代表席上，保密文件需要对号打码发放并在会后及时收回，要做到“三不”：即不错一字，不漏一份，不掉一人。对摆放在主席台上的材料，必须逐页检查预防出现掉页漏页现象，资料摆放的上下顺序、位置是否符合发言顺序、整齐一致，确保不出差错。对于涉密会议，手机、笔记本电脑、录音笔等电子设备不可带入会场，根据保密规则必要时应安装无线频率干扰仪。

某单位召开干部大会，单位领导正在讲话，突然停了下来。主席台上的其他领导一看，原来是讲话稿出现了空白页，赶紧把自己手里的材料递了过去，会议才得以继续。虽然有惊无险，但造成的负面影响难以挽回。

这种“低级错误”本来是检查一遍材料就可以避免的，但由于会务工作人员工作不够细致，没有逐页检查，凑巧领导手中的这份材料出了问题，失误就这么造成了。这件事给我们启示：会务工作没有小事，需要慎之又慎、细之又细，要把小事当成大事看，把易事当作难事做。要关注好每个细节，检查好每份文件，落实好每个步骤，来不得半点侥幸心理。

第四，做好会场服务工作。会议期间根据气温调整好室内温度、备好茶水等。会中服务的礼仪也是一门重要学问，服务人员应着装整洁，不披头散发，尽量不要佩戴首饰。根据会议的时间长度，适时给来宾添加茶水。服务时应根据来宾、领导的职务排序有序地进行。工作人员在会场走动时，避免动作粗鲁，分散与会人员注意力，影响会议进行。会中休息期间，应快速进行会场小整理，及时补充、更换物品，确保动作敏捷，轻拿轻放，尽量保持安静。如，端茶倒水动作并不复杂，背后却体现了会务人员的综合素质：一是细致观察。时刻观察参会领导杯中的水量，一般在剩余一半时加水为宜。二是把握时机。领导发言时最忌打扰,最佳倒水时机是在领导阅读材料或聆听报告时。三是动作连贯。整个倒水过程要一气呵成、来去无声。如果加水时恰好领导伸手拿杯子或水流过猛冲倒杯子都可能造成意外。让人舒适且安全的动作是:将杯子拿到自己身前,远离“潜在危险区域”,把水缓缓倒入杯中,盖好杯盖放回原处,整个过程流畅自然。总之,会务人员要时常换位思考,始终将服务对象放在心中,领悟工作要领、把握工作细节、提升工作水准,为其提供体贴入微的服务。在学校的大型会议上,有时会借用学生做会场礼仪工作,在会议前期,会务工作者务必须对学生做好相应培训工作,如告知其倒水的动作、会场用语等,同时要提醒学生不要空腹做礼仪,或者不要穿鞋跟太高的鞋,避免在行走中摔倒。如一次毕业典礼上,一名礼仪人员由于没吃早餐而工作,当场头晕险些晕倒;一次大型活动中,一名礼仪人员由于鞋跟太高而走路不稳,导致直接摔倒。

第五,做好会议记录工作。做好会议记录是一项重要的工作,需要细心、准确和高效。每一场会议都应安排记录员做好会议记录,会议记录必须语言简洁、条理清晰。会议精神、会议决定和决议、重大事件的安排、发言者的观点和意见应当清楚记载,不得更改内容或随意增减。确保真实、全面、准确、完整地反映会议情况,尤其是一些决策会议的表决结果,应如实记录,便于会后贯彻落实。如果会议不涉密,在做好用文字原始记录的同时,最好全程录音,方便后期整理会议纪要时参考、核实、整理和语音存档,为下一步学习宣传会议精神做好准备。

第六,做好会场秩序维护工作。一般说来,办会人员维持会场秩序的工作应该提前进行,在通知与会人员参加会议时,应明确提出会议的纪律要求,比如会场不能抽烟、手机需要关闭、选举时会场不得走动等。会场秩序包括会场外秩序和会场内秩序。会议召开时,在会议室门口安排专人值班,防止无关人员进入会场,保持会场安静,禁止大声喧哗。会议开始后安排专人到会场清点人数,对迟到、缺席者进行登记。发现会场内不遵守纪律的行为,予以提醒和制止,因为参会人员一般都是各级领导,在这里我们要特别注意工作方法和工作艺术。既不能因为自己的身份心怯无为,又不能颐指气使,态度生硬,引起别人的反感。要做到语言温和有礼,态度严肃认真,行动不瘟不火、不卑不亢。如果在会议过程中发生突发情况,务必保持沉着冷静,第一时间向领导汇报并联系相关方面,妥善做好处置,保证会议安全平稳召开。

此外,一些大型的会议,一般都有外单位代表参加,还需要做好食宿安排、用车安排、卫生医疗、后勤保障以及参观访问工作。这些工作应当在和参会人员进行有效交流的基础上提前来准备,且细化到个人,安排专人进行负责。其中,食宿安排非常重要、敏感，工作人员在会前要按参会代表的级别和特殊需求安排房间，并视会议规模预留5—10个房间用作解决突发情况和满足少量与会代表提出预料不到的要求。餐饮准备上除了妥善安排、合理搭配饮食外还要单独预备清真餐厅以备有少数民族代表参会。会务工作者，在有条件的情况下尽量满足、解决参会代表临时提出的意见。

三、做到“三个密切关注”

会务人员做好会中服务工作，必须密切关注下面三个问题。

一是密切关注会议进程。会场会务工作负责人心中必须装好两张表，即会议议程表和每一项议程的时间表。会中时时将会议的实际进展情况与这两张表进行对比，掌握会议进程。会议期间安排工作人员在会场密切关注会议现场情况。提醒工作人员定时供应茶水，巡回检查会场内的音响、灯光、室温、通风、屏蔽等情况，发现问题迅速补救。同时，要注意临时性、突发性事件的发生，遇到问题及时补救。若遇到特殊情况需要向会议主持人汇报时，要采取灵活的方式处理。如把情况写在纸条上、加盖办公室公章或签名，请工作人员利用倒水之机悄悄递给主持人，尽可能减小对大会的影响。

二是密切关注领导动态。会议期间，会务工作负责人要同出席会议的主要领导和会议主持人随时保持密切联系，根据他们的要求，及时主动做出相应安排，保证会议的顺利进行，做到心系领导“三留意”。(1)留意领导讲话。领导讲话本身是发表意见、表达态度的重要方式，也是会议决议的重要表现形式，要留意领导讲话透露的信息及其本意，以便会后传达会议精神或起草会议纪要。(2)留意领导动作。要结合领导的平素习惯、爱好、身体状况等实际情况，尽量理解领导台上眼神、手势等具体含义。重大会议中途休会期间，需要对下午或者明天的会议情况加以交代，这些工作都需要会务承办人员提前考虑、提前准备，提前送交主持会议的领导。(3)留意领导安排。要大致了解领导会议期间的活动安排，必要时上前提醒领导，防止会议超时错过重要活动；注意领导会前安排的紧急工作，如提醒、资料传递等简单工作是否落实到位等。

三是密切关注会场内外的动态。会场内、外各安排一名工作人员，彼此间及时沟通，保障畅通的联络，其作用是负责与会议有关的信息收集和发送，并协调处理会议期间的工作与突发事件，完成领导交办的事项。工作人员需要将会议实际进展情况实时对比会议议程，以便将会议进程及时掌握。一方面，注意会场内的情况。会议召开过程中工作人员要密切关注会议动态及会场内情况，从设备的正常运行到人员是否到位等方面进行逐一观测与核实。另一方面，留意会场外的氛围。做好会场内外的安全保卫、保密工作。协助安保人员做好出入会场人员的身份核实工作，维护好会场秩序，涉密会议材料的安全保密工作。遇到突发情况要注意工作的方式方法及工作艺术，既要尊重他人，谦卑有礼，也要认真负责，顾全大局。

第5讲　做好会议记录

大凡举办会议，都必须做好会议记录和会议纪要，以资备查和对照贯彻落实。但实践过程中，有的同志对会议纪要的整理工作并不甚了然，不是把会议纪要写成“会议记录”，就是把会议纪要写成简单的“会议要目”，很难处理好“记录”与“纪要”的关系，需要在实际工作中加以注意。

会议记录是机关干部的一项日常工作，看似简单，真正做好并不容易。它需要在会前、会中、会后投入大量时间和精力，充分考虑多种细节与因素。做好会议记录应着重把握好以下三点。

一是准备细致到位。认真细致的准备工作是做好会议记录的重要保障。首先，提前熟悉会议情况。会前，要熟悉会议主题、内容，掌握会议议程、与会人员名单等，了解会议环境，准备好相关记录设备等。其次，认真研读会议材料。要把会议所有材料研读一遍，掌握背景情况，领会中央和上级有关精神，熟悉相关工作进展，对以往相关会议讨论情况、会议决议等做到心中有数。特别是决议性会议纪要，对需要会议研究解决的问题，要搞清楚其来龙去脉，了解相关政策规定，分析问题症结所在，预判会议可能要做出哪些决议。除了会议材料外，还要储备丰富的知识，特别是自己不太熟悉的领域，要了解掌握一些基本常识、法律法规、专业术语等，做到心中有数。会议记录通常采用现场文字记录（笔录或电脑记录）和录音（录像）记录相结合的方式，一方面可以确保记录内容的全面、准确；一方面也对有关准备工作提出了较高要求。对此，记录人应养成一种职业习惯：提前到达会场、提前调试记录设备，避免因准备不足而影响会议记录效果。

二是记录完整真实。会议记录是对会议的基本情况、发言内容和进程进行记载的原始性文字材料。会议记录是会议情况的真实反映，也是了解会议决定事项执行情况的依据和凭证。不论会议规模大小，一般均应形成会议记录。会议记录是纪要的依据。会议记录的内容有：(1)会议名称。(2)会议起止时间、地点。(3)会议主席及主持人。(4)会议出席者名单或人数、列席人员名单或人数、缺席者名单或人数。(5)会议的主要内容,包括报告内容、讨论事项、选举方法及结果、临时动议等。(6)会议决定、决议事项。(7)与会议有关的应记载的事项。(8)记录者姓名。以上内容包括两个部分:第一个部分是会议组织情况,包括会议名称、时间、地点、主持人、出席人、列席人、缺席人(简单注明原因)以及记录人签名。第二部分是会议内容,是记录的主要部分,要将会议议题、讨论发言、形成的决议以及主持人的总结发言等主要内容真实地记录下来。会议记录的目的,就是要忠实记载会议召开时的情景,以便日后查阅。这就要求会议记录必须真实,不能夹杂个人观点,更不能有意增减发言内容。记录一般保持原汁原味,忠实记载发言者的发言内容,如实反映会议讨论情况,不能随意增减,便于起草纪要时弄清楚原意。为确保会议记录内容的真实可靠,对于一些重要会议,可以会上录音、会后整理,即便是重复的发言内容也如实记下,力求准确还原发言者的每一句话、如实反映会上的讨论情况。对听不清楚或不明白的事项,会后要及时核实,以免出现遗漏或错误。有一次,一位领导前来查阅会议记录,想要看看关于某个问题形成决议前会上的具体讨论情况。通过查阅当时的会议记录,我们很快找到了会上关于这个问题的一句意见,就是这关键的一句话,为领导向有关部门进行解释提供了依据。试想,如果当时的会议记录只是浮光掠影地记下发言要点,这句极其重要的话很有可能会被漏掉。

三是整理准确及时。会上记录的内容只是一个草稿,会议结束后,须在草稿基础上尽快整理成要素完整、文从字顺、格式规范的会议记录。在此过程中应注意以下几点:(1)对记录内容查漏补缺。根据会议录音等对记录文稿进行核对,对遗漏内容进行补充,对记录有误处加以修正。(2)对人名、地名、机构名、事件名等专有名词逐一核实。对个别无法确定的专有名词,应根据录音记录,标注拼音。(3)对记录文稿进行全面整理。在不影响记录真实性、完整性的前提下对文稿内容进行适当整合,确保记录体例的规范统一。会议记录经有关部门审批后,应及时归档留存。

第6讲　写好会议纪要

纪要是《党政机关公文处理工作条例》规定的法定文种,适用于记载会议主要情况和议定事项,要求与会单位共同遵守和执行。法定会议、工作会议和例会都可以形成会议纪要。纪要可多向行文,既可向下级传达会议精神,又可向上级汇报、向同级通报会议情况,是贯彻会议精神、指导工作开展、解决有关问题、交流思想经验的重要工具。

会议纪要的作用有:一是总结会议成果,促进会议议而有决;二是与会者贯彻会议精神的依据;三是供有关领导、档案部门留存备查。掌握纪要的写作方法,是机关干部必须具备的一项基本能力。[①]

一、掌握基本规范

纪要通常由标题、正文、文尾三部分构成。

(一)标题

一般有两种写法。

第一种是"会议名称+纪要",如《××年第××次校长办公会议纪要》《关于推进××教学楼建设专题协商座谈会纪要》,这种写法适用于有明确名称的会议。

第二种是"机构+主要内容+纪要",把会议的主要内容在标题里揭示出来,如《××维修工作领导小组关于××问题研究座谈会纪要》,这种写法适用于没有明确名称的一些临时性协调会、座谈会。

如果是常规性、系列性的会议,一般还要有文号,可以直接在标题下方标注"第×号",按届次或年份排序可写为"×届第×号""〔×年〕×号"。如果有专门的纪要文件头,一般不写标题,直接写编号即可。

(二)正文

一般包括会议概况、主要精神和议定事项三个部分。

1. 会议概况。包括会议时间、地点、主题、主持人、与会人员、主要议程等。概况写完后,还可以加"现纪要如下"作为过渡句。

例如:

×年×月×日上午,校党委书记××在行政楼××会议室主持召开党委常委会会议,××、××、××……同志参加会议。××、××同志列席会议。会上就有关工作进行了充分讨论、研究,现纪要如下。

2. 主要精神。包括议题的基本情况和讨论形成的基本意见、结论、决定、要求等。一般以"会议"作为主体,为叙述方便、条理清晰,常用"会议认为""与会同志一致认为""会议指出""会议强调""会议要求""会议号召""会议同意"等作为段落的

① 高峰:《会议纪要"八字诀"》《秘书工作》2015年第3期,第50—51页。

开头，当然也可以用在段中。如果会议研究比较具体的事项，没有专门安排讨论发言、主持人总结讲话等，只有表决环节，可以直接写会议议定事项。

概括归纳会议主要精神，一般来说有综述式、条款式、摘要式三种。

综述式，就是将会议所讨论、研究的问题综合成若干部分，每个部分集中谈一个方面的问题，较复杂的工作会议或经验交流会议的纪要多采用这种写法。这种写法多适用于只有一项议题的会议。

例如：

中共××大学委员会会议纪要

1月17日党委常委会会议纪要

2023 年 1 月 17 日上午，校党委书记××主持召开党委常委会会议，××、××……同志参加会议，××同志列席会议。会议专题就违规吃喝问题专项整治工作进行了学习传达和安排部署，纪要如下。

校党委书记××传达学习了1月11日全省违规吃喝问题专项整治动员部署会议精神。……（略）

校党委常委、纪委书记××汇报了《××大学关于开展违规吃喝问题专项整治的实施方案》。方案列举了专项整治重点五个方面的主要表现，细化了学校纪委以召开专题学习会、签订廉政承诺书、开展自查自纠和专项检查、建立台账严肃执纪问责等方面抓好贯彻落实的工作举措。

会议指出，违规吃喝问题专项整治工作由学校党委统一领导，要压紧压实主体责任和主要负责同志第一责任人责任。党委领导班子成员要各负其责，带头锤炼党性，带头守牢底线，以身作则，以上率下，一级管一级，层层保落实。……（略）

会议通过《××大学关于开展违规吃喝问题专项整治的实施方案》，由纪委综合室、主体责任办公室根据会议意见修改完善后印发。

……

条款式，就是把会议议定的事项用条款方式加以简要说明，分别冠以一、二、三、四的标号，一条写一个事项。这样表述简明扼要，适用于部署工作的会议或办公会议，也适用于工作协调会等。一般会议议题或内容较多时采用，分议题、分事项进行叙述，加上标号或小标题。

例如：

××，校党委书记××主持召开党委常委会会议……

一、会议研究×××事宜。会议强调……

二、会议审定×××方案。会议强调……

又如：

会议听取体育馆项目推进情况，研究讨论有关事宜。

一、关于项目设计问题。会议指出……会议明确……

二、关于项目施工问题。会议强调……会议议定……

三、关于项目经费问题。会议强调……会议要求……

摘要式，是对与会者发言内容进行摘录，按发言顺序或不同内容，分别进行叙述。这种写法一般用于研讨会、座谈会等会议。

例如：

会议听取各分管领导和机关职能部门负责人对明年学校经费预算工作的意见建议。

××同志建议，一是……二是……三是……

××同志建议，一是……二是……三是……

3. 议定事项，即会议作出的重要决策事项。通常使用“会议同意”“会议原则同意”“会议决定”“会议议定”“会议明确”等惯用语作为段落开头。议定事项较多时，可以分条列出。

例如，学校维修工作领导小组办公会议纪要中的议定事项部分这样写：

会议决定：

1. 学校基建维修工作要以……为原则，以……为标准，即按照学校维修工作管理办法执行。相关部门要做到高度重视、加强建设、严格管理。

2. 项目总经费控制在××万元以内，由财务处负责统筹安排。

3. 由××同志指导基建管理处根据会议意见对设计方案进一步修改完善，会后充分论证完善后，再次提交会议审定。

需要注意的是，议定事项不能漏项或增项，在起草过程中，要仔细对照会议记录和相关会议材料，把议定事项写准确、写到位。

（三）文尾

包括参会人员名单（如正文第一部分已表述，可不在文尾介绍）、版记等，一般不落款。

参会人员名单。一般包括出席人员、列席人员，缺席或请假的人员也应该注明。名单一般写“单位+姓名”，不写职务。如果是召开会议机构的固定组成人员或文件已明确的相对固定列席人员，也可不写单位。

以学校党委常委会会议为例：

出席：××，××（出席人员指常委会组成人员，一般不用再写其所在单位）

列席：组织部××，人事处××（如会议包含多个议题，可在各议题后标注列席单位）

例如，五、审定2022年捐资配比项目资金分配方案（××、××、××列席）

缺席：××（请假）（一般只写应出席人员缺席情况）

版记。与其他文件类同，一般包括发送对象、印发机关、印发日期。发送单位用全称或规范简称。

二、写作基本要求

一是“快”。会议纪要讲究时效性，会议结束后需要马上落实，会议纪要就是落实会议精神的主要依据，如果发布太晚就会失去其价值和意义。所以，会议纪要必须在会议结束后尽快完成，其审批流程也必须迅速及时。通常情况下，重要紧急会议当天印发或隔天印发，一般会议三天左右印发纪要。

二是“全”。会议纪要内容要全面、完整，不能丢项、落项，也不能多项。对于一些临时加入的会议议题，部署的一些工作任务，也要完整地写入纪要中。为了便于撰写和查阅，可以按照一事一标题或一事一段的格式去撰写，根据议题的重要程度和类别进行排列。会议未讨论通过的议题不要写入会议纪要中。

三是“准”。会议纪要一定要准确。内容要准，会议议定的重要事项，比如经费、时限、责任人等一定要准确地记录下来，不能有丝毫出入。用语用准，对参会人员所说的专业术语、专有名词一定要表达准确，对于一些不规范简称或俗称，要注意核实订正。

三、认真修改完善

纪要源于会议记录，但又“高于”会议记录，是对会议记录的再加工、再整理。纪要的核心在“要”，需要抓住会议主旨和主要成果进行提炼、概括和归纳。因此，写好一份纪要，有时并不比起草一个讲话稿容易，要求起草者具备一定的综合分析、归纳概括和文字表达能力。一份好的纪要，需要经过深度加工整理，做到主题突出、观点鲜明、结构严谨、条理清晰、内容简洁、表述准确、文字精练、格式规范。

一是抓住重点，合理取舍。要围绕主题和重点适当取舍，与会议中心内容和讨论要点密切相关的尽量写充分、写到位，不相关或联系不密切的不写或少写；体现会议宗旨的多数人的意见，要集中反映，少数人的意见如果是正确的，适当予以反映。讨论中意见有分歧、难以统一的，一般不写进纪要，但研讨性的会议除外。正确集中会议的讨论意见，还要善于区分讨论性意见和表态性、结论性意见，特别要注意领会会议主持人的总结讲话，把会议形成的结论性意见在纪要中充分体现。

二是把握逻辑，理清层次。根据会议内容分类别、分层次、按顺序进行归纳概括和加工整理，使纪要脉络清晰、层次分明、逻辑缜密，切忌简单罗列堆积、条理不清、层次不明、前后矛盾等。会议内容较多或有多项议题，可根据不同内容和议题分成若干部分分段归纳。在坚持体现原意的前提下，对讲得不够透彻的内容，进行适当补充、延伸和深化，使其语义完整、逻辑严密。

三是概括提炼，转换语体。在会议记录基础上，进行更高层面的综合概括，披沙拣金。会议中，领导的脱稿讲话，往往比较口语化，要适当加工，注意用词转换，把口语转换为书面语。可以对比以下两段文字：

会议记录原话：

对于机关学校各项工作，各部门千万不要形成只顾自己“一亩三分地”的小家思想，要站在单位的角度整体思考。如果不进行统筹考虑，这对工作推进和统筹发展是很不利的。你们琢磨琢磨，别形成那种情况。你们看看有没有这个突出问题，应该要从整体归口管理的角度考虑，以后要规范管理。

形成纪要后如下：

会议强调,要进一步改革创新,改进业务归口管理办法,业务主管部门要科学统筹把握各部门实际诉求,推动解决实际问题,积极发挥统筹作用,更好树立规范意识。

四是打磨文字,把握文风。会议纪要的文风特点,概括起来就是“准、实、精”。“准”,一方面是把握原意要“准”,要全面、客观、真实反映会议情况,既不能凭空增减内容,也不能篡改原意,不掺杂个人感情和看法;另一方面是表述要“准”,涉及概念、数据、事例、重大提法和法律条文、相关政策文件表述等要准确规范,会议讨论通过的干部人事、编制、经费、责任单位、时限要求等重要事项要按照会议精神写清楚。如果遇到一些不太清楚的地方,要跟相关单位和人员核实确认。涉及重大事项可送分管领导和有关部门会签,确保准确无误。“实”,就是语言讲究平实、庄重,行文时应多平直叙述,以短句为主,用语朴素、严谨、得体,不宜用华丽辞藻过度修饰。“精”,就是内容要精简、文字要精练,不宜长篇大论。可适当使用缩略语,约定俗成的缩略语可直接使用,未约定俗成的可先全后简,这样可使纪要语言更加简明。要站在会议的高度,综合全局的意见,而不能突出个人的意志。通常这种层次是用一些约定俗成的专用语言来表达的,如常用的规范语言有“会议听取了”“会议认为”“会议指出”“会议要求”“会议强调”“会议议定”“会议原则同意”等。

需要说明的是,会议纪要没有独立行文功能,会议纪要报送上级时,主办会议单位需另拟一份报送报告,与会议纪要一并上呈。

第7讲　跟进会后收尾工作

我们评价一次会议的效果如何,主要看其形成的意见对实际工作所产生的推动作用。会后收尾工作是保证会议达到预期目的,更好地发挥会议功效的一个非常重要的环节,也是最容易让人松懈、容易失误的一环。一次成功的会议,不仅要求有充分的会前准备,周到的会中服务,而且要求有高质量的会后收尾工作,三者缺一不可。

一次会议即使进行得很顺利,结束后如不及时做好会后收尾工作,善始而不善终,同样会影响会议效果。例如:会议结束后,不及时安排会议代表离会,代表们不能及时返回单位,就会影响会议精神的传达贯彻;不及时发布会议新闻,就不能使会议精神得到迅速宣传;不及时印发会议纪要,会议的精神就不能尽快地贯彻落实;催办工作不抓紧,就不能督促有关单位及时落实会议精神等。因此,做好会后工作具有十分重要的意义。会议结束后,办会人员应重点抓好会后服务、会后总结和会后督查三件事。这些工作的好坏直接关系到会议质量。

一、善始善终,做好会后服务

主要内容有组织与会人员离场、会场清理,清退会议文件等。

组织与会人员离场。关键在于秩序和安全,特别是有重要领导出席,或者参会人数规模较大的会议,有序离场是对办会人员的重要考验。需要注意的是,一要安排专人引导与会领导和嘉宾先于会议代表离场,最好预留专用通道;二要事先告知参会代表可用的离场通道,并在会议结束后及时打开,可安排代表按照座位区域分区错时离场,让老弱病残等人群优先离场;三要在离场路线沿途安排引导人员,提醒参会代表有序离场,注意安全。

会场清理,主要包括物品清理和设备回收。清理和回收会议物品要注意以下几点:可二次使用的旗帜、座签架,以及会议代表遗留在会场的会议包、个人物品等要及时回收,退回相关管理部门,签字交接,厉行节约。电子设备要指定专人使用维护,租用的设备会后应及时归还,当面确认设备完好,交接时要书面签字确认。电子设备中的数据要及时备份,租用的电子设备归还前要将数据导出并清空设备内相关的数据。如果使用内部会议室,会议结束后应主动将会议室的座椅归位,打扫干净,断电关门。

清退会议文件。会议结束后需要严格清退的文件主要有两类;一类是明确标明密级的文件;一类是会议主办方明确要求清退的重要文件,如重要领导讲话稿、文件讨论稿和其他内部文件等,清退的目的在于防止丢失泄密。办会人员在会前发放时就要明确必须清退的文件和要求,参会人员在会议结束离场时要按照目录逐一清退文件。会议文件清退还应该注意以下几点:专人负责文件的回收、保管和销毁;保密文件清退须本人退还、当面签收;保密文件应逐一编号,发放与清退时应登记编号,以便文件与参会人员一一对应;清退文件时,要注意检查是否有缺页或损坏;会议期间,主持人应反复强调文件保密的要求和注意事项,对擅自将保密文件带离会场的人要及时追回文件,严肃处理,对丢失会议保密文件的人员要依法追究其责任。

二、查漏补缺，及时会后总结

会议结束后，有的同志会产生“停下来”“歇口气”的想法。这是要不得的。这种情况下，更应该“趁热打铁”，一鼓作气，继续做好办会的“后半篇文章”。

召集会务工作人员认真总结经验，寻找工作差距，讨论下一步意见，对已有的会务工作流程、工作规则和服务指南等及时进行修订、增补，使之更加科学、规范。对承办会议的成功经验及瑕疵失误进行总结，形成书面材料，始终放在脑中、刻在心上。对新经验好做法要继续传承弘扬。对问题纰漏进行深刻反思，找出背后原因，时常反躬内省，使以后办理同类会议时有所借鉴，坚决做到同样的错误不犯第二次。要及时把会议文件、简报、会议记录、音像资料以及会务工作方案、服务指南等一整套原始资料收集齐全，按规定归档管理，形成尽可能完善的资料汇编，便于今后查阅使用。同时，适当对会务有功人员和有关部门进行表彰奖励，对在会务工作中未能尽职尽责的同志提出适当的批评，如有严重失误或玩忽职守的情况，则追究有关人员的责任。

对会议的记录、简报、新闻发布工作，要明确专人负责，做好全程记录。根据需要，及时整理会议记录、起草会议纪要、撰写会议简报或印发领导讲话。对会议记录、领导讲话、会议纪要、会议简报、会议新闻等材料的印发工作，要坚持领导审批制度，确保会议记录、报道等内容真实准确、简明扼要、符合行文程序。

及时编发纪要。坚持真实性、时效性原则，会后及时按程序起草、送审、印发会议简报或会议纪要，便于相关单位及时贯彻会议精神、执行会议决定，并为督查问效提供重要依据。

迅速归档资料。落实专人对会议通知、记录、纪要、发言稿等各种原始资料及时存档、妥善保存，便日后查阅。同时注重保密工作相关规定，按照要求做好会后资料处置等工作。

三、力求实效，抓好会后督查

会后督促检查工作，是狠抓工作落实、确保政令畅通的重要途径，要对会议发言、讨论形成的有关事项以及会议期间的领导批示件等的办理情况进行跟踪督查，确保会议审议的各项事项和任务落到实处。

会后督查从三个方面做起：一是明确督办人员。一般由办公室同志兼任，也可根据工作需要从有关部门抽调。明确分工，在某一阶段专职专责。二是健全登记制度，建立督查台账，逐项列出检查催办的事项，下发督办通知单，包括督办内容、督办人、督办日期、被督办单位、办理情况、联系人及电话等，定期记载进展情况，定期印发督办通报，一并纳入年度目标管理。三是建立汇报制度。每次会议决定事项督办结果要通过口头汇报、书面汇报、专题报告等多种方式向领导汇报，确保每次会议开时成功，开后见效。

总之，机关干部做好会前、会中、会后的各项工作是保证会议成功的前提，同时注重会务工作的技巧与艺术性，就一定能够把会务工作组织好，让与会各方满意。

第8讲　提升机关办会水平

会议是各级党政机关研究部署工作的重要手段，会务工作的质量与水平直接影响到决策及其落实的质量和水平。机关干部必须树立四种意识，建设一支作风严谨、纪律严明的干部队伍。

一、办会要树立四种意识

一是责任意识。会务工作做到责任到人，落实到岗；全体会务工作人员坚持以高度的责任心、一丝不苟的态度、严谨细致的作风，认真保障每一次会议，实现“零距离服务”和“零差错服务”。

二是服务意识。把提升服务质量作为一项常规要求，通过服务意识培训和业务技能培训，不断提高机关干部的服务意识和服务质量。

三是全局意识。会务服务工作环环相扣，任何一个环节出了问题，或多或少都会影响到会议的正常进行，每一位会务工作人员必须树立起全局意识，做好各部门的协调配合。凡事以全局为重，做到各个环节有序衔接、顺利开展。

四是细节意识。将会议服务工作分解为议题收集、通知下发、材料准备、会场保障、会议记录、材料回收、决策落实、纪要管理等 8大板块，对每个环节，明确时间地点、规范动作、注意事项、潜在问题和突发事项及其处理方式等细节，全方位做好保障。会务工作者要淬炼工匠意识，细心打磨每一处细节，反复推敲，力求完美，对每个环节都应细而又细、严而又严、实而又实，决不能囫囵吞枣、大而化之。

二、加强作风和能力建设

任何一项会务工作的圆满完成都要靠一支作风严谨、纪律严明的队伍来保障，特别是我们负责会务工作的干部，这就要求我们不仅具备优良的工作作风，还要有一流的工作能力。我们承办的会议本身就具备一定的权威性、政治性、严肃性，容不得出现过多的差错。因此，我们严格执行会务承办坏事、误事追究制，任何环节都要追责，出了问题，该批评的批评，该处理的处理。“没有规矩不成方圆”，只有这样才能提高会务承办人员的责任意识和可预见能力，达到既锻炼队伍，又促进工作的目的。

一是发扬无私奉献的精神。会务工作的服务性质决定了会务工作人员不可能有前台的辉煌，只有幕后的辛劳，没有乐于奉献的精神是难以胜任会务工作的。因此，会务工作人员要有强烈的事业心和工作责任感，始终保持旺盛的工作干劲，任何时候都要召之即来，来之能战，甘于吃苦，兢兢业业，通过优质高效地完成每件具体工作来塑造机关干部的良好形象。

二是建立健全完善的机制。一套健全完善的工作机制，是推进会议筹备工作的重要保障。要坚持用制度管人，靠机制管事，定人定岗定责，压紧压实工作责任，确保会议工作更加高效有序地推进。如总体协调机制能有效确保会议调度顺畅、措施有效；分工落实机制能将复杂的会议内容细化分解到每个工作组，落实到具体责任人，切实做到优化管理、高效运转；信息沟通机制能最大限度消除因信息不对称造成的不利影响，让工作人员能更好地沟通最新信息，解决困难问题，收获良好效果。

三是培养严谨细致的作风。会务工作人员既要考虑每个部位的衔接严丝合缝，又要考虑每个层面滴水不漏，否则就可能出现意想不到的后果。比如，会议室的安排发生冲突会导致与会人员不知所措，与会人员住房安排出错就会出现一些尴尬场面，会场麦克风出现问题会议就无法进行，会议文件印多了会造成浪费，印少了就无法保证会议代表的需要，等等。因此，会务工作的每个环节、每项具体工作都要考虑得更周全，处理得更完善，力求万无一失。

四是提高开拓创新的能力。会务工作具有服务性、程序性等特点，容易陷于固定的模式操作，在一定程度上制约了会务工作水平的提高。因此，做好新形势下的会务工作，机关干部应不仅仅满足于做好会议的日常组织与服务工作，而应与时俱进，在继承中创新，在创新中求突破。既要遵循会务工作中一些好的程序和章法，又不能完全拘泥于固定程式；既要从宏观上观察和处理问题，又要从微观上考虑具体环节。只有这样，才能推动会议服务水平的不断提高。

下篇　办事的方略与艺术

办事指的是处理具体事务、执行具体任务的工作。会办事，有个基本的标准，就是大事要办精，难事要办成，好事要办好，公事要办正，小事要办妥。办事需细致、积极、沟通协调，以解决问题并推进工作。在现代工作中，办事是非常重要的一个环节。无论是安排会议、处理投诉、跟进项目还是协调资源，都需要具备一定的办事能力。通过办事，可以有效地解决问题、推进工作、提高工作效率和质量。

在办事过程中，需要注意以下几点：

一是细致认真。办事必须细致认真，不能马虎大意，否则会出现疏漏和错误，影响工作的质量和效率。

二是积极主动。办事应该积极主动，不能拖延和推诿，要及时响应和处理各种问题，确保工作的顺利进行。

三是沟通协调。办事需要具备良好的沟通协调能力，要能够有效地与各方面进行沟通和协调，解决问题和推进工作。

四是讲究艺术。办事要理解领导意图，按领导要求办。办事要讲礼仪和规矩，礼仪绝不是繁文缛节，是人心中最柔软的地方。办事要会说话，很多事可办可不办，话说得好，能办的可能性就大。办事要注重细节，小事也能让你脱颖而出。

第八章　提高解决实际问题能力

第1讲　养成办事的四个习惯

机关干部承担着大量文稿起草、综合协调、会议筹备、信息反馈、督促检查、内外接待等事务性任务，工作量大，事情杂，责任重，所以提高办事能力在工作中就显得尤为重要。要做好日常管理工作，首先要养成办事的四个习惯，就是勤于思考、马上就办、严守机密、乐于学习。

办事，就是做事情。办事，是机关干部的重要职责。会不会办事，能不能高效办事，反映一个干部的水平。“办事”比“办文”要求高，难度大。办文一次不成功，还可以重写或反复修改，自己反复修改达不到要求，其他同志和领导还可以伸出援手；办事只能成功，不能失败，办成什么样就是什么样，别人补救来不及，办砸了是没有挽回余地的。因此，机关干部应下功夫探索办事的基本规律，要立足岗位奉献，不断提高办事能力和水平，学会做好身边每一件力所能及的事情，力求做到：不论办任何事情，上级指示的、领导交办的、同事委托的、下级请求的事，都办得明明白白，不是稀里糊涂；都是雷厉风行，不是拖拖拉拉；都是严谨细致，不是粗枝大叶；都是有始有终，不是虎头蛇尾；都是严格有序，不是杂乱无章。这样才能受得起重托，担得起重任。

第一，养成勤于思考的习惯。机关干部做事不能满足于“领导交办啥就干好啥”，也不能只当那种“来了文件往上送，有了批示向下传”的收发员和传令兵，而应具有超前的战略思维和敏锐的眼光，对自己所负责的工作要有预见性和创造性，要努力做到既到位又不越位，既不缺位又不错位，时刻想着自己应该干什么。特别对领导需要提供的情况提前准备好，部门负责人提出要解决的问题首先想得到。要做到这一点，就要勤于学习思考，善于调查研究；真正吃透上头精神，掌握下头情况；积极地给领导出主意、想办法、当参谋。领导决策前，要广泛收集有关材料，提供信息，找好政策依据，供决策参考；决策实施后，又要主动抓好信息反馈，积极协助领导发现和解决实施过程中的问题。要胸怀全局，立足本职。安排工作既要领会领导的意图，又要考虑部门的承受能力。既谋大略，又干实事，不懒惰，不“甩手”。自觉做到：请示工作有方案，汇报工作有依据，贯彻上级指示有措施，紧跟中心有建议。同时要勤于思考，对领导交办的事，要沉下心去想事，用足心思做事，千方百计成事。切忌碰到困难绕道走，遇到矛盾往上交。

第二，养成马上就办的习惯。机关干部既是“参谋部”又是“政治部”成员，既是“后勤部”又是“装备部”成员，任何一个环节都不能出现纰漏。开展任何一项工作，首先看态度，关键看行动，最终看效果。因此，机关干部既要有想干事的自觉，也要有会干事的本事，做到“快、准、细、实”。

“快”，就是迅速敏捷，高效率地干。也就是说，任务明确后，能抓紧时间，争分夺秒地把事情办好。工作质量如何，对机关的形象、声誉有着直接影响。因此，机关干部要有一种雷厉风行的工作作风，对领导交办的事项快速反应，及时布置，尽快落实、办事不拖拉，迅速处理。要说了算，定了干，快节奏，高效率。

“准”，就是准确地领会领导的意图，准确地掌握真实情况，准确地把握自己的位置。要切实领会领导的真实意图，准确地传达领导的指示，正确地处理领导交办的各种事项。同时，要准确地把握自己的位置，做到既到位又不越位，积极为领导出谋划策，为领导工作拾遗补阙。

“细”，就是细致周密，条理清晰，很有章法。要做到“五加强，五减少”，即加强计划性，减少随意性；加强科学性，减少盲目性；加强针对性，减少形式化；加强特色性，减少一般化；加强务实性，减少“客里空”。对领导交办的任务，要纵横比较，交叉分析，权衡利弊，做到考虑问题多向思维，提出建议多种方案，起草文件反复推敲，答复问题掌握分寸，安排工作多方商量，评估工作不走极端。

“实”，就是求真务实，工作扎实，狠抓落实。这是机关干部应具备的最宝贵的、最重要的作风。“扑下身子干实事、谋实招、求实效”，是党的二十大提出的一个明确要求。一个“实”字，体现的是务实作风、求实态度。求真务实，就是坚持一切从实际出发，扎扎实实地创造性地开展工作。工作扎实，就必须说实话，干实事，讲实效，解决实际问题，大兴调查研究之风、狠抓落实之风、大力改进文风。办事一定要有甘当无名英雄的思想，干工作不图虚名，少说多做，默默实干。总结经验不掺水分，反映情况不掺个人恩怨，不把计划当结果，不把预测当现实，脚踏实地做好自己的分内事。

第三，养成严守机密的习惯。机关干部处在承上启下、联系左右、协调内外、沟通各方的重要位置，并经常列席或参加各种会议及活动，掌握了领导大量的重要信息。对此，作为机关干部，一是守口如瓶。保守秘密应成为机关干部的一项职业道德。特别对重大事项、干部调整、对外宣传以及涉及对干部的评价等问题，要守口如瓶，不能随意透露。二是不传闲话。坚决反对和抵制自由主义，特别涉及领导之间的意见分歧，领导对下级的一些评价、看法等，不能传播，更不能搞阴一套、阳一套的两面派作风。三是不编不造。对决定的重大事项、重要决定等内容和信息，未经批准公布之前，必须严格遵守保密规定，不能泄露秘密。四是慎重交往。说话办事要注意分寸，与人交往要把握尺度。不通过QQ、微信、微博、电话谈论工作机密，更不能在公共场合谈论与工作有关的言论。

第四，养成乐于学习的习惯。机关干部承担着机关日常行政事务的重任，是领导的参谋助手，每个人都要善于学习，乐于学习，努力培养成为管理行政事务的行家里手。一是虚心向领导学习，认真做好各种记录。随同领导调研、听取汇报等活动时，对领导讲话中的闪光思想、脑子闪现出的“火花”，以及在闲谈中的点滴启发、生活中的生动语言等，要随时捕捉，随时记录，久而久之，积少成多，大有益处。鲜活的语言、闪亮的思想，往往只存于瞬间，不记就稍纵即逝。二是准确把握领会领导意图。要注意把领导在不同时间、不同场合自然流露的零散观点集中、连贯起来进行分析，找准其实质内容，准确把握好领导的意图。要根据领导意图撰写材料，对自己难以把握的问题要及时请示，切忌自作主张。三是注重向实践学习、向群众学习。深入基层调研时，每到一处都应广泛收集材料，包括正面的和反面的材料，特别是群众的一些鲜活的语言、顺口溜等都尽量记录下来，作为撰写材料的素材。四是要成为储备多方面情况的“档案库”。要通过多种渠道，尽可能收集上级主管部门和二级单位各方面的信息，一旦领导需要，就能信手拈来。五是要熟悉本单位的各项规章制度。特别是对重要工作制度、议事规则，要做到心中有数、言出有据。

第2讲　掌握办事的五条准则

机关行政管理作用重要，牵一发而动全身，工作具有很强的原则性、规范性、系统性、协作性等特征。机关干部既要掌握相关政策法规，又要熟悉本职业务；既要有良好的品德，还要有过硬的基本功；既要有分工，还要有合作。机关干部办事应遵循以下五条准则，即按政策办事、按原则办事、按程序办事、按职责办事、按决议办事。

办事是机关的重要职能，它不仅是工作人员为人民服务的过程，还能体现个人素质的高低。会办事，就是把好事办好，把难事办成，把不放心的事办放心；不会办事，就是把好事办砸，把简单事办复杂，把放心的事办得不放心。那么，在机关办事究竟要注意哪些方式方法？

第一，按政策办事。也就是办事要讲政治，严格遵守国家有关法律法规、政策规定，严格遵守政治纪律、组织纪律、人事纪律、财经纪律，不能出格越轨，不能“打擦边球”“闯红灯”。政策是国家政权机关、政党组织和其他社会政治集团为了实现自己所代表的阶级、阶层的利益与意志，以权威形式标准化的规定在一定的历史时期内，应该达到的奋斗目标、遵循的行动原则、完成的明确任务、实行的工作方式、采取的一般步骤和具体措施。按政策办事，党员领导干部必须率先垂范，带头遵守、带头执行，确保政策的约束力、规范化、权威性。政策就是规矩，就是“标准”、就是“红线”。现实生活中，不论是法律规定、纪律规定，还是其他规定，有时看起来与道德、人情相违背，但必须严格遵守，不能背道而驰。实践一再证明，只要能够坚决按法规办事，许多难办的事情反而不难，许多矛盾反而好解决了。否则，就不能把事情办得很好，甚至还会办糟；或者虽然把一件事情办成了，但却把规矩给坏了。

机关干部要做到按制度办事，必须坚持党性原则，深刻领悟“两个确立”的决定性意义，增强“四个意识”，坚定“四个自信”，做到“两个维护”，坚决把习近平总书记重要指示精神和党中央决策部署落到实处。必须牢固树立规则意识，认真学习和掌握各项制度和行为规范，将制度和规矩入脑入心，潜移默化为一种工作和生活习惯，使之成为为人的“准则”、行动的“镜子”、做事的“指南”，明白哪些该做、哪些不该做，哪些该说、哪些不该说，哪些应该大力提倡、哪些应该坚决反对，做到知大知小、知进知退、知荣知辱、知是知非。如此，方能“从心所欲不逾矩”。

第二，按原则办事。原则是一个人说话或行事所依据的法则或标准。我们说“小事讲风格，大事讲原则”。所谓“大事”一般都是原则性、纪律性较强的“公事”。当我们遇见原则性的问题，必须保持头脑冷静、保持定力，守住底线，按原则办事、照规矩行事，公事公办、大公无私，不讲关系、不给情面，防止“破窗效应”。只有坚持按原则办事，坚持公正处事，才能确保成事、不出事。按原则办事体现了领导干部的党性原则、政德修养和政治定力，是确保清廉从政、守正笃实的标尺、规矩。按原则办事，就要对事情的原则清楚，否则，就会犯常识性的错误。古人讲：“入境问禁，入乡问俗，入门问讳。”只要稍微认真些，失误是完全可能避免的。机关基层干部一头连着领导，一头连着群众，按原则办事，才能保证上情下达，下情上传，决不能贪图小利，违反原则办事。

机关行政管理工作原则有：

坚持党的领导。坚持以习近平新时代中国特色社会主义思想为指导，全面贯彻党的路线方针政策，全面完整准确贯彻落实党中央的重大决策部署，坚定捍卫“两个确立”，坚决做到“两个维护”，健全和落实请示报告制度。

坚持人民至上。坚持全心全意为人民服务的根本宗旨，坚持以人民为中心的发展思想，着力保障和改善民生，想群众所想、急群众所忧、办群众所盼，优化完善服务保障体系，实现好、维护好、发展好人民群众根本利益，不断增强群众获得感、幸福感、安全感。

坚持依法行政。深入学习贯彻习近平法治思想，坚决维护宪法和法律权威，加强法治政府建设，严格规范公正文明执法，强化执法监督，依法行使权力、履行职责、承担责任。

坚持科学民主。强化系统观念，增强工作的前瞻性、整体性、协同性。全面落实重大决策程序制度，加强调查研究、科学论证、风险评估、合法性审查，广泛听取各方面的意见和建议。涉及社会公众切身利益的重要规划、重大公共政策和措施、重大公共建设项目等，应当充分评估论证，采取论证会、听证会或者其他方式听取专家和社会公众意见。建立健全重大决策跟踪反馈制度，加强后评估，不断提高决策质量。

坚持守正创新。坚持党的基本理论、基本路线、基本方略，坚持求真务实、开拓创新，突出问题导向、效果导向，想问题、作决策、办事情一切从实际出发，着力解决改革发展稳定中的突出问题和人民群众急难愁盼问题。加强数字政府建设，推动流程优化、模式创新，不断提高政府效能。

坚持清正廉洁。落实全面从严治党要求和廉洁从政规定，勇于自我革命，持之以恒正风肃纪反腐，一体推进不敢腐、不能腐、不想腐，全面加强廉洁政府建设，推动形成清清爽爽的同志关系、规规矩矩的上下级关系、亲清统一的新型政商关系。

第三，按程序办事。程序是为了进行某项活动所规定的先后次序，体现为一定的规矩。程序是科学，程序是规律，程序是经验的总结。按程序运转，分层次处理，是做好行政管理工作的重要一环。行政工作中诸如召开会议、传阅文件、接待来访、调查研究等一些经常性、事务性的工作，都必须遵照基本的办事程序来进行。特别是一些请示报告事项，必须按照领导分工，逐级请示汇报，这是机关工作人员必须遵循的基本准则。机关干部自觉增强程序意识，按照程序办事，才能不断推动各项工作落细落小落实。

习近平总书记告诫全党，必须遵循组织程序，决不允许擅作主张、我行我素，重大问题该请示的请示，该汇报的汇报，不允许超越权限办事，不能先斩后奏。[①]对于强化程序意识的重要性，大部分机关干部都比较清楚，但仍有人不愿按程序办事，总爱绕过程序拍肩膀定调、拍脑袋决策、拍胸脯许诺，一旦遇到矛盾就拿权力压人。究其主要原因：一是迷信人情关系。觉得大家平时都很熟悉，没必要走程序，遇事习惯于打招呼。二是浮躁心理影响。平时静不下心来学习有关制度和程序，遇事坐不下来分析事情始末缘由，处理问题时总是怕麻烦、图省事，视程序而不见、置程序于不顾。三是私心杂念作怪。选择性看待程序，对自己有利的就要求严格按照程序办，对自己不利的就想绕过程序走捷径。

机关干部必须养成按程序办事的良好习惯，自觉维护正常的工作秩序。一要熟悉工作流程。要对各项日常工作规范、办事流程了如指掌，做到程序熟悉，职责明确，杜绝由于不了解工作流程而犯低级错误。二要严格执行程序。任何工作落实过程中都有先后顺序，每个工作阶段和工作步骤，都是承前启后、环环相扣的。因此，在完成工作的过程中，必须遵循工作流程，按照规定的步骤和次序依次展开，不能随意跳跃或颠倒。三要及时反馈信息。在每项工作的流程中，不可避免地要面对不同层级的领导，对领导的指示和意见要及时反馈给相关部门，确保程序衔接紧密，工作顺利开展。需要指出的是，在强调程序意识重要性的同时，也要看到程序不是包治百病的灵丹妙药，要防止其成为某些官僚主义者消极怠政、为官不为、推脱责任、不敢担当的挡箭牌，但这并不影响对违反程序行为的惩处。

第四，按职责办事。各级都有明确的职责分工，按职尽责，是工作的基本要求。如果办事不按职责、不讲程序，好事争着干，难事往外推，工作就很难全面落实到位。有些工作之所以“空转”，说到底还是按职责办事的意识不强，致使许多工作文件来文件去，没有真正落到实处。办事少不了路线图、缺不了时间表、离不了责任人。无论从事哪项工作，首先要把个人职责弄清楚，明确岗位要求是什么，自己应该干什么，有什么禁忌和规定，特别是应当掌握各自工作的特点规律，明确什么时间抓什么、怎么抓；其次要强化事业心责任感，珍惜来之不易的工作岗位，对分内工作勇于担当，绝不推诿，尽心尽力完成。按职责办事要注意两点，一个是要尽职，一个是不能越职。尽职就是把自己办的事情办好，不能“缺位”，不能推托给别人。另

① 《习近平谈治国理政》（第二卷），外文出版社2017年版，第155页。

一方面，要按级尽责、谨防“多管闲事”，不要“越位”和“错位”。也就是说，一级管好一级的事，一级尽好一级的责，不乱插手职责以外的事，也不能“种了别人的自留地，荒了自己的责任田”。“不要把一切问题都自己扛”，否则，就破坏了程序，搞乱了职责。此外，还要各司其职、各负其责，防止发生“争位”和“推诿”的现象，严格按照职责要求做好分内工作，发挥各自的积极性创造性，推动各项工作有序进行。

第五，按决议办事。机关单位的“三重一大”，即重大问题决策、重要干部任免、重大项目投资决策、大额资金使用，必须始终坚持集体领导、民主集中、个别酝酿、会议决定的原则，经集体讨论后作出决定后，按照会议决议执行。这一制度最早源于1996年第十四届中央纪委第六次全会公报，对党员领导干部在政治纪律方面提出了四条要求的第二条纪律要求。具体表述如下：认真贯彻民主集中制原则，凡属重大决策、重要干部任免、重要项目安排和大额度资金的使用，必须经集体讨论作出决定。

凡属“三重一大”事项，除遇重大突发事件和紧急情况外，应由领导班子以会议形式集体讨论决定，不得以传阅会签或个别征求意见等方式代替集体决策。领导班子决策“三重一大”事项，要做到规范化、制度化、程序化，以保证决策过程的科学民主和结果的公正合理。

当然，法无定法。对于机关单位行政管理工作来说，需要坚持原则性与灵活性的统一。按规则办事的根本目的，是为了提高工作效率，更好地完成工作任务。而当遇到一些特殊情况或突发性事件时，也不必拘泥于这些原则，要在不违背政策纪律的前提下，结合实际，把原则用活，从而更好地为全局工作服务。

第3讲　提升办事的三种能力

做过行政管理工作的人都知道，机关工作主要分三块，办文、办会、办事。每一块工作都需要相应的能力才能做好，“会不会办事”是一个人重要的工作能力。会办事，就是把好事办好，把难事办成；不会办事，就是把好事办砸，把简单事办复杂。因此，机关干部需要努力探索办事的基本规律，不断提升办事能力。

能力是胜任工作的条件，包括完成任务所采取的思想方法和运作方法、最终达成的目标和成效。简而言之，就是对岗位职责要求的适应性、匹配性。机关干部要持续提升三种能力，推动工作再上新台阶。

第一，提升判断力。从某个角度来说，行政管理工作是一个判断的工作。几件事摆在眼前，要认真进行分析，不能眉毛胡子一把抓，要保证突出重点，分清主次，区别权属，判断什么是急的，什么是不急的，什么是马上要急办的，什么是缓办的。要尽量替领导弄清真相，多为领导决策提供最原始、最准确的依据。判断是否准确往往决定事情办得是否顺利。

首先，判断事情的轻重缓急。行政工作错综复杂，千头万绪，有时同时来好几件事情，这件事需要办，那件事也等着办，这时就特别需要耐心和细心，要不厌其烦，不厌其碎，不厌其小，认真办好每一件事。行政管理工作突发事件多，越在紧急情况下，越要稳住心态，不能乱了方阵，慌了手脚。先将事情进行判断，分清事情的轻重缓急，把握办事节奏。紧急情况可先办理再请示，如遇紧急事项来不及请示时，可以按照工作程序先处理后请示。遇事要认真分析，沉着冷静，绝不能凭想象来。更不能人云亦云，捕风捉影。判断事情的缓急，并不以"哪个领导说的"为标准，而是要以时效性为依据，不能听风就是雨，要先观察判断是否还会有变数，如果因为变化一次次地修改通知和方案会使机关干部的可信度大大降低。但是有时效性要求的事情一定不能耽误，耽误就是误事，如果是急事，加班加点也要把它完成，还有些事情能缓办的就缓办。

其次，判断事情的归属权限。机关工作涉及面广、杂，如果事先不做好分类就去请示领导，只会把领导搞得莫名其妙，把事情搞复杂。因此遇事要先判断事情的归属，先要跟责任部门沟通，问清是怎么回事，缘由在哪里，到了什么程度，然后分门别类，归纳汇总，有侧重地简要上报。

不要喧宾夺主，要尊重职权分工。每个领导都有自己的分管工作，在做请示处理问题上，要按照领导分工负责的范围，向主管领导请示报告，要实行单向请示，不可多头请示。如果遇到综合性较强同时涉及面广的工作，要按照主持全面工作的领导的指示精神去办。在工作过程中要及时向有关的分管领导通报情况，如果出现意见不一致，则建议领导当面研究，不可来回传话，防止传话人因理解上的问题，造成误会。

不要越权，要跟分管领导请示汇报。不要越级请示汇报，如果越级请示了，就是把分管领导放在了一个很尴尬的位置上，如果上级没有作出直接指示，上级的上级老给你作出安排，那么这个领导就被晾一边了，工作怎么能够进行下去。如果条件允许，最好是在办事之前先跟直接领导汇报，这样可以把两个领导的指示结合起来抓好落实。

最后，判断事情的先后规范。机关干部的判断力还体现在对事情先后行为规范的认识上。随着机关行政事务工作日趋复杂,工作人员要适应形势要求,突破思维定式,建立比较科学的先后行为规范,优化工作秩序、妥善处理各方面的关系、减少工作矛盾和失误、提高工作效率。

一是先上后下。当上级来人和要求办理的工作与下级需要帮助办理的事务交织在一起时,机关干部必须坚决服从大局,首先做好上级交办的事,接待好上级来人。这样做绝不是逢迎上级领导,而是保证上级领导和机关的工作效率、保证政令畅通的需要。对下级的事当然也要重视,在可能的情况下还要努力兼顾,但绝不能上下倒置。日常工作中,如果单位会议时间与上级会议时间有冲突,就优先参加上级的会议;如部门的活动与单位的活动时间有冲突,就参加单位的活动,部门的活动延期。

二是先大后小。在机关管理工作中,往往会出现这样的情况:主要领导、分管领导以及其他领导分别交代一些工作任务,有的在时间要求上发生碰撞,有的甚至意见不一、互相矛盾,常常令人难以兼顾、难以适从。在这种情况下,机关干部只能按照下级服从上级的原则,坚持首先按主要领导、职务较高的领导的意见办,完成好他们交办的任务,然后再向其他领导汇报、解释。这样做绝不是讲究等级观念,而是为了保证管理工作能够紧密围绕领导中心有效运转,避免陷入多头领导的困境而增加工作矛盾。

三是先主后次。机关干部在处理多项事务及接待多批次来客中,必须按照抓主要矛盾、抓重点工作的要求,注意把主要精力投放在重要工作上,接待好相对比较重要的来客,以免主次不分、因小失大。当然,这绝不意味着可以忽视次要方面,更不能因强调主要工作而造成次要工作的失误。在实践中,必须在保证主要任务完成的同时完成好次要任务。

四是先易后难。把易于处理的事务先处理好,可以提高工作效率,并有利于把主要精力腾出来向难事倾斜。遇到难事慎重对待,一方面可以避免一开始就牵扯过多的精力,影响对若干易办事务的办理;另一方面也有利于争取时间开展调查研究,倾听有关方面的意见,制定稳妥预案,协调必要力量解决好难事。这与回避矛盾性质完全不同。

五是先外后内。首先把对外事务处理好,把外部来客接待好,内部的事可待后处理。这样做,可以提高对外交往的工作效率,显示领导者和机关良好的外部形象。

六是先远后近。在与兄弟机关或其他单位的交往中,要体谅别人远距离办事的难处,坚持把远方交往放在优先的位置,努力给对方带来"天涯若比邻"的便捷与温馨；而在近方交往中，即使一时办不了，改时再办也不会给对方带来多大麻烦，在具体工作中只要说清楚、安排妥当就可以了。决不可拘泥于一些过时的地域观念，反其道而行之。

七是先疏后亲。必须改变熟人好办事的传统观念。对越是缺乏交往的来客越要优先接待好，而关系亲密者因相互比较了解，即使“怠慢”一点也可以通过解释取得谅解。相反，如果把次序颠倒过来，就会严重影响对外交往，影响接待工作的顺利开展。

八是先群众后干部。处理机关事务、做接待工作要坚持以人民为中心的发展思想。一方面，应把接待工作作为了解群众情况的重要渠道，及时发现问题，把矛盾解决在起始阶段，为全局工作提供参考；另一方面，接待工作做好了，也体现着领导和机关干部服务群众、为群众办事的风范。

九是先约后常。对事先预约时段办理的事务或接待的群众，在一般情况下决不能爽约失信，一定要如期办理、如期接待。这样做可以养成讲究信用、工作严谨的作风，增强机关干部和机关处室的公信力。

十是先急后缓。对于时限要求比较紧的急事，例如上级紧急命令和部署、突发事件等，一定要打破常规，放在突出位置上，抓紧时间集中力量办好，绝不能按部就班而贻误时机。对于能够缓办的事，在事务繁多时，可以适当向后安排，待比较紧急的事务办理后再依次办理。应该说明的是，急与缓是相对的，如果没有需要急办的事，可以从缓的事就没有从缓的理由和必要，也应从速办理，绝不能因为时限要求不严而随意拖拉以致形成拖拉作风。

十一是先公后私。作为机关干部，在办理公务的同时也会有一些个人的私事需要办理。在一般情况下，应努力克服困难，尽可能把私事安排在公务之余办理；遇到特殊情况需要急办或需要花费一定精力办理私事时，则应安排好工作，并履行一定的请假、交接手续后再离岗办理，绝不能因私废公、影响公务甚至导致渎职。

第二，提升协调力。机关干部的沟通协调工作包括了内部协调和外部协调，涉及公务接待、会议会务、通知文件的贯彻落实，不仅部门之间需要协调，上下级之间需要协调，领导之间也需要协调。协调是否到位会直接影响工作的进展，有效的协调可以提高工作效率，发挥各部门的职能和作用。

首先，准确定位，明确职责。作为一名机关干部，要准确定位不错位。明确职责是做好协调工作的关键。在机关的组织结构关系中，机关干部必须准确定位好自己的角色，要站在全局的位置上协调工作，只有把握全局，才能把握好度，才能掂量出每件事情的分量，才能有效地把握问题的实质。只有想到全局，才能与领导思考问题的方向保持一致。机关干部要准确就位不越位，在上下级关系协调时，无论是对上还是对下，必须严守本分，不擅权越位。遇到问题，不替领导拍板，要积极向领导反馈，提出相应的预案，及时请示、汇报。对待基层单位，要公平待人、表现亲和、尊重诉求，要深入基层收集相关信息，主动听取有关方面的想法和心声，预先做好协调和了解工作。对待平级部门，要友好协作、多方沟通、取长补短。

其次，加强沟通，协调各方。一些大型活动如人代会、培训会，招聘会等往往涉及众多部门，对于一些没有明确权属的工作，领导往往委派牵头单位，各部门参与，分工合作。此时，牵头单位作为协调单位要精心准备。协调办事要想在前、谋在先，复杂问题高度重视，简单问题不掉以轻心。一是明确协调事务。协调办事前，应搞清楚谁要求办，为什么办，什么时候办，办到什么程度，办事具备的条件。要向各部门说明活动的目标、拟定的实施方案、工作的进度等方面内容，进行信息沟通。二是掌握政策法规。协调办事前，把涉及的政策法规搞清楚，既确保办事有规、办事合规，又可运用政策“武器”，增强协调的“底气”。三是清楚自身角色。明确自己的职权范围，防止越权办事；准确领会领导意图；把握好角色定位，防止摆不正位置。四是了解协调对象。注意了解协调对象的基本情况，以便寻求共同话题，拉近距离。五是预备多种方案。一些难办的事、职能交叉的事、可办可不办的事，协调难度较大。协调之前应反复揣摩，如何表述更恰当，跟谁协调更管用，哪种方法更稳妥，着眼效果做好多手准备。加强各方的信息沟通，使各相关方面了解事情的真相，促进相互信任和理解，推进彼此的谅解。协调活动的外在表现是对事的协调，实质是人与人关系的协调。作为机关干部要以坦诚的态度对待矛盾的双方，用疏导的方法理顺各方利益，用幽默的方式化解僵局，充分使用各种柔性协调方法处理人员之间的矛盾和冲突，保证工作的顺利推进。

最后，动之以情，准确切入。机关干部在协调各方利益和矛盾时，要善于找到解决问题的关键点和突破口。一是要找到沟通的切入点。协调的关键是多方或双方的沟通。但在沟通的过程中，会受到诸多因素的影响，使沟通受阻。这时，就要求机关干部必须全面分析协调双方的实际情况及利益诉求，找出其中的一致点和分歧点。从双方的一致点出发，整合双方认识上相同、相近或相融之处综合形成初步协调方案。把这一方案发放给各方，多跑动，多协调，劝说双方以大局为重，求同存异，逐级化解矛盾。二是要打好感情牌。协调工作是一种微妙的关系处理，善于发挥好情感的因素。这就要求机关干部在日常的人际交往中，要注意树立好自我形象，和各部门的主要负责人建立稳定友好的关系。要在深入基层调研时，认真倾听各方诉求，在言语交流中，适当地流露出对他们利益诉求的认同和理解，并及时地把他们的意见反馈给领导，让自己成为大家都信得过的人。这样在矛盾僵持不下时，才有可能适当地动用个人的人际关系，以情化解矛盾。

第三，提升督办力。机关行政工作没有督办力，单位发展规划就不能贯彻落实，上级的政策和领导指示就不能执行到位。机关工作量大、面宽，如何在千头万绪中抓好督办落实，既要苦干实干，也要巧干，在提升督办意识、强化督办责任的同时，不断增强督办工作的能力和水平。

一是推动督办落实，确保政令畅通。机关的日常工作牵涉党建、人事、职工、群众和上级领导部门，很多工作由于各种原因，造成有部署不落实或者是落实不力等，出现这类情况时，就需要机关干部来进行督办落实。因此，在日常工作中，对于领导安排的工作，机关干部要积极推进，督办相关部门、责任人尽快落实，要实时监督，确保政令畅通，要主动向领导汇报事情的进展情况。提高督办力度，切实加强监督和实施，确保落实领导决策。协调有关部门、二级单位联动，把握好监督工作的重点，采取有效措施，确保重要工作付诸实践。

二是实施监督检查，确保完成任务。实施必要的监督可以加快执行的进度和确保执行的效果，缺少必要的监督与检查，任务往往很容易落空。监督从任务下达时开始，不断跟踪进行，便于在每一环节发现与预期目标的差距，以便进行修正和完善。否则一旦任务期限到达未完成任务，再来检查和监督进行补救，就会延长任务完成的时间，工作效果也大打折扣。

三是洞悉督办重点，改进督办方式。洞悉督办重点，就是要把督办工作的重点放在中央和省委、省政府和主管部门的重大战略部署上；放在机关发展重大决策和重点工作上；放在关系广大群众切身利益的民生问题和关注的热点、难点问题上。通过把握督办问题的重点和方向，不断改进督办方式，丰富督办手段。在督办过程中，既善于发现工作中存在的问题，又善于分析导致问题产生的原因，研究解决问题的方法，尤其应及时反馈妨碍决策落实的苗头性、倾向性问题，提出对策性建议，推动工作落实。

第4讲　办事要做到“四不”

提升办事能力，既需要良好的内在功底，更需要扎实的外在功力。只有主动针对自身履职尽责过程中的知识空白、经验盲区和能力弱项，坚持干什么学什么、缺什么补什么，全面充实富有时代气息的新知识、新经验、新信息，努力做到知识吸收和实践消化两手抓、两手硬，才能不断加快知识更新、优化知识结构，提高服务改革发展各项事业的实际本领，真正做到不因事小而不为、不因事杂而乱为、不因事急而盲为、不因事难而怕为。

党的各级领导干部，无论职务高低，或主政一个地区，或分管一方面工作，都在特定的岗位上，围绕自身履职的范围、权限和任务而发挥作用，这就是现代意义上的“守土”。领导干部应当做到守土有责、守土负责、守土尽责，为党尽忠、为民尽责，不负众望、不辱使命。

第一，不以事小而不为。对机关干部来说，大事要抓，小事也要抓。即便是抓小事，也应一抓到底。必须做到：(1)知大知小。要胸有全局，站在大局的高度来运筹谋划工作，分清主次、深浅、难易，有的放矢地制定对策，确定工作目标。这样才可能避免工作一团麻，结果一团糟。(2)小中见大。小事中隐藏着大事，这是机关工作的显著特点。如值班、会议通知、与群众谈话、接待工作等，都不能说是多大的事，但出现疏忽就会引起麻烦和非议，稍有不慎就会捅大娄子。因此，机关干部必须保持政治敏锐、头脑冷静、眼光锐利，做事情要小中见大、以小促大。(3)举轻若重。对看似小事的经常性工作，要建章立制，写在纸上，贴在墙上，记在心上，抓在手上，形成规矩。同时，要注意从中找出规律性的东西，高屋建瓴，举一反三。(4)默默无闻。抓小事不显山不露水，做好了没人知道，有了失误谁都可以指责。因此，除了要有“俯首甘为孺子牛”的奉献精神外，还必须具备任劳任怨的心理素质。

第二，不以事杂而乱为。机关工作琐碎繁杂，头绪很多，机关干部头脑里要有一张清晰、规则的运行图，哪个该为，哪个不该为，哪个重点为，必须一清二楚，不能乱为。不乱为，就是要知轻知重，避免力量平均使用。不能重要工作没抓住，没干到点子上；次要工作用力过了头，吃力不讨好。不乱为，就是要知上知下。领导意图不了解，是盲人骑瞎马，干不好还会南辕北辙；下情不掌握，就会脱离实际，脱离师生，事情也办不好。只有吃透了上情，办事才有方向，才有主心骨；摸透了下情，办事才会有的放矢。不乱为，就要知规知矩。没有规矩不成方圆，机关干部要成为讲规矩的楷模，不管事情再多再杂，都不能忘了规矩，该请示的要请示，该报告的要报告，该当家的敢拍板，该反馈的不截留。

第三，不为事急而盲为。机关常规化的工作很多，突发性的事情也不少。面对日益增多的突发性事件的处置，机关干部必须冷静应对、正确处理，不能盲为。不管事情发生多么突然，多么紧急，都要沉着应付，冷静处理，千万不能慌乱。要一边向领导汇报情况，一边冷静分析，提出预案，供领导决策参考。在领导做出决策后，要按领导要求协调相关单位，及时组织力量进行处置。要大胆地往前站，不能犹豫，不能退缩，同时必须胸有主见，既不能乱表态、乱许愿，又不能唯唯诺诺、态度暧昧，避免使问题复杂化以妨碍问题的解决。

第四，不以事难而怕为。在处理各种事务中，有时会出现一些超出职责、难以预料的事情。对这些事，机关干部必须坚持做到不回避矛盾，敢于冲在前面；不怕丢面子，不怕得罪人，个人受点委屈也在所不惜；不怕麻烦，跑断腿、磨破嘴、饿扁肚子也心甘情愿。这就要求机关干部需要具备如下品质：一是有义无反顾的勇气。机关干部要清楚自己的职责，心如明镜，有直面困难的勇气，义无反顾，挺身而出。二是有身先士卒的自觉。机关基层干部是领导干部在基层的延伸，在关键时刻应该代领导冲锋陷阵，替领导排忧解难。三是有敢碰硬茬的精神。机关干部要讲究柔中有刚，当好人是对的，但不能当"好好先生"，特别是在原则问题上，要敢于碰硬茬，年轻干部要自觉加强斗争历练，在斗争中学会斗争，在斗争中成长提高，努力成为敢于斗争、善于斗争的勇士。

第5讲 善于向领导学习办事

能够遇到一个"好领导"是人生之大幸，就是遇到"坏领导"，也未必都是坏事。因为，历史不能假设，领导不能选择，经验和教训都是财富。重要的是，我们要学会在领导者身上挖掘自己受用的东西。向领导学习，不仅要请教他们认识事物的方式，更重要的是要学会像他们那样去思考，以便取得成功。

作为一个地区，一个单位，一个部门的领导，工作千头万绪，有主要工作，也有次要工作；有中心工作，也有非中心工作。这样就要求机关干部要善于向领导学习，积极主动争取领导的重视和支持。

《致加西亚的信》一书的作者阿尔伯特·哈伯德曾说过："一个好的领导会让你受用无穷。"领导多如师者，具备工作经验丰富、重要岗位锻炼等优势，值得下属好好学习。学习是人类的本能，是人类的本性，是人类的基本需要，是指学习者因经验而引起的行为、能力和心理倾向的比较持久的变化。下级向领导学习，是出于进步的自觉，也是追求自我完善的本能。

机关干部每天同各级领导一起上班，可以近距离接触本单位领导，有的还直接是为各级领导提供辅助管理的人员，因与领导天天一起工作，要利用好"近水楼台先得月"的优势，客观冷静地审视一下自身的素质能力，掂量一下与领导有什么差距，哪些可以提高，哪些可以弥补，哪些可以拓展，善于观察、虚心请教，可以耳濡目染，学习领导在决策、指导、协调、调研等方面的才能，不断提高自身的能力本领和见识水平。如果机关干部都能认识到这一点，并积极向领导学习，那么对自己综合素质和业务能力的提高，对更好地辅助领导工作，将是大有裨益的。那么，机关干部应如何向领导学习呢？

一、在与领导的日常接触中主动学习

基层干部在同领导干部的工作接触中，要珍惜这个宝贵的学习锻炼机会。

一是在工作往来中学习。譬如，机关领导干部的行政事务工作，会接手大量文件、资料，领导干部由于工作烦杂，不可能将这些文件、资料尽数消化，他可能会将其交给信任的下属进行整理、处理。下属接触这些文件、资料的过程，就是一个“披沙炼金”的很好学习过程。一方面，通过对文件、资料的研读，从中感悟原理、创新思维、增长知识、提升水平，内化为精神追求，外化为自觉行为；另一方面，通过对文件、资料的分析整理，又能使领导花费最少的时间、精力接收到重要信息。这既为领导排忧解难，又锻炼提升了自己的能力。

二是在非工作往来中学习。譬如与领导一起出差，业余时间、非工作关系的往来等。一方面，可以学习领导待人接物，如何处理人际关系，更由于这种交往带有浓厚的生活色彩，创造了一种随和、宽松的氛围，可以促使双方一吐衷肠，下属从中能了解到上级领导的道德情操、价值取向、成长轨迹等深层次的信息。这些信息往往是日常工作中所接触不到的，下属能够通过这些信息辨析上级在工作状态之外的一些优点和处世的一些感悟，从中汲取有益之处。

二、在领导心情较好时主动请教

情绪是影响人的行为的重要因素。人的情绪不是直线式恒定的，而是随外界环境变化和内在心理律动波浪式变化的。领导工作具有责任大、担子重、涉及面广等特点，导致领导的关注度高、生活的规律性不强、没有更多精力照顾家庭，这些都容易使其积累紧张、焦虑、烦躁、郁闷等负面情绪。在领导情绪波动较大特别是身心疲惫、心神不宁、紧张烦躁、郁郁寡欢等消极情绪集中的时候，下级应避免再给予领导更多的负面情绪。

综上，下属有问题向领导请教或学习，可选择适当的时机，这样能够增加达到预期目标的概率。例如，在领导心情不错又空闲的时候，可以把遇到的问题提出来,主动求教。有研究表明,领导的积极情绪能使下属体验到更多的积极情绪与更少的消极情绪。换句话说,领导的正面情绪能够对下属的正面情绪起到积极影响。这说明情绪是能够在人与人之间相互传递的。最好是选择在上午或下午刚上班的时间,这个时候领导还没有接触其他工作,精神和情绪都处于较佳的时刻,你这时去请教工作,他会认真答复。向领导提问的时候,一定要抓住问题的关键,一些随随便便的小事情,就不要请教领导了,那只会让领导觉得你不会思考,工作能力差。

当然,如果领导情绪不佳,又没有特别紧急的事情,也可以请教领导。但是,这个时候要正确选择所谈内容。譬如谈论他最得意、最擅长之处,并请他多分析思路和解决过程。这是因为,领导的擅长之处,往往是他经验最丰富、兴趣最浓厚的领域,下属可以适当在这个方面增加对他的依赖性,尽量让上级发挥所长。如此,既获得了教益,又无形中让领导走出了情绪的低谷,何乐不为呢?

第九章 增强过硬的担当本领

第1讲 忠诚就要不掺杂质

革命战争年代,检验一名党员干部是否对党忠诚,就看他能不能为党和人民事业舍生忘死,能不能冲锋号一响就立即冲上去。和平时期,对党忠诚也有具体标准,主要是看党员干部理想信念是否坚定,党的意识是否牢固,贯彻大政方针是否模范自觉;大是大非面前是否敢于亮剑,矛盾冲突面前是否敢于迎难而上,危机困难面前是否敢于挺身而出,歪风邪气面前是否敢于坚决斗争。

忠诚是党员干部的为政之魂。忠诚是指对党、国家、人民绝对忠诚、绝对纯洁、绝对可靠的政治本色和政治品质,思想上始终保持与党中央高度一致,对事业和同事忠诚忠实,代表着诚信、尽职和服从。忠诚是为政之魂,要筑牢理想信念根基,把使命扛在肩上。

一要对党绝对忠诚。习近平总书记强调,对党忠诚,不是抽象的而是具体的,不是有条件的而是无条件的,必须体现到对党的信仰的忠诚上,必须体现到对党组织的忠诚上,必须体现到对党的理论和路线方针政策的忠诚上,必须体现到对党组织的忠诚上,必须体现到对党的理论和路线方针政策的忠诚上。①理想信念是立党兴党之基,也是党员干部安身立命之本。机关干部要坚定理想信念和政治信念,牢固树立正确的世界观、人生观和价值观,自觉运用马克思主义立场观点方法认识问题、分析问题、解决问题。筑牢信仰之基、补足精神之钙、把稳思想之舵,坚决贯彻执行党的基本理论、基本路线、基本纲领、基本经验和各项方针政策,在大是大非面

① 《习近平谈治国理政》(第二卷),外文出版社2017年版,第189页。

前头脑清醒，立场坚定。不断加强理想信念教育，自觉用习近平新时代中国特色社会主义思想凝心铸魂，把拥护“两个确立”体现在理想信念、政治生活、立场定力、担当作为上，把增强“四个意识”、坚定“四个自信”、做到“两个维护”融入血脉灵魂，做到忠诚于党、忠诚于人民，忠诚于马克思主义，真心爱党、时刻忧党、坚定护党、全力兴党。

二要对事业忠诚。对事业的忠诚是对事业的献身精神和忠诚意识，是对职业追求的责任心和使命感，是每位党员干部都应具备的一种品质。它要求机关干部必须热爱自己所从事的工作和所献身的事业，竭诚地为之奋斗，并将自己的一生与其所从事的事业联系起来，在事业的成功中实现人生的价值。敦煌研究院名誉院长樊锦诗，1963年25岁时来到敦煌，坚守大漠半个多世纪，把大半生心血都奉献给了敦煌石窟，展示的就是忠诚。

三要对单位忠诚。“一滴水，只有放在大海才不会干涸。”我们每个人都是单位的一分子，单位发展强大了，个人才有更好的前途；反之，如果人人只打自己的小算盘，后果不仅是单位的损失，最终也伤害了自己的利益。对单位忠诚，意味着必须要有团队意识，上下一盘棋，统一步调向前进。对单位忠诚，意味着必须要爱岗敬业，忠于职守，干一行、爱一行、精一行。对单位忠诚，意味着必须要奉公守法，廉洁自律，不做损公肥私之事。对单位忠诚，意味着对单位制定的政策要忠贞不二，令行禁止，不折不扣地执行党委的决策部署。

四要对同事忠诚。大家虽然都来自五湖四海，但是能聚在一个团队里，为了推进中国式现代化这同一个目标而奋斗，这本身就是一种幸福，一种缘分，同事之间要珍惜这种缘分。对同事忠诚，就要做到互相尊重、互相爱护，要坦坦荡荡、推心置腹，要经常交流沟通。要多一些光明坦荡，少一些城府算计。同事之间算计别人最终也是惩罚自己。想要别人尊重自己，首先要学会尊重别人。“瓜无滚圆，人无十全。”同事身上难免有劣势、短处、缺点，但是看到对方身上这些不足之处，能够通过自身努力来提升他人、帮助他人弥补不足，这也是对同事的一种忠诚、爱护和关切。总是挖空心思琢磨别人，挑别人毛病，找别人短处，把错误归咎别人，把功劳揽到自己身上，伤害的不只是同事，最终毁掉的也是自己。

五要坚决反对做“两面人”。当前，绝大多数党员干部政治上、思想上、作风上是好的，能够做到忠诚于党的组织、忠诚于党的理想、忠诚于事业、忠诚于人民。但同时要看到，少数党员干部说一套、做一套，表面一套、背后一套，有的理想信念动摇，口头上大谈马克思主义、中国特色社会主义，而内心却存有疑虑，甚至求神拜佛、迷信西方；有的口头上大谈党的宗旨、群众利益，实际上却与党和人民离心离德，信奉个人主义和拜金主义；有的不认真学习党的基本理论，即使学了也是用来应付场面、装点门面，更无心在实践中加以运用；有的忙于造声势、出风头，把精力用在做表面文章上，而对落实工作则不了了之，等等。这些就是表里不一的“两面人”。机关干部必须坚决反对这种“两面人”现象，做到心口如一、言行一致。

第2讲　干净是干部的立身之本

习近平总书记指出，一个人能否廉洁自律，最大的诱惑是自己，最难战胜的敌人也是自己。[①]党员干部若不能守住个人干净的“底线”，就会像大厦失去了支柱、大坝动摇了根基，必然带来政治上的腐败、生活上的腐化、道德上的堕落、法纪上的失范。

干净是党员干部的立身之本，要守住拒腐防变防线，把责任担在肩上。干净是底线。要立公心、去私心，慎用权、防特权，重大节、守小节，严律己、常责己，保持清正廉洁的政治本色。

一要重品行守规矩，守住廉洁自律底线。现实中，有少数干部在对外交往时纪律观念不强，交往圈子不够纯洁，在别人的赞扬吹捧声中放松了警惕、经受不住糖衣炮弹的诱惑，不自觉地成了别人的道具。极少数党员干部办私事、谋私利，个别人甚至迷醉于声色犬马，滑向腐败堕落的深渊，在社会上造成了恶劣影响，教训极其深刻。一名党员干部即使再有能力，如果自身不干净、不过硬，如何担当大事业。机关干部要自觉筑牢拒腐防变的思想道德防线，常修从政之德，常怀律己之心，自觉净化社交圈、生活圈、朋友圈，带头执行廉洁从政各项规定，清清白白做人，干干净净做事。时刻紧绷纪律和规矩之弦，心怀敬畏之心，敬畏人民、敬畏组织、敬畏法纪，保持共产党人的高尚品格和廉洁操守；时刻怀揣公仆之心，正确看待手中的权力，正确对待手中的权力，做到公正用权、依法用权、为民用权、廉洁用权，真正做到权为民所用、利为民所谋。在大是大非面前旗帜鲜明，在风浪考验面前无所畏惧，在各种诱惑面前立场坚定，用实际行动诠释砥砺奋进的赤胆忠心。要经常对照党的理论和路线方针政策、对照党章党规党纪、对照初心使命，检视自己的理想信念和思想言行，牢记清廉是福、贪欲是祸的道理，才能拧紧世界观、人生观、价值观的“总开关”，守住拒腐防变防线，不断掸去思想上的灰尘，永葆政治本色。

① 中共中央党史和文献研究院编：《习近平关于全面从严治党论述摘编》，中央文献出版社2021年版，第364页。

二要强化自我修炼，做到清醒清白清新。修身、齐家、治国、平天下，修身是第一位的，共产党人更应该强化自我修炼，做自律廉洁的楷模和表率。对于一名党员干部来说，廉洁是对其道德修养和日常行为的一项基本要求，是其必须具备的政治品格，必须切实坚守廉洁这一从政道德和原则底线。党员干部只有做到了严于律己、清正廉洁，才能够清白做人、清白从政，从而成就一番事业，实现人生目标和理想追求。机关干部任何时候都要自重自省，自觉做到敬畏人民、敬畏法纪、敬畏组织、敬畏权力，始终坚守个人干净的为官底线，守住自觉的政治生命线。一是思想上必须清醒。要树立正确的世界观、人生观、价值观和正确的权力观、地位观、利益观，坚定崇高理想信念，任何时候都把党和人民利益放在第一位。要思想纯正，品行端正，在各种诱惑面前把持住自己，守得住清贫、耐得住寂寞、稳得住心神、经得住考验，严守党纪国法，牢记规章制度，时时处处严格约束自己。思想上清白，行为上就不留污垢，就不会被形形色色的诱惑“围猎”。二是经济上必须清白。要正确看待利与义的关系，把好小节关、亲情关、社交关，做到权力不为自己私用、不为家属借用、不为亲朋好友利用。三是生活上必须清新。倡导高尚正派、恬淡健康的生活方式，确实管住嘴、管住手、管住脚，筑起防线、抗拒诱惑。只有这样，才能真正做到清清白白做人、干干净净做事、坦坦荡荡为官，做到“捧着一颗心来，不带半根草去”。

三要增强自律意识，做清正廉洁的表率。自律是我们党的一条基本道德准则。习近平总书记指出，严以律己，就是要心存敬畏、手握戒尺，慎独慎微、勤于自省，遵守党纪国法，做到为政清廉。①清正廉洁是群众评价党员领导干部作风好坏、党性强弱的重要标尺。机关干部手中都掌握着一定的权力，如果放松了学习，放松了自律，守不住做人的底线，就会在事关原则问题上失去立场，就会在大是大非面前迷失方向。一是要过好纪律关。机关干部必须严格要求自己，自觉遵守党的政治纪律和政治规矩，对照《中国共产党廉洁自律准则》和《中国共产党纪律处分条例》，深刻检视自己的言行，进行深刻的党性分析，努力把外在规定的约束转化成内在的自控力和较高的自觉性，做到自省、自觉、自警。二是要过好权力关。权力是把“双刃剑”，不仅可以用来为群众办好事、实事，同时也容易导致少数领导干部用权力来谋取私利，机关干部要心存敬畏之心，正确使用好自己手中的权力，自觉接受各方面的监督，严格按照规章制度办事，慎用手中的权力，在资金、设备、基建等方面必须严格建立起科学有序的管理规定，把有限的资金投入到事业发展最需要的地方。

① 《习近平谈治国理政》（第一卷），外文出版社2018年版，第381页。

三是要过好生活关。廉洁自律还应从生活入手,不能灯红酒绿,纸醉金迷。在种种诱惑面前,机关干部要保持高度警觉,经得起诱惑,管得住小节,保持气节,树立正气,严格操守,保持艰苦朴素的作风,学会过简单的生活,保持高尚的精神追求,培养健康的生活情趣。

第3讲　担当是干部的履职之要

行政文化说到底是做事文化。机关干部要谋事,归根到底是要成事。要谋成事,就要求我们的干部要有主动性,有担当。担当是履职之要,要练就过硬本领,把事业放在心上。所谓的担当,就是对人、对事、对工作敢于负责任、勇于挑重担。同时,其内涵也十分丰富,既包括履行义务、尽到职责的坚持,也包括心怀百姓忧乐的胸怀,又包括攻坚克难的勇气。

看一名党员干部是否具有较高的素质和品德,其中的一个重要衡量标尺就是能否担当、能否忠诚于党和人民的事业,并在工作岗位上尽心尽力、尽职尽责。在工作中难免会遇到这样那样的困难或挫折,如果能够勇挑重担、冲锋在前,以百折不挠的信念千方百计地啃下硬骨头,那么他就是一名好干部;反之,在困难或挫折面前如果垂头丧气、推诿扯皮、无计可施,以至于最后败下阵来,那么他一定是不合格的干部。“千古风流在担当,万里功名须躬行。”挑担子、负责任是党员干部的应有之义,但担当精神不是空洞的、抽象的,而是实在的。机关干部强化担当应在以下几个方面下功夫。

一要攻坚克难,强化改革担当。在全面深化改革中推进中国式现代化,必然是一个攻坚克难的过程,尤其需要党员干部有直面矛盾的勇气,有敢于担当的精神。要始终高举改革旗帜,义无反顾地担负实现中国式现代化的历史使命。在具体工作中,要勇于负责,能够抢抓机遇,以强烈的创新意识开拓进取。当前,我国改革进入了深水区,每走一步都需要付出艰苦的努力,如果不想干事而只想当官,不想承担责任而只想揽权,不想付出努力而只想着风光,那么我们的工作就难以有突破,就难以取得预期的理想成绩。因此,机关干部既然在其位,就应该谋其政,切实担负起岗位职责与义务,尽自己所能地干事创业。

二要无私奉献,强化为民担当。2014年初,习近平总书记在接受媒体专访时强调，我的执政理念，概括起来就是：为人民服务，担当起该担当的责任。①对于党员干部来说，拥有多大的权力，相应地就必须要负有多大的责任。同时，干部不是特殊群体，没有什么特权，干部本质上就是人民的公仆，是人民的勤务员，除了为人民谋福利以外，不能有任何的私利可图。因此，机关干部在岗位工作中必须坚持为人民群众服务，在工作中努力做到密切联系群众、紧紧依靠群众，工作成果与群众共享。坚持以人民为中心，做任何决策、出台任何政策，都要看是否对群众有利，从而使我们的所有工作都能够顺民意、惠民生，使群众能够得到实实在在的实惠。

三要恪尽职守，强化职责担当。作为党员干部，由于职级有高低，所以其所担负的责任也有大小，但是绝对不存在党员干部身上不承担任何责任的现象。因此，无论是中层及以上干部，还是基层干部，都必须不断强化责任意识和担当意识，努力做到干一行爱一行，不管在什么岗位，都应该做到恪尽职守、敬业乐业、无私奉献，以奋发有为的姿态高质量完成本职工作。尤其是在急难险重的工作面前，党员领导干部尤其是主要领导，必须要勇敢地站出来，亲临工作一线靠前指挥，沉着冷静地进行工作的决策部署，成为领导群众凝心聚力、团结一致战胜困难的领头雁、主心骨。同时，在面对歪风邪气、慵懒涣散，甚至是违法乱纪的现象时，要切实坚持原则、站稳立场，敢管敢碰硬、敢动真格，绝不能被人情和关系所累，从而在本部门、本单位营造风清气正、干事创业的良好氛围。强化责任意识，做到敢于担当、秉公用权。作为一名党员干部，要勤于履责、勇于担责、敢于负责，在敢于担当中历练提高，在真抓实干中建功立业。要善于用战略思维、辩证思维、系统思维、创新思维、底线思维和法治思维观察分析问题，以“踏石留印、抓铁有痕”的劲头干工作，靠实招实干实绩树形象、聚民心、促发展。要提高群众工作能力，提高调查研究能力，使各项决策和各方面工作更加符合实际情况、符合客观规律、符合群众意愿。要把全部心思和精力用在干事创业上，用心用情用力做好工作，这样才能负起时代和历史的重托。

第4讲　团结才能胜利

在参加党的二十大广西代表团讨论时，习近平总书记强调，团结才能胜利，奋斗才会成功，全党全国各族人民要在党的旗帜下团结成“一块坚硬的钢铁”，心往一处想、劲往一处使，推动中华民族伟大复兴号巨轮乘风破浪、扬帆

① 《习近平谈治国理政》（第一卷），外文出版社，2018年版，第101页。

远航。[1]总书记的重要论述，深刻阐明了团结对新时代新征程全面建设社会主义现代化国家的重大意义，为我们牢牢把握团结奋斗的时代要求指明了前进方向。

恩格斯深刻指出，许多力量融合为一个总的力量，就造成一个新的力量。叔本华曾说过，单个的人是软弱无力的，就像漂流的鲁宾孙一样，只有同别人在一起，他才能完成许多事业。这充分说明了团结协作的重要性。我们不难看出，团结协作是一切事业成功的基础，个人和集体只有依靠团结的力量，才能把个人的愿望和团队的目标结合起来。团结是单位组织的最大优势，只有团结，才能凝聚外力，激发内力，最终形成合力。俗话说得好，"相互补台，好戏连台，相互拆台，全都垮台"，机关干部要互相合作，互相帮助。人们常说："一招不慎，满盘皆输。"如果整个棋局都输了，那么再有力量的棋子也就没有什么用了。在工作学习中，我们要更好地发扬团结协作精神。

在现代信息化高度发展的社会条件下，任何机关干部都不可能脱离合作而独立开展工作，从本质上而言，离开与他人的密切合作，离开下属或基层的配合，领导活动就构不成领导活动，这是领导活动区别于其他活动的根本所在。

第一，重视团结合作是领导干部的基本素养。懂团结是一种智慧，会团结是一种本事。在一个团队里面，每一个人的能力不同，特长不同，性格不同，领导干部要实现团队的最大价值，就要让每一个成员都能够人尽其才。将每个人的力量都整合起来，拧成一股绳，这可是个真本事，因此，这要求领导干部要能够精准识人，准确用人，还要增强团队的思想交流，沟通协调，以避免矛盾在心中发酵，以增强团队的情感聚合力。也就是说，领导干部必须要以合作的态度开展各项工作，因为任何工作都需要他人的配合与支持。机关负责多项工作，内容具体，涉及面广，有许多工作仅依靠机关某一部门是难以独立完成的。因此，机关干部要善于团结、勇于合作、易于交往，在实际工作中，不是强调"你要配合我做什么"，而是强调"我们需要一起合作来做什么"；不仅是从形式上强调合作工作的必要性，而是从实质上认识合作的内在精神。作为机关干部必须清醒地认识到，自己负责的工作是在执行机关党政决策，不过是机关整体工作的某一项工作。从价值层面来说，只不过是分工的不同，不是工作重要性的不同。

第二，搞好团结合作要顾大局讲原则能宽容。共识是团结的基础，沟通是团结

①《习近平在参加党的二十大广西代表团讨论时强调，心往一处想　劲往一处使　推动中华民族伟大复兴号巨轮乘风破浪　扬帆起航》，《人民日报》2022年10月18日第1版。

的前提，相互理解是沟通的关键。要进行有效的沟通必须尊重对方、互相倾听，还需要学会换位思考。在沟通过程中，不仅需要摆事实、讲道理，而且更需要具有真诚的情感。机关干部在日常工作中，要与其他部门的负责同志多联系、多沟通、多协商，特别是遇到涉及多部门办的事情更需要加强沟通与合作。每当遇到棘手的事情，机关部门之间不能相互扯皮、相互推诿，更不能相互埋怨、相互指责，而应该具有博大胸怀，与人为善，学会宽容，一切从有利于干成事业的愿望出发，主动协调、主动配合，真正做到工作目标一致。

一是建立和谐的信赖关系，营造良好的人际氛围。一个和谐的集体是由每一个“互为外部环境”的个体共同营造的，一个良好的行政文化，也需要一个良好的行政生态，特别是在上下级关系方面。首先，作为下级，应该服从上级的工作布置，这是上下级关系的第一个层面。第二个层面是下级对上级的工作布置是高度认同的，这就变成了自觉的行动，这种工作的推动就是上下联动的。第三个层面是下级对于上级人格的信任。碰到问题就会主动来找上级商量。上级应该给下级以压力，但是不能让下级感到压抑，失去了沟通的意愿。人与人之间一定存在着差异。无论是在工作还是生活中，应该尊重和理解这种差异。生命，是一种回声，唯有懂得“换位做事、换位做人、换位思考”，才能换得真心。人心是相互的，你为别人着想，别人才会替你考虑，用换位思考，换来真心的朋友。每个人都不是单独的个体，都避免不了要与别人打交道。不能总站在自己的角度想事情，要懂得换一下位置看问题。大家应该抱着一种相互尊重、相互欣赏、相互理解的心态，去发现别人的优点、弥合彼此的分歧、宽容对方的过失、理解和尊重人性的弱点。同事之间多交流，多协调，多沟通，互相帮助，共同提高，这样才能营造和谐、融洽的氛围，才能团结一致、齐心协力，共同把工作干好。

二要积极参加集体活动，增强团结协作精神。俗话说：“三个臭皮匠，顶个诸葛亮。”参加集体活动，可以增强我们的团结协作意识，进而产生协同效应；在遇到困难的时候，就能共同想办法、出主意，凝聚集体的力量。

三要营造比学赶超，力争上游的工作学习氛围。没有流动的水就没有活力，缺少春风的大地就缺少生机。竞争是保持团队锐气的必要条件。我们提倡团队的协作精神和互补精神，就是要在目标一致的前提下团结起来，携手争一流。

第三，要搭建“横向到边”的协调合作机制。成功，需要克难攻坚的精神，更需要团结协作的合力。一个单位，如果组织涣散、人心浮动，人人自行其是、集体一盘散沙，何来生机与活力？何谈干事与创业？只有懂得团结协作的人，才会把团结协作当成自己应尽的责任，才能明白团结协作对自己、对别人、对整个单位的重大意义。

机关的行政管理工作，更要注重团结合作，搭建“横向到边”的协调机制 。新形势下行政管理工作也有许多新情况、新问题，现有的工作理念、方法、制度也面临着新挑战。从横向来看，要搭建“部门与部门”的协调机制。比如，一项看似比较单一的党建工作，有时候需要干部处、机关党委、规划处、老干处等多个部门的参与，体现出党建引领、部门联动的工作模式。在工作中总会遇到某种“边界”，某件事好像你管，又好像我管，结果是必须协调几个部门共同来参与完成。在这种情况下，如果大家是善于并乐于合作的人，都是为了单位的利益，遇到困难共同努力，多为别人着想，那么在工作中就容易产生火花、产生灵感，就会更强烈地激发起大家共同干事的欲望，因此工作也就容易顺利开展。相反，在工作的过程中，如果总是强调己方如何困难，推脱责任，甚至遇到困难就抱怨别人，这样就很难与之合作，甚至无法开展工作。机关的很多决策部署，都分为很多具体举措，不仅仅涉及各行政部门，更需要加强横向协同，形成工作合力。需要相关单位团结合作，每项分解任务的牵头部门要整体把握，把工作列出来，把时间表排出来，把相关单位召集起来一起研究并抓好落实，才能推进各项工作任务保质保量完成。

第5讲　关键在于抓落实

习近平总书记在中央经济工作会提出“四个抓落实”，“不折不扣抓落实”“雷厉风行抓落实”“求真务实抓落实”“敢作善为抓落实”，我们把这四点做好，很多工作都会有比现在更大的成绩。

空谈误国、实干兴邦，一分部署、九分落实。抓落实，是党的政治路线、思想路线、群众路线的根本要求，也是衡量领导干部党性和政绩观的重要标志。习近平总书记反复强调崇尚实干、狠抓落实，指出要把抓落实作为开展工作的主要方式，要求形成狠抓落实的好局面，不折不扣贯彻落实党中央决策部署，积极主动抓落实，聚合众力抓落实，以钉钉子精神抓落实，聚焦实际问题抓落实，在抓落实上取得新实效。[①]必须深刻认识到，不注重抓落实，不认真抓好落实，再好的规划和部署都会沦为空中楼阁。只有胸怀“国之大者”，紧紧围绕新时代新征程党的中心任务，真抓实干、务求实效，聚焦问题、知难而进，切实把党中央决策部署落到实处，才能把中

① 《习近平在江苏考察时强调在推进中国式现代化中走在前做示范谱写“强富美高”新江苏现代化建设新篇章》，《人民日报》2023年7月8日第1版。

国式现代化宏伟蓝图一步步变成美好现实。

第一，要不折不扣抓落实。怎么做到不折不扣？有两点很关键，一是对上级的政策、对党委行政的决定、对领导的意图，要有全面的把握和精准的理解。理解上都有偏差，把握上都有错误，就没有办法做到不折不扣抓落实。二是过程之中，不能做变通、搞选择，对自己有利的就执行，对自己不利的就不执行，这样是肯定不行的，也没办法说是在不折不扣抓落实。对单位而言，就是不折不扣贯彻执行党中央、国务院和上级的文件、指示要求。对干部而言，就是不折不扣执行党委行政的决定，首先是执行，执行中有新问题、新情况，再来及时反馈、及时报告，我们再研究、再作出调整和改变都是可以的。要不折不扣贯彻落实领导特别是主要领导的要求，这是一个单位有工作效率，能够形成“一盘棋”，有战斗力、凝聚力的一个重要体现和表现。如果大家都自以为是、各行其是，搞选择、做变通、打折扣，一个单位就会一盘散沙、四分五裂、拖拖拉拉。

第二，要雷厉风行抓落实。“说了就要去做，做了就要做好”“说了就立即做、马上做、现在做”，这就叫雷厉风行。雷厉风行体现的紧迫感、责任感，是言出必行、闻风而动。推动各项事业高质量发展，就要雷厉风行抓落实，涵养马上就办的意识，不能有拖延症，更不能把小事拖大、大事拖炸，要统筹把握时度效，看准了不犹豫，一鼓作气干下去。然而雷厉风行不是一味求快，更不能流于形式。而是在把党中央决策部署意图和落实举措搞清楚的前提下，真正领会精神，拿出真招实招，抓住一切有利时机，利用一切有利条件，看准了就抓紧干，能多干就多干，以等不起的紧迫感、慢不得的危机感、坐不住的责任感，知重负重、迎难而上，撸起袖子加油干，努力以自身工作的确定性应对形势变化的不确定性。

第三，要求真务实抓落实。习近平总书记强调，党员干部干事创业必须实事求是、求真务实，来不得半点虚浮[①]，要求从实际出发谋划事业和工作，使提出的点子、政策、方案符合实际情况、符合客观规律、符合科学精神，以创造性工作把党中央决策部署落到实处。[②]坚持求真务实，基础在于“求真”，关键在于“务实”。求真，就是认识事物的本质，探求事物发展的规律，求客观实际之真；务实，就是真抓实干，务实功、出实招、求实效，务造福人民之实。坚决反对形式主义、官僚主义，要讲究实际、务求实效，既要重视过程，更要重视结果。要制定明确的时间表、施工图，快出招、出真招，务实功、求实效，步步为营、久久为功。各地情况千差万别，要找准在全

① 习近平：《努力成长为对党和人民忠诚可靠、堪当时代重任的栋梁之材》，《求是》2013年第13期。

②《习近平在中央党校（国家行政学院）中青年干部培训班开班式上发表重要讲话》，新华网，2021年3月1日。

国大局中的战略定位，立足资源禀赋和发展阶段，发挥自身优势，因地制宜、扬长补短，用“一把钥匙开一把锁”，走出适合本地区实际的高质量发展之路。

第四，要敢作善为抓落实。办好中国事，关键在党、关键在人。落实高质量发展，靠的是千千万万勇于担当、本领高强的好干部。首先要想干事，不想干事就什么事都干不成。想干事，就是工作状态，积极进取的精神。能干事，就是能力。干成事，是结果，干成事中间要强调讲方法，也是能力的体现。最后是不出事。这样才能称得上是敢作善为。事情做了但自己出事了，那就是没有善作善成，善始没有善终。所以，要做到敢作善为抓落实，必须要有想干事的激情、能干事的本领、干成事的效果、不出事的定力。

促发展争在朝夕，好政策重在落实。想不想抓落实、敢不敢抓落实、会不会抓落实，检验我们的行动、考验我们的能力。路虽远，行则将至；事虽难，做则必成。新征程上，广大党员、干部要不断增强狠抓落实本领，坚持说实话、谋实事、出实招、求实效，以“马上就办、真抓实干”的态度、“踏石留印、抓铁有痕”的劲头、“锲而不舍、驰而不息”的精神，推动各项政策落地落细落实，努力创造经得起历史和人民检验的实绩，扎实推动各项事业高质量发展。

第6讲　处理突发事件的“金钥匙”

我国是世界上自然灾害最为严重的国家之一，灾害种类多，分布地域广，发生频率高，造成损失重。同时各类事故隐患和安全风险交织叠加、易发多发，影响公共安全的因素日益增多。如何科学处置突发性事件，应对风险挑战、驾驭复杂局面，是领导干部必须具备的基本能力。

突发事件和复杂局面是对领导干部的一次全面考验，在坚定理想信念的同时，干部队伍驾驭复杂局面的能力亟待增强，如此才能跟上时代要求，跟上群众期待。

第一，主动加强学习，补齐能力短板。学习本领是领导干部真正的看家本领。要全面系统地学习习近平总书记关于坚持总体国家安全观、推进应急管理体系和能力现代化等重要论述，增强对应急处突工作极端重要性、紧迫性的认识。要认真学习突发事件应对法、新修改的安全生产法等法律法规，准确理解和全面把握职责要求，不断增强做好应急处突工作的使命感和责任感。要学习近年来国内外典型重大风险挑战应对的经验教训，深入剖析，换位检视，举一反三，把别人的经历变为自己的宝贵财富。

第二，摸清风险底数，做好科学预判。安全态势感知是做好应急处突工作的最基本、最基础要求。对所在地区和部门存在的各类风险，各级领导干部必须做到心中有数。要建立定期重大风险评估制度，分级分类组织开展重大风险专项评估和综合评估，形成科学完整的风险地图。在此基础上，要围绕重大风险构建最坏可信的风险情景，并开展针对性模拟演练，通过压力测试暴露问题、发现问题、解决问题。

第三，完善制度体系，做好充分准备。做好应急处突工作，既要靠经验，更要靠制度。要构建一套融法律法规、标准规范、应急预案等于一体的层次清晰、结构完整、功能互补的制度体系，做好应对复杂困难局面的思想准备和工作准备，提高应急处突工作的自动式响应、规范化运作水平。要落实习近平总书记关于善于运用底线思维的方法要求，做好应对各种“黑天鹅”事件、“灰犀牛”事件的预案，做好应对极端情况下峰值需求的资源准备，牢牢把握主动权。

第四，完善应急体系，锤炼应变本领。我们既要有防范风险的先手，也要有应对和化解风险挑战的高招。要推进专项应急预案编制，做好应急预案衔接，充分利用互联网、大数据、智能辅助决策等新技术，加强专业应急平台建设，促进跨地区跨部门信息共享和联动处置；强化关键应急能力建设；加强应急物资保障，构建统一指挥、快速响应、协同联动、安全可靠、平急结合的应急运输保障体系，形成应急管理合力，成为应急工作的“行家里手”，做到“见招拆招”。

第五，汲取经验教训，善于总结提升。新冠疫情等突发事件是一块试金石，检验了党员干部担当作为和应急处突能力。突发事件也是一面镜子，能照出我们的差距和不足，我们要健全应急处置评估和重大事故、重大险情调查制度，在应急实践中不断总结归纳好经验、好方法，同时，有针对性地加强队伍建设，开展技术研发，配置专业设备，强化应急演练，提升应急能力，真正做到“吃一堑长一智”“打一仗进一步”。

第7讲　授权的艺术

授权的艺术指的是行政领导依据法定的权力授予下级人员自主处理相关事情的权力，并要求其承担一定的责任，从而提高行政绩效。一个好的领导者知道怎么运用自己的权力去调动每个下级成员的工作积极性。运用好授权的艺术就好像是行政领导者学会了“分身术”一样，能够达到事半功倍的效果。如何授权、如何放权已成为当今社会一个热点。

授权，是指领导者根据工作的需要，将自己所拥有的部分权力和责任，授予下属去行使，使下属在一定制约机制下，放手工作的一种领导方法和艺术。授权是提高工作效率和效能的重要途径，是对下属的信任与支持的体现，是使个人和团队快乐成长的秘诀。

第一，选择合适的授权对象。被授权对象，应该在品行方面信得过，态度端正，敢于付出，敢于承担责任，同时具备真才实学。不然就可能导致马谡失守街亭的悲剧。一旦授权，意味着对被授权者的信任。古人云："将在外，君令有所不受。"一经授权，就应各就各位、严格按规范化的程序指挥，尊重被授权者的职权，不能随心所欲地向下侵权或横加干涉。既授之，则大胆放手，切勿如同放风筝一样，似授非授，或明授暗擎。应该让被授权者，独立负责地处理授权范围之内的事情。特殊情况下，要指挥被授权者的下级，也应尽快告诉被授权者。还有，就是不要随意将某一被授权者权限内的事，又交给他人去办，以保证被授权者能充分运用自己的才能，在各自规定的范围内，大刀阔斧地决策和行动。

第二，授权要适宜。因事授权的原则要求授权应与职责相联系，放多少权就应该承受多少责任，同时也要有必要的监督和控制相配合。授权的关键点在于"适宜"二字，具体内涵包括：如何授权，授多少权，授哪些权，如何平衡权责等。

第三，授权应该考虑适当的方式。针对工作的具体情况和下属的工作能力等不同因素，要分别采用不同的授权方式。比如，对长期进行授权的下级，可以采用充分授权的方式，将大部分权力授予他，自己只保存部分的例外权力，这样不仅使下级感到备受信任，也有利于领导者自己把主要的精力转移到其他重要事项上面去；而对于那些首次授权或跨部门授权，则应该采取制约性授权的方式，以防止出现重大偏差。

第四，授权要适度。这也就是说要分层授权，不越级授权。包括三个方面的内容：一是领导干部在授权时，应注意不授权自己职权范围外的权力；二是部分授权，只授予下属完成有关事项的权力，而不是领导干部手中的全部权力；三是一事一授，事情完成之后领导者应及时收回权力。

第8讲　用人的艺术

用人是领导的基本职能之一，也是实现领导决策的组织保证。领导干部的用人艺术实际上就是领导者在日常的领导过程中所表现出来的用人技巧，它包括人才的选拔、知人善任、人才的激励等方面。所谓"为政之要，唯在得人”,这充分说明了用人艺术的重要性。

为政之要,唯在得人。领导干部作用发挥的大小,工作成绩的大小,在很大程度上取决于领导者的用人艺术。选贤任能、用当其时,知人善任、人尽其才,不仅关系到干部自身发展、关系到人民群众利益、更关系到党和国家事业的兴衰成败。作为领导干部,只有较好地运用用人艺术,真正做到知人善任,才能使得“能者不让其位,庸者不享其政”。

首先,合理选择人才是前提。领导干部要根据“量才适用”“人尽其才”的用人原则安排职工工作。一是适才适所,有职有权。要把适当的人才安排到最能发挥其才能的工作岗位上去,实现人与事的最佳配合;配置适合其才能的职责,赋予有利于行政管理活动顺利进行的必要的权力以及适当的利益,以实现能力与职责相对应、职责与权力相匹配,责、权、利相统一。二是看其长处,容其短处。领导干部在用人时,要兼顾着眼长处、短中取长和避短用长三个方面。正所谓“用人所长,则天下无不可用之人;用人之短,则天下无可用之人”。选择人才不能求全责备,使用人才也要扬长避短,用其所长,容其所短。否则,就难以调动干部职工的积极性,工作目标也将难以达成。三是搭配使用。由于人皆有所长短,因此,在使用中要注意用此人之长补彼人之短,产生互补效应,提高整体效能。如激进者应辅之以慎重者,大刀阔斧者辅之以精雕细琢者。

其次,合理使用人才是关键。合理使用人才的艺术,不仅表现为将最佳人选用在合适的岗位并赋予一定权力,而且表现为如何充分发挥各级干部和员工的作用,并借助他们的智慧和力量来完成单位管理任务,最大程度上达成单位整体工作目标。为此,机关领导干部必须掌握使用人才的基本技巧。一是出以公心,适当吃亏,感恩图报。机关领导干部用人要不徇私情,等距交往。对基层干部和职工要讲感情,但又不能讲私情,拉关系。要秉公办事,讲究原则,不谋个人利益,做到等距交往。二是给予充分理解、信任。理解与信任,是机关领导干部合理用人的根本所在。基层干部和职工等下属如果感到自己的领导理解他、信任他,那他们就会乐于尽力。机关领导干部要使下属感到被理解和信任,就应该对他们待之以诚、晓之以理、动之以情、用人所长和尊重其职权。三是要善用有过错的人。错误有各种各样,要区别性质,往往有差错过失的人中包含了许多能人,正所谓浪子回头金不换。采取既往不咎的态度是激发这类人才智的重要技巧,对他们作及时的表扬肯定,会收到意想不到的效果。四是要大胆起用新人。机关领导干部在用人上要破除论资排辈的陈腐观念,敢于起用新人。只有大胆起用新人,才能使单位保持活力。

最后，用“人”的艺术还包括人际关系的艺术。领导干部的人际关系艺术，特指在领导活动中通过人际交往，联系协调，沟通情感，营造良好的领导群体及其与之相关的内外环境的能力的艺术。“以人为本”是机关管理工作的出发点和落脚点。如何落实好依靠群众、为了群众，非常考验领导艺术。一要尊重群众的主体地位。机关干部要通过深入细致的工作，充分调动群众职工积极参与机关管理的责任感和主人翁意识。二要提高管理服务质量。现在很多机关业务繁重，如何实现行政服务功能集中、管理服务流程的优化，都对领导者提出了新课题。三要为基层发展提供一流的支撑。服务基层说到底就是要在空间、资源、财力、政策等方面提供支持。这需要机关领导干部既善于争取增量资源，更要善于盘活和配置存量资源。四要善于运用考核激励机制。必须通过差异化的政策实现弹性激励，允许不同类型的人员通过一定的努力都能最大限度地实现人生价值。

第十章　与领导相处的艺术

第1讲　处理好上下级关系

陈云同志曾指出，领导方式的中心问题，是正确处理上下级关系。上下级关系是人际关系中十分微妙的一种关系，既单纯又复杂。就下级而言，要恰当处理与上级各方面的关系实属不易，既要坚持原则，还必须讲求艺术，方能游刃有余。

社会学告诉我们，每个人都在社会中居于某一特定位置，有一套与该位置相关联的行为模式，即人们的角色地位。每个人都不能超越这个角色，否则，会造成角色紊乱，导致角色冲突，上级与下级即是如此。下级与上级相处过程中，尤其要把握好自己的角色。下级就是下级，无论水平多高，能力多强，都要认清自己所处的位置，调适好自己的心理。

一、做领导意图的领会者

准确领会领导的意图，第一位的是对领导意图要坚信不疑。这不仅是工作方法，更是工作纪律。领导的决心既然定下了，那就没有什么含糊的，必须坚定不移地贯彻下去，有条件要完成，没有条件创造条件也要完成。

“领会”是一个动词，可用“以心领受，以神意会”概括之。意思是下属要充分发挥主观能动性，要懂得“领会”领导的意图。理解领导的意图是多方面的，如领导的性格和品质，领导的工作方法、工作作风和生活习惯，领导的好恶和需求，领导关心和关注的问题，领导对下属的期望与担忧，领导的工作历史、现状和未来发展等，都应该了解,做到心中有数。

优秀的机关干部在领会上级指令的过程中必须同时具备一定的能动性,而非机械地听和简单地传。也就是说,要在接收上级指令时正确、全面领会其内涵,不仅要从表面理解当下的具体任务为何、目标为何,更要透过上级领导者的具体指令来领会其指导思想和定位方向。只有具备卓越的能力和适度的创新精神,才能真正实现对政令、规划的高效执行和切实推进。否则,就会成为机械式的"二传手",在上传下达的过程中只会简单"传话",既无必要地领会理解过程,更无积极的后续规划。

二、做领导决策的执行者

领导做出决策后,下属的落实和执行至关重要,如果其执行内容与决策要求发生偏差,在执行中自打折扣、避重就轻、敷衍应付、拖拉观望等,就是执行不到位的表现。

在领导工作实践中,下属执行不到位的常见表现有:一是象征式执行,即下属只会做表面文章,不解决实质问题,领导决策目标没有落到实处。二是替代式执行,即下属用自己的工作习惯和思维替代领导的决策要求,对不符合自己工作习惯和思维的领导决策予以曲解,严重损害领导决策的权威性和合法性。三是附加式执行,即下属在执行过程中,人为附加了与领导决策相背离的其他内容,使执行超出了领导决策的基本要求,以此谋取部门和个人利益。四是残缺式执行,即在执行过程中,领导决策内容只有部分被执行,其余部分则被"遗忘"或执行不及时,导致领导决策目标不能得到全面充分的实现。五是照搬式执行,即下属在执行过程中,不认真学习与思考,习惯于照抄照搬领导决策,盲目和随意执行,达不到领导决策要求的结合具体实际创造性解决问题的目的。下属执行不到位,领导再好的思路、再好的决策都将成为纸上谈兵。因此,做好领导决策的执行者,是下属工作内容的基本要求之一。

首先,增强执行意愿。下属要充分认识到领导决策执行的重要性,以高度的责任感和坚决的执行态度,全力以赴地执行领导决策,并关注执行的速度、质量和纪律,注重执行效率。

其次,提高执行能力。执行能力是一种综合能力,主要包括执行前对决策部署的理解力和领会力;在执行中对决策部署的服从力、组织力、结合本单位实际的贯彻力和创新力;执行后的评估力、问责力等。下属只有具备这些能力,才能正确理解领导决策的精神实质，应对环境的优势与劣势，根据实际情况执行领导决策。毛泽东同志曾说，盲目地表面上完全无异议地执行上级的指示，这不是真正在执行上级的指示，这是反对上级指示或者对上级指示怠工的最妙方法。[①]这就要求各级领导干部发挥主观能动性，提出落实的具体方案和可行办法，创造性地执行领导决策部署。

最后，强化执行认同。下属执行认同实质上是执行过程中对所实施领导决策的一种心理态度和评价。就具体的认同过程而言，下属面对领导决策时，是认同与服从，还是冷漠和背离，在很大程度上是由其自主决定的。领导和下属应就执行问题进行协商对话，相互沟通，消除下属在认识上的误解、分歧，以达成共识，从而高效率地执行领导决策。

三、做领导工作的助力者

领导绝非圣贤，也有工作不到位和对工作考虑不周的时候。作为下属，发现问题时，要及时提醒领导，避免造成问题的扩大化，这就要求下属需要具备如下本领。

首先，要有能力，保持激情。结合机关单位行政事务工作的实践来看，作为领导助手需要"懂""会""精"。所谓"懂"就是知道；"会"就是知道怎么做；"精"就是要比一般人更出色。当领导需要掌握某些方面工作的时候，下属需要能够迅速、准确地为其提供全面、翔实的相关资料。同时，领导向来是不分工作时间和非工作时间的，工作时间要保持饱满的精神状态和工作激情，非工作时间也要保持必要的神经张力，随时准备应对领导的工作安排，不能因为休息、休假和个人情况"掉链子"。

其次，摆正心态，搞好服务。下属与领导之间的工作，本就是互助共赢的。每个人都在为他人做事，同时也享受他人提供的服务。做好助手的关键是摆正心态，报以积极的心态与领导之间展开合作与分工，而不是比较自己与领导之间能力的差别。

一般情况是，在一个单位内，下属往往是领导开展工作的主要依靠力量，但对事关发展的重大问题的决策，下属却基本没有话语权，只能被动地执行决策。对于这种被动的位置，可能有的下属没有平和的心态，受表现欲望的驱使，很想把自己的一些想法转变成工作实践，但当自己的这种想法不能实现而只能按照上级不同于自己想法的决策开展工作时，就容易产生挫败感。这种心态，从积极的方面说可能会进一步激发下属的创新意识，以引起上级的关注和重视，但如果消极方面占据

① 毛泽东：《毛泽东选集》（第一卷），人民出版社1991年版，第111页。

主导地位,那就是这种抱怨会引起上级的不满,进一步加剧下属在工作上的被动局面。因此,下属必须摆正心态,搞好服务。一是要把关注挫折转变为关注自己的工作。下属需要有效转移自己的关注点,减少工作上的抱怨,有利于消除自己和上级工作关系上的障碍。二是要在既定的工作定位上,寻求新的工作空间。下属虽然对单位发展的重大问题没有更多的话语权,但不妨在如何创造性地执行上级决策上想办法、出思路,这样就会在创新中不断证明自己的价值和能力。三是要积极促进由被动向主动地转化。只要把主要精力放在如何主动搞好服务工作上,激活思想、拓宽思路,被动的位置就会转化为寻求主动工作的动力。

最后,建言献策,主动参谋。对于上级的决策,下属不应该把自己简单地定位在执行上,还应该积极地建言献策,当好上级决策的参谋。只有这样,才能掌握执行决策的主动权。如果因为自己对上级决策基本没有话语权就只满足于知道干什么,而对其他问题不闻不问,那么就只能跟着上级的决策转,甚至对决策的执行也会走样。

基层干部建言献策的过程,在一定意义上是下级与上级思想互动的过程,也是介入决策的过程,这也有利于机关干部更好地理解并执行上级决策。(1)要高度关注事业的发展。虽然基层干部不能直接参与单位发展重大问题的决策,但积极提出高质量的意见和建议,并努力得到上级的关注和采纳则是其应有的工作理念。(2)要善于介入决策。从决策的制定到决策的执行过程以及决策执行的结果,都存在着一个需要不断完善的问题。基层干部所处的位置恰恰可以有效地发现问题,所以,通过有效的方式提出问题及解决问题的办法,对决策的完善会起到积极的作用。(3)要注意建言献策的方式和场合。在方式上要注意提出问题的可接受性,在场合上要注意上级的感受。切忌固执己见和随意性,否则,即使是正确的意见和建议,上级也很难接受。

第2讲　摆正位置不越位

一位哲学家曾说过:远为蔽,近为蔽;好为蔽,恶为蔽。就是说,与人交往,距离太远、太近,感情太好、太差,都会影响彼此间的正确认知,美学上称之为“距离产生美”。下级与上级相处也是如此。

不少刚参加工作的年轻人,见到领导躲着走,与领导沟通时紧张,词不达意,说得多了怕领导烦,讲得少了又没法充分展示自己。职场中有句话说得好,因为领导信任而做出成绩，而不是因为做出成绩才获得领导信任。年轻干部如何能获得领导的信任呢？

一、要有距离意识，关系上把好“度”

与上级个体保持一定距离。要把握好一个“度”，真理向前迈出一步就会变成谬误，一切交往都有不可超越的最后界限。在任何两人的交往中，必有一个适合于彼此契合程度的理想距离，越过这个距离，就会引起相斥和反感。下属与分管领导之间感情疏远容易产生陌生感，诱发误会，不利于感情、心理和工作思路的深入交流，不利于达成工作上的默契。但是，如果相互关系过于亲近，又容易限制相互之间个性和创造力的发挥，压缩感情调整的空间，反而可能增加相互之间的感情冲突。对于这种相互关系的亲近程度要疏密有致、动态微调，不可忽远忽近、反复无常。打个比方说，要保持在能够亲密握手的距离，而不是亲密拥抱的距离。

下级与上级，不论是角色交往，还是非角色交往，既不能“过度”，也不要“缺度”。有些下级因与某些上级“合得来”，交往频繁，甚至鞍前马后，不仅引起上级的反感，也影响了上级之间、上级与其他下级之间的关系；也有些下级由于种种原因（如自卑心理、蔑视权势、看不起上级等），从不积极主动地与上级接触，存在“缺度”。一旦“缺度”，很难被上级感知和理解，很难使上级与自己同享欢乐，共分忧愁，自己与上级的关系就很难相处，结果是吃力不讨好。

营造规规矩矩的上下级关系。党内同志没有贵贱之分，人格没有高低之别，平等享有权利、履行义务，推动形成清清爽爽的同志关系、规规矩矩的上下级关系。邓小平同志曾说，上级对下级不能颐指气使，尤其不能让下级办违反党章国法的事情；下级也不应当对上级阿谀奉承，无原则地服从，“尽忠”。[①]党的十八届六中全会通过的《关于新形势下党内政治生活的若干准则》指出，领导干部特别是高级干部不能搞家长制，要求别人唯命是从，特别是不能要求下级办违反党纪国法的事情；下级应该抵制上级领导干部的这种要求并向更上级党组织直至党中央报告，不应该对上级领导干部无原则服从。规范和纯洁党内同志交往，领导干部对党员不能颐指气使，党员对领导干部不能阿谀奉承。为营造规规矩矩的上下级关系指明了方向。

① 邓小平：《邓小平文选》（第二卷），人民出版社1994年版，第331页。

二、要有服从意识，工作上跟得“紧”

有时候，下属与领导之间是事先给定的关系，而不是相互选择的关系，是一种典型的“先结婚后恋爱”的工作关系。这种工作关系基础容易造成一种很尴尬的状况，即分管领导不一定是干部期待的领导，干部不一定是分管领导中意的下级。但一旦形成分管与被分管的直接工作关系，二者就成了休戚相关、荣辱与共的责任共同体，就必须在共同的工作职责下积极自觉地抑制和抛弃角色期待上的差距，加强心理和工作方式的调适，以求相互接受和适应，同心协力，卓有成效地完成组织确定的工作目标。基层干部作为下级，从职责和职级的角度考虑，在这种相互关系的适应和磨合过程中，应该更加体现出主动性和自觉性，明确相互关系中从属的主调，增强配合意识。

下属与分管领导既是职责共同体，又是政绩共同体。分管领导的工作取得了显著的成绩，不仅彰显了分管领导领导有方，也显示出下属工作出色。从这个意义上讲，下属对于分管领导制定的较高的工作目标和提出的比较严格的工作质量要求，应该多一分理解。要把分管领导安排的工作当作自己分内的事，以赴汤蹈火、冲锋陷阵的精神加以落实。要强化大局意识和服从意识，不能把对分管领导个人的好恶体现到工作上来，乐意的就干，不乐意的就撒手，工作提不起劲，履职不到位，而应该更加主动地增强服从意识、配合意识和合作意识，突出分管领导的主导地位，主动加强与分管领导的沟通协调，思路要跟上、行动要跟上、素质能力要跟上、方法措施要跟上，发挥先锋作用、砥柱作用，并自觉弥补素质差距，对挑战性强的工作拿得起，放得下，独当一面，令分管领导刮目相看、分外信任、倾心扶持。

三、要有亲近意识，感情上靠得“近”

感情是合作共事的润滑剂和高效工作的重要动力源。工作关系的直接和间接程度必然会要求与之相应的感情远近程度，这既是有效开展工作的需要，也是人之常情和世之常理。如此则为顺，反之则为悖；顺则利，悖则乱。下属与分管领导同在一个风吹雨淋的屋檐下，共处一条波涛汹涌中的船上，甘苦酸辛、成败得失同为一体，不仅需要工作上相互支撑，而且需要感情上相互温暖。在相互关系的定位上，分管领导是工作的中心，自然也应是感情的中心。“最好的礼物是工作，最硬的后台是群众。”作为下属，在与分管领导的感情交往上，自然也应有一种主动靠近的意识，机关干部培养与领导的感情，不是靠送丰厚的礼物，而是靠出色的工作。

但是,“近”要把握几个原则:一是靠近不投靠。下属在感情上对分管领导主动靠近一些,这是工作需要,是为了更好地开展工作营造良好的相互关系,不是去依附领导、巴结取悦领导。靠近,是出于一种公心、一种诚心、一种尊重;投靠,这是出于一种私欲和个人的算计,也是对分管领导的欺蒙和人格的毁损。下属不能为了骗取分管领导的信任和实现自己的非分之想而专一地投分管领导所好,唯分管领导是从,充当分管领导的亲信甚至打手。二是亲而有节。下属对分管领导要有亲近感是为了增进严肃的工作关系,营造友爱、真诚的工作友谊,是一种感情态度的接近,而不是一种原则立场的倾斜和个人人格尊严的放弃。因此,下属对分管领导感情上要靠近一些的同时,还必须严守公私是非界限,亲而正,体现君子之交的意蕴,着重于追求同道,不仅限于谋求同利,防止相互关系私情化和庸俗化。三是顾此而不失彼。一个下级的上级可能不止一个人,他们的能力有强、有弱,与下级的性格有同、有异,对下级成长的影响有大有小。但无论是哪种情况,作为一个下级,必须与他们保持一定的距离。与上级群体保持大体一致的距离,坚持等距外交,一视同仁。下属一方面在与分管领导的关系上要有所侧重;另一方面也要根据工作关系,按照尊重、得体的原则,保持与其他领导正当、正常的交往,把握好平衡,不能卷入分管领导的人际纷争,既让分管领导感到安心,也避免给其他领导留下自己只认分管领导、是分管领导的亲信和心腹的印象。

第3讲　适应领导工作方式

上级的领导风格直接决定着上级认识问题和处理问题的方式。对于这一点,下属干部必须有清醒的认识,并在工作上主动适应这种风格,否则,对上级的领导风格不能正确把握,不能适应上级的领导风格,自己的工作将会陷入被动的尴尬境地。

对党员、干部来说,必须把个人服从组织、下级服从上级摆在更高位置,这是组织原则。所谓适应领导,就是“你能被任何人领导”,换句话说,你能适应任何领导者的秉性特点和领导方式。那么,如何适应领导呢?

一、在思想节奏上与领导达成一致

学习领导处世的方法,跟上领导的步伐。人与人是不同的,当然,领导与领导也是不相同的,每一个领导都会有属于他自己独特的工作方式。作为下属,细心观察自己的领导,注意领导的工作习惯和方法,从思想、行动节奏上与领导达成一致,是与领导展开良好合作的一个重要方面。自己坚持的未必就是正确的,因为任何正确的东西都是有条件的。所以,在我们对上级的领导风格感到不适应的时候,要多查找自己的原因,以求更好更准确地适应上级。作为下属,细心观察领导的思想动态,从思想节奏上与领导达成一致,是与领导开展良好合作的一个重要方面。

由于地位上的差异,领导者往往有一种居高临下的心理强势和矜持防范的心态,对于与其心理定式明显不同的意见,往往视之为对其智慧与自尊的挑战,不可能轻易采纳。这是由于,不同领导都有自己特有的价值观,这些信念构成了领导的内在思想基础。这种价值观并不会随意变动或妥协,一旦它受到挑战或触碰时,就会引致领导产生负面情绪。因此,在思想动态上,及时调整自己微观上的指导思想与上级宏观上指导思想的误差,尽量紧跟上级的思路,使自己的工作符合上级总的意图,这是获得上级支持的重要心理基础。

二、要主动适应上级的领导风格

有的机关干部认为自己长期养成的性格和工作方式是很难改变的,不能总是自己去主动适应上级。这种看法虽然有一定的道理,但在实践中却会带来比较严重的后果。一方面,上级会感到很不舒服,以为下级是在和自己较量,所以会更加坚持自己的领导风格;另一方面,会导致不少干部对自己工作上的被动性不以为意,甚至认为工作的主动是一种角色的错位,会出力不讨好。

在这种心理的驱使下,一旦遇到挫折,一些干部想得更多的是客观原因,怨天尤人,很少去找主观原因。长期这样下去,不仅会影响工作和与上级的关系,对自己的成长也是不利的。因此,机关干部在遇到自己的工作方式与上级的领导风格不和谐的时候,要学会积极地改变自我,主动地适应上级的领导风格。这并不是说基层干部要为了讨好上级而去改变自己,而是说在既定的领导环境下,要通过改变自己的工作方式,寻求与上级工作步调的统一,从而为工作的开展创造一个和谐的环境。

改变自己比改变他人相对容易。既然上级的领导风格是长期形成的,在上级看来又是有效的,那么,我们要改变它几乎是不可能的。心理上的拒绝,只会加剧上级对我们的不信任。如果我们做了改变,就会在工作实践中改变上级对自己不利的看法,从而得到上级更多的支持。

三、了解和熟悉领导的工作习惯

下级在上级手下工作，要取得上级的支持，必须了解和适应上级的工作方式和生活习惯。上级的领导风格只是其履行职能的一种载体。基层干部要站在上级的角度来思考上级为什么采取这种方式而不是其他方式的深层次原因，一旦想清楚了这个问题，改变自己就会成为一种自觉的行动。

既然客观上的分歧和冲突无法避免，最好的处置策略就是开诚布公、坦然面对，在主动接近、求同存异、设身处地地体味分管领导切身感受。精明的下级总是善于在上级精力最集中、情绪最饱满、工作效率最高的时候，将重要的工作计划或意见提交上去，或当面向上级请示汇报，这样往往能取得满意的效果。同时，要适应上级的沟通习惯。对阅读型的上级，下级汇报情况，应少用语言，多用文字材料；对倾听型的上级，则应少送文字材料，多当面汇报；对急性子的上级，下级汇报情况，应直切出题，选择要点，加快语气，让其抓住所请示汇报问题的概要和重点，然后再详细展开；对掌控型的上级，下级要注意多请示汇报，即便他委托你全权负责，也应经常请示汇报。

第4讲　懂得维护领导形象

上级处于领导地位，因而有树立自己权威和形象的心理需求，尤其是在自己的下级面前。因为，良好的形象是上级经营管理的核心和灵魂。因此，作为下级，要在充分了解这个心理需求的情况下，用自己的实际行动来维护上级的形象。

党员干部的形象和活动时刻代表着党的形象、政府的形象，从一定意义上讲，他们的活动已经不完全是个人行为，其形象也不仅仅是个人形象，而是关乎党的整体形象，关乎群众对党员队伍的整体评价，关乎党群关系，更关乎党能否得到群众的真心拥护和坚定支持。

一、善于给领导“解围”

体察上级的难处，为上级排忧解难，是发展良好的上下级关系的至要之举。每个上级领导都有自己难念的经，对于上级遇到的困难，下级应在能力和条件允许的情况下主动去解围。因为在日常工作中，会经常遇到棘手的问题，这类问题一般具有复杂性、严重性、敏感性的特征。为领导分忧，把担风险、得罪人的事情办好，是基层干部的职责所在。

给领导“解围”，可以具体为发挥好“四个作用”。一是当领导不太清楚下面的事情，或者下面不太领会领导的意图时，应多做沟通的工作，起到桥梁作用，使上下之间协调一致。二是当贯彻涉及诸如职级调整、纪律处分、进退去留等切身利益的组织决定时，应多做疏导工作，起到必要的掩护作用，不能动不动就把领导推到第一线，以使工作留有回旋余地。三是当领导的意图与下面的实际情况不符而产生强烈反应时，应多做化解的工作，起到缓冲的作用，并及时查清情况，提出建议，力避产生对立情绪。四是领导有疏漏，你要补救，帮助解围，起到补台作用，切忌标榜自己，贬低上级。领导的疏漏主要表现在两点：(1)智者千虑，必有一失。领导也会有考虑问题不全面，处理事情不周全的时候。(2)情况在不断地变化，计划不如变化快的情形时有发生。遇到这种情况，是拘泥于成命，还是随机应变，最能考验一个人的智慧。基层干部处在工作一线，对实际问题体会往往更真切，更直接，了解更透彻，发现领导的决策有哪些不妥当的，不能任由事态发展，要及时采取有效措施给予补台，这是有事业心责任感的标志。如果事事都顺着领导的话说，看领导的眼色行事，明知不对，少说为佳，明知是错，将错就错，这样建立起来的上下级关系，根本谈不上是良好的工作关系。在很多时候，替领导解围，一方面表示自己尊重领导，另一方面也给自己留有余地。危难时刻见真情，这是最能打动上级领导的举动。

二、经受得起一定的委屈

俗话说“金无足赤，人无完人”，每个人都有自己的优点和缺点，谁都不是完美的。领导也有犯错的时候，领导活动中的失误乃至不公有时是不可避免的。在这种情况下，一个优秀的下级，应保持一种有限的忍耐，要经得起一定的委屈，做到这一点，对建立良好的上下级关系十分重要。如果失去控制，大吵大闹，就可能失态、失度，造成上下级关系紧张，还会引起其他一些矛盾。所以要把脾气、性格和品质、工作理念区分开来，理性面对分歧、理性化解分歧，抑制和杜绝意气之争，使分歧成为激发工作创造性、加深与分管领导相互了解和相互欣赏的契机。

但是，下级在大是大非的原则问题上决不能忍耐和谦让，必须有理性的“叛逆”。丧失原则的忍让，是软弱无能的表现。因此，在处理上下级关系中，对上级违背公理、原则、政策等大是大非问题，对上级违反规定的不正之风决不能忍耐，要坚持原则，开展批评和斗争。当然，斗争必须讲究艺术，做到恰当合理。既有利于上级接受批评、改掉缺点，又有利于上下级关系的健康发展。

三、有原则地突出领导

在突出领导的之前，要学会辩证地处理与领导的关系。

其一，尊重而不吹捧。作为下属，一定要充分尊重领导，在各方面维护领导权威，支持领导工作，这也是下属的本分。首先，对领导工作要支持、尊重和配合；其次，在生活上要关心；再次，在难题面前解围，有时领导处于矛盾的焦点上，下属要主动出面，勇于接触矛盾，承担责任，排忧解难。

其二，请示而不依赖。一般说来，作为部门主管在自己职权范围内大胆负责、创造性工作，是值得倡导的，也是为领导所鼓励的。下属不能事事请示，遇事没有主见，大小事不做主，这样领导也许会觉得你办事不力，顶不了事。这就是说，该请示汇报的必须请示汇报，但下级也要主动积极工作，不能有“等、靠、要”的思想，难度大的事，不能故意往上级头上推。在处理同领导的关系上要克服两种错误认识，一是领导说啥是啥，让怎么着就怎么着，好坏没有自己的责任；二是自恃高明，对领导的工作思路不研究，不落实，甚至另搞一套，阳奉阴违。

其三，主动而不越权。对工作要积极主动，敢于直言，善于提出自己的意见，不能唯唯诺诺，四平八稳。但必须强调的一点是，在服务群众、为下属争取利益的过程中，基层干部必须恰当把握自我的权限范围和身份定位，切忌以服务和谋利为幌子要挟领导者按自我意愿行事，更不能越矩干涉上级的决策过程。即便来自上级的指令不能完全为下属所接受，基层存在质疑抱怨之声，作为下属意见反馈者的中层管理者也只能以合理合规的形式如实向上反映，而不能取代上级领导进行直接决策，更不能贸然在下属面前表态，以免产生误导。此时，机关干部既要在下属面前维持公正、独立的管理者形象，更要以绝对的尊重与守规的下属身份服从于上级。

最后，补台而不拆台。在现实工作中，往往有一些下属其智力和才干超过上级。这些人虽然能力强，工作水平高，为人也正派，在群众中也有威信，但是缘何未被重用，其原因较复杂。从下属的角度来说，其中一个带普遍性的原因是，这些人没有理智地使用自己的才能，没有为上级补好台，与上级之间的人际关系较僵。因此，下属要协调好与上级之间的人际关系，必须理智地用才，表现在工作中就是要多理解、多支持、多配合、多协作,做到分工不分家,补台不拆台。

第5讲　处理领导之间的分歧

机关干部所面对的领导,不是一个人,而是一个集体,每个领导的话都要听,每个领导的指示都要执行。但是,由于领导们的学识、经历不同,性格脾气不同,观察问题的角度不同,相互之间意见不一致的时候并不少见。处理这类问题,需要做到机敏灵活,妥善周全。

由于受阅历、秉性、出发点或掌握信息量多少等因素的影响,对于同一件事的处理,不同的领导会有不同的意见。领导和领导之间发生矛盾是工作场所中常见的情况,在这种时候,不少机关干部感到很为难,不知道如何处置才好。解决这种矛盾需要在坚持原则的基础上,采取灵活的方法应对,妥善处理这类情况,以确保工作环境和合作关系不受影响。

沟通是处理不同领导意见分歧的基础。作为下属,应该积极与不同领导进行沟通,了解他们的观点和考虑因素。通过有效的沟通,下属可以更好地理解彼此的立场和需求,从而找到解决问题的共同点。

灵活处置不同意见。在情况紧急需要迅速决断,而领导的意见不一致时怎么办？这时候,基层干部应开动脑筋,迅速寻求一种使不同意见的领导都能接受的折中方案。考虑折中方案时,要充分尊重主要领导的基本意见,但有时主要领导的意见不正确或难于实施,而领导又固执坚持时,应考虑一个变通方案,使领导既能接受,又可待情况变化后迅速调整。

巧妙化解分歧观点。严格地说,领导对某项工作的实施计划或某件事情的处理方法意见不一致,与相互之间存在着矛盾和隔阂是不同的。意见不一致是个认识问题,方法和手段不同而已,处理时虽有一定的难度,但毕竟都是为了把工作做好,不存在个人恩怨等工作以外的因素。对领导意见出现分歧的可以采取以下几种处理方法。

一是按"时间先后"来处理。即哪个领导先说了就按照哪个领导的意见办。这实际上是不等不同意见表达出来就执行,可以避免听谁的话不听谁的话之两难选择。

二是按"职务高低"来处理。即谁的职务高就主听谁的。虽然职级低的领导心里不高兴,但是不能完全责怪办事人员,即使有意见也摆不到桌面上来。

三是按“实效大小”来处理。即你认为哪个领导的意见更切合实际,更富有成效,就按哪个领导的意见来办,并把自己的认识向持有不同意见的领导讲清楚。

四是按“兼顾左右”来处理。即在不违背大原则的前提下,对不同领导的意见尽量兼顾到。有这样一个真实的事例,某单位对大院整修时,两位主要领导在如何修排水沟上意见发生分歧:一位要求修明沟,认为这样节省经费;一位要求修暗沟,认为这样美观。两位领导的意见都有道理,而且互不退让,都要机关职能部门按照自己的意见去办。负责施工的机关干部便来了一个折中方案,道路边的一半修成暗沟,房后不引人注意的一半修成明沟。既没有得罪某个领导,又把任务完成了。

五是“等一等、放一放”。有时不等你想好承办事情的方法,领导就把意图交代下来了,这个说这么干,那个说那么干,弄得你左右为难。在这种情况下,如果事情并非十分紧迫,可以放一放,搁置一段时间再说。事后当领导问起时,可在适当的场合与时机解释一下:一来这件事对推动单位建设作用不大,或者说时机尚不成熟,应该适当推迟一下;二来领导意见不统一,贯彻起来有困难,并恳切希望领导部署工作意见尽量一致,以利于工作的展开和单位建设。只要对单位建设造不成危害,机关干部应该有这么点敢于承担责任的勇气和不怕领导误解的精神。实践中有些同志这样做了,而且效果不错。

以上这几种方法都是可行的,有些情况下恐怕也只能如此。因为等领导们的意见统一起来再办,大概早已时过境迁了。工作毕竟不是儿戏,耽误不得。而有些问题本来就有多种答案,不存在谁对谁错,共识的达成往往只能在结果出来之后。当然,这几种办法又各有利弊,不能说是最佳的方法,需要基层干部在实践中不断创新。

第6讲　学会与领导沟通

在职场中,沟通是非常重要的,如果沟通不到位,就会导致信息的传递出现问题,最后造成工作结果与领导安排的不一致。很多人在工作中不知道如何与领导沟通,导致工作中出现很多问题,辛辛苦苦干了很久,结果又要重新开始。那如何才能做到与领导沟通呢?

要和领导很好相处,就必须善于和领导沟通。做到这一点就必须处理好和领导接触的每个环节。

一、遵守向领导请示沟通的程序

第一,仔细聆听领导的命令。如果领导明确指示你去完成某项工作,那你一定要用最简捷有效的方式明白领导的意图和工作的重点。弄清楚该命令的时间、地点、执行者、目的、做什么工作、怎样去做、需要多少工作量。在领导下达完命令之后,再简明扼要地向领导复述一遍,请领导加以确认。

第二,与领导探讨目标的可行性。领导在下达了命令之后,他希望下属能够对该问题有一个大致的思路,以便在宏观上把握工作的进展。作为下属,应该积极开动脑筋,对工作有一个初步的认识,告诉领导你的初步解决方案,尤其是对于可能在工作中出现的困难要有充分的认识,对于在自己能力范围之外的困难,应提请领导协调别的部门加以解决。

第三,拟订详细的工作计划。在明确工作目标并和领导就该工作的可行性进行讨论之后,应该尽快拟定一份工作计划,再次交与领导审批。在该工作计划中,应该详细阐述行动方案与步骤,尤其是对工作时间进度要给出明确的时间表,以便于领导进行监控。

第四,工作中随时向领导汇报。现在,你已经按照计划开展工作了,那么,应该留意自己工作的进度是否和计划书一致,无论是提前还是延迟了工期,都应该及时向领导汇报,让领导知道你现在在干什么,取得了什么成效,并及时听取领导的意见和建议。

第五,工作完成后及时总结汇报。经过和部门同事的共同努力完成了工作,作为部门负责人仍不应该有松懈的理由。应及时将此次工作进行总结汇报,以便于在下一次的工作中改进提高。同时不要忘记在总结报告中提及领导的正确指导和下属的辛勤工作。

二、掌握向领导请示沟通的技巧

一是选择恰当的时机。刚上班时,领导会因事情多而繁忙,快下班时,领导又会疲倦心烦,这都不是请示沟通的好时机。要选择领导时间充分、心情舒畅的时候提出改进方案。

二是资讯及数据都极具说服力。对改进工作的建议,如果只凭嘴讲,是没有太大说服力的。而且领导听取汇报的时间有限,但如果事先收集整理好有关数据和资料,整理成书面材料,借助视觉力量,就会加强说服力。

三是设想领导质疑,事先准备答案。领导对于你的方案提出疑问,如果你事先毫无准备,吞吞吐吐,前言不搭后语,自相矛盾,当然不能说服领导。因此,应事先设想领导会提什么问题,自己该如何回答。

四是说话简明扼要,重点突出。如果你表述上有缺陷,过于冗长或艰涩,或易于产生误会,就很难引起领导者的兴趣;还很可能引起领导者的反感。因此你在说服领导时,就要重点突出,简明扼要地回答领导最关心的问题。

五是面带微笑,充满自信。我们已经知道,在与人交谈的时候,一个人的语言和肢体语言所传达的信息各占50%。一个人若是对自己的计划和建议充满信心,那么他无论面对的是谁,都会表情自然;反之,如果他对自己的提议缺乏必要的信心,也会在言谈举止上有所流露。

六是尊重领导,勿伤领导自尊。领导毕竟是领导,因此,无论你的可行性分析和项目计划有多么完美无缺,你也不能强迫领导接受他们。毕竟,领导统管全局,他需要考虑和协调的事情你并不完全明白,你应该在阐述完自己的意见之后礼貌地告辞,给领导一段思考和决策的时间。即使领导没有采纳你的意见,你也应该感谢领导倾听你的意见和建议,同时让领导感觉到你工作的积极性和主动性即可。

三、熟悉与不同领导沟通的方式

与领导沟通就要适应不同领导的风格,就是“你能被任何人领导”,换句话说,你能适应任何领导者的秉性特点和领导方式。

控制型的领导特征和与其沟通方式。控制型领导性格特征:强硬的态度;充满竞争心态;要求下属立即服从;实际,果决,旨在求胜,对琐事不感兴趣。与其沟通方式:对这类人而言,与他们相处,重在简明扼要,干脆利索,不拖泥带水,不拐弯抹角。

互动型的领导特征和与其沟通方式。互动型的领导性格特征:善于交际,喜欢与他人互动交流;喜欢享受他人对他们的赞美;凡事喜欢参与。与其沟通方式:公开赞美,赞美的话语一定要出自真心诚意,言之有物,否则虚情假意的赞美会被他们认为是阿谀奉承。

实事求是型的领导和与其沟通方式。实事求是型的领导性格特征:讲究逻辑而不喜欢感情用事;为人处世自有一套标准;喜欢弄清楚事情的来龙去脉;理性思考而缺乏想象力;是方法论的最佳实践者。与其沟通方式:省掉话家常的时间,直接谈他们感兴趣而且实质性的东西。

总之,机关干部与领导相处,考虑问题一定要细腻一些,领导毕竟是领导,什么时候也不能把关系搞乱了。关系正常规范,感情密切长远。最常见的这几种不正常关系一定要警惕:对领导唯唯诺诺,甚至阿谀奉承,犹如"主仆"关系;对领导敬而远之,不敢直言相谏,好像"猫鼠"关系;认为是领导面前的"红人",能让领导言听计从,如同"哥们"关系;把分管的业务看得很重,不愿让领导插手,领导处世还得跟他商量,成了"协作"关系;对领导的指示坚决不执行,或者所提意见建议得不到领导批准时,就发牢骚、讲怪话,颠倒了上下关系。

第7讲　向领导汇报工作

汇报工作是与领导相处的基本形式,汇报要讲究原则和方法,既要考虑汇报的时间、内容、场合、方式等因素,还要考虑汇报的对象。追随松下幸之助30年的江口克彦在《我在松下三十年——上司的哲学下属的哲学》这本书中曾经指出:"对于上司来说,最让人心焦的就是无法掌握各项工作的进度……如果没有得到反馈,以后就不会再把重要的工作交给这样的下属了。所以要知道,虽然只是一个简单的汇报,却能让你得到上司的肯定。"

汇报工作体现"汇"和"报"的统一。所谓"汇",就是将自己掌握的情况进行归纳整理,关键是条理要清楚;所谓"报",就是通过适当的方式将整理的内容表述出来,关键是观点要鲜明。向领导汇报工作是机关干部履行职责的基本功。一个善于汇报工作的人,能得到领导的及时指导,也是得到领导肯定的好机会,并有可能与领导建立起牢固的互信关系。那么,如何向领导汇报工作呢?

一、严格遵守汇报的程序

逐级汇报。按照一级对一级负责的要求,除特殊紧急事项外,原则上都应向直属领导汇报工作,切忌越过直属领导直接向更上一级领导汇报。任何一个组织或者一项管理都是有层次、有秩序的,岗位不同,职责不同。工作很重要,但是规则也很重要。任何一个单位要想运转顺畅,都需要有一定的组织架构。领导工作的重要原则之一是实行分层领导,根据这一原则,一般来讲,下级仅对自己的直接领导负责。此外,每个人都有自己的工作职责和分工。只有各司其职,做好自己分内的事,整个单位才能正常运转。所谓各司其职,就是在其位谋其政,不在其位不谋其政，尽责不越级，到位不越位。任何领导和干部平时应该遵循“分级负责，逐级汇报”的管理原则。

越过分管领导向更上一级领导汇报工作和业务的情况，被称为“越级汇报”。超越这种分工，直接向上级领导汇报工作，会置双方于十分尴尬的境地，上级领导有可能因此不愿听取下级的汇报，或即使听取了下级的汇报，也不会明确表明自己的态度。另外，撇开直接领导向上级领导汇报工作，还有可能干扰既定的工作程序，影响上下级之间的关系；更有甚者，还会给人一种汇报者与自己的直接领导有矛盾的误导，造成今后工作中的不协调现象的发生。所以，下级要向上级领导汇报工作时，务必逐级进行，一般不要“越级汇报”，更不要走所谓的“捷径”。

但是，情况紧急受分管领导委托向更上一级领导汇报，也就是“受命越级汇报”，是可行的，还有一种情况，就是高层领导主动过问你的工作开展情况，这个时候一般是你的工作比较重要，需要高层领导直接督导，不过，在汇报的过程当中，千万不要忘记夸赞你的分管领导，并且“越级汇报”后必须及时向分管领导汇报“越级汇报”的基本情况、主要内容、下一步打算等，以便更上一级领导询问分管领导时，分管领导不至于因为不知情而手忙脚乱甚至被批评。“及时”二字非常重要。所谓及时，就是在更上一级领导询问分管领导之前必须向分管领导汇报，否则可能会产生误会、误解甚至矛盾冲突，同时，也会让分管领导认为，“越级汇报”者目中无人、不尊重领导、想出风头甚至有其他不可告人的目的。

二、精心做好汇报的准备

向领导汇报工作，是一门综合性艺术，是下级领导能力、领导技巧、领导心理和领导素质在领导活动中的综合体现，同时，它在很大程度上决定着汇报工作的绩效。向上级领导汇报工作，要提前准备充分。

一是清楚汇报什么，精心准备汇报内容。汇报工作可分为“主动汇报”和“被动汇报”。主动汇报，就是汇报方根据需要主动向领导汇报工作，这种汇报的内容一般有三种：(1)工作上的新思路、新想法，在没实施之前向领导进行汇报，以求得领导的指导、肯定，以便在决策上“合法化”。(2)工作过程中遇到了自己难以克服的困难或重大问题，需要及时向领导反映情况，以求得领导的指点和帮助。(3)在领导部署的工作阶段性完成或全部完成后，向领导汇报开展工作的主要做法、基本经验以及今后的打算。汇报前要把情况搞清楚，做到“问不倒”。在汇报之前搞清楚基本情况，比如，所汇报事项的发生背景、来龙去脉、当前进展、存在困难等，做到底数清、情况明，谋定而后动。把困难预计足，做到“不怕问”。提前预想领导可能会针对汇报内容提出哪些疑问，应该如何做好解释说明，避免领导提问后出现“一问三不知”的尴尬情境。把对策想明白，做到“问不怕”。所汇报事项中如有请示内容，需要提前构思好请示要点，并梳理好解决问题的对策措施，为领导决策提供科学参考。

二是清楚何时汇报，准确把握汇报时机。汇报时机，对一个人汇报的成效影响重大。有些人一有问题就随意找领导汇报。殊不知你的任性，会一次次恶化在领导心中的印象。

上级领导担负着相对于下级而言全局性的工作，每天都需要处理大量繁杂棘手的事务，工作日程安排得很满。下级如若只从自身工作角度出发，不分时间场合去向上级领导汇报工作，不仅容易打乱上级领导正常的工作秩序，对全局工作造成不必要的影响或损失，而且也势必分散上级领导的精力，致使上级领导难以全面考虑并圆满答复你所要解决的问题。此外，还有可能给上级领导留下鲁莽的不良印象。因此，下级在向领导汇报工作时，一定要提前向领导办公室预约，尽可能在上级领导相对空闲和工作进展比较顺利的情况下进行汇报，防止相互撞车，确保上级领导有一定时间和愉快的心情来听取汇报。

加拿大心理学家、麦吉尔大学教授德比·莫斯考维茨曾做过一个有趣的研究，根据人一周的行为规律画出了一幅一周工作节律图，她认为，人的一周是有规律性的。周一到周五，工作节律大不相同，一周的前半部，人的精力旺盛，态度和行为比较激进；一周的后半部，人的精力逐渐下降，却也更易通融。星期二是向领导汇报工作的好时间，星期五是最奇妙的好沟通时机。那具体到一天中哪个时间段汇报更好呢？实践证明，早上10时许是找领导的最好时间，此时领导刚处理完紧急要务，腾出时间休息，心情比较放松。此时，找领导更容易得到倾听与包容。一般不要在下班前找领导，此时领导经过一天的忙碌或下班后还有私事处理。此时你突然出现在领导面前，只会令领导心烦。需要注意的是，进行工作汇报，应选在上班时间，这样不仅显得正规，而且还说明工作的严肃性。否则，贸然到领导家中去，不仅影响领导休息，而且还会使这种汇报蒙上一层“私报”的阴影。

提倡三分钟汇报法。三分钟汇报法，是指下属向领导汇报工作时，尽量在三分钟时间内将汇报内容表达完毕的一种工作方法。工作的快节奏、形势的新变化以及担负任务的艰巨性，客观上决定了上级领导不可能有大量的宝贵时间坐在办公室里听取下级汇报工作。下级要想在有限的时间内及时、准确、高效地向上级领导汇报工作，必须适应这一特点。而且心理研究证明，人在听别人讲话的时候，只有三分钟的耐心，时间长了会感到不耐烦。这就要求汇报人汇报工作前要做好充分准备。汇报工作时要抓住重点、直奔主题、言简意赅，条理清晰，每个问题简明扼要地说明重点，不要拖泥带水，去掉不必要的口头语和无关紧要的修饰词，最好能列出一、二、三，时间控制在3分钟以内。

工作汇报要精炼为主，结果更为重要。从总体来讲，汇报时机的把握可从以下三个方面着手：1％、50％和100％，这三个时机，通常是领导最想听汇报的时候。

1％时机：任务刚开始，这时候汇报是为了确认工作目标和执行措施无误，避免出现“工作一开始方向就不对，所有的执行都是白忙活”的情况。

50％时机：任务进行到一半，主动去给领导汇报，让领导时刻保持心中有数，对工作情况处于放心状态。

100％时机：任务完成，工作汇报必不可少。即使是很小一件事情，都应该件件有回应、事事有着落。

三、清楚怎么汇报，掌握汇报方法与技巧

一是汇报对象悉差异。每一个领导在长期的工作生活实践中都形成了自己独特的个性特点、气质类型和领导风格。只有平时注意了解和熟悉不同领导的个性特点、气质类型和领导风格，汇报工作时才能因人而异，让领导对自己的汇报满意，从而获得领导对自己的理解和支持。比如，有的领导认知特点是感觉灵敏型，注意细节，善于微观把握，向这样的领导汇报工作就要有条理按顺序铺开，并且不要漏掉具体的过程和细节，力求使他对你的工作有一个全面的了解；有的领导认知特点属于知觉发达型，注重整体，善于宏观把握，向这样的领导汇报工作就要选择要点，简明扼要，少说过程，让他一下子抓住要害。再比如，有的领导属于专制型领导风格，向这样的领导汇报工作的频率就要高，要经常请示汇报；有的领导属于放任型领导风格，向这样的领导汇报工作的次数就要少一些，只要不牵涉大局，一般不要汇报太具体的事项，否则领导就会嫌你能力不行，难当大任。

二是汇报准备要充分。首先，工作开始前要多问。为了避免重新返工，在工作开展前多问几个问题，在领导给出明确的方向后再着手准备汇报。但如果领导没有给出十分清晰明确的答案，应先将自己抽离出来，站在领导的角度思考，任务背景是什么，对业务有哪些影响，最终目标是什么？其次，重要汇报需要提前做演练。一定要事先针对汇报内容做模拟演练，从把控时间、汇报语言、逻辑框架等方面进行准备。在演练过程中将自己的“台词”设计好，用语精练、思路清晰、重点突出。

还要针对容易被问到的问题进行精心准备。再次，汇报前做到心中有数不慌乱。汇报工作之前要做好基础调研，熟悉汇报内容，确保汇报时做到有数据支撑、有问题分析、有意见建议。对如何汇报工作要打好腹稿，想清楚逻辑框架、汇报要点、时间把控等。最后，还要针对领导可能会问到的问题精心准备。尤其是相关工作的进展、最新的数据、结论的推导、相关经验教训等。反之，如果没有梳理清楚汇报的思路、全面掌握汇报的内容就贸然找领导汇报工作，很有可能既汇报不清楚工作，又经不起领导的提问。

三是汇报过程有粗细。向领导汇报工作时，要重点突出，逻辑清晰。提前想好与领导汇报的目的和核心要点，还需要注意将重要的事情放在最前面说，即需要开篇简明扼要。首先，第一时间开门见山指出汇报要点，快速引起领导注意。要善于讲关键的话、汇报重点的事，并能够随机应变，让领导短时间就能接收到明确的信息，快速判断并下达指示。其次，要用精练的语言概括来龙去脉，提纲挈领，纲举目张，让领导在最短的时间内知晓前因后果和轻重缓急，对汇报事宜有一个大致了解。简明扼要向领导汇报完主要内容后，再根据领导的个性特点等具体情况，进一步汇报需要注意的关键环节和具体细节，如完成时限、具体标准等，让领导有进一步的认识和理解，使汇报环环相连、丝丝相扣。

四是汇报工作有预案。在向领导汇报工作时，要对汇报的内容驾轻就熟，提前准备好精练和详细两个汇报版本，根据情况应变，既能提纲挈领让领导"秒懂"工作进展，清爽而不含糊，又能用数据和事实把细节讲清楚。

五是汇报内容全面客观准确。领导只有全面了解工作开展情况，才能在此基础上做出准确判断，形成合理的决策意见。所以，向领导汇报工作时反映情况尽可能充分、翔实。首先要全面。既要从宏观上汇报推进工作的基本做法、进展情况、存在的问题以及发展趋势，又要从微观上汇报工作开展中一些对整体效果有影响的细节，使领导不但能从总体上把握工作情况，而且能从局部上把握工作推进中一些重要环节的情况。其次要客观。既要报喜，详细汇报工作所取得的成绩和效果；又要报忧，客观汇报工作推进中存在的问题以及主客观原因。最后要准确。汇报工作要用事实来说话，用数据来明理，切忌大而化之、模棱两可，说一些诸如"可能是""应该会""大概"之类的话。否则就会误导领导，也会给领导留下工作不踏实、作风不严谨的印象。要先给出结论，让领导知道你的态度和想法，然后他才有可能带着问题去听下一步关于细节的具体说明和论述。

六是汇报问题有方案。有人以为解决问题是领导的事，下属只要把详细情况汇报给领导就行了，这其实是一种误解。决策上的取舍是领导的责任，但作为工作的具体承担者，对进一步推进工作尤其是解决工作中存在的问题更有发言权，这也是领导听取汇报时关注的重点。因此，汇报工作之前，应根据汇报任务要求，结合工作实际，多拟定几套备选方案，供领导遴选采纳。给领导出“选择题”而不是“问答题”，也就是说，你在提出问题的同时，应同时给出几种建议或方案，以及分析每种方案的优劣势，最后阐述自己认为合理的建议和相应的理由，为领导决策做足准备工作。还要做到语言精练准确，让汇报更加务实高效。要力戒不明就里式汇报，完全将决策任务推给领导，领导一问三不知，导致汇报效率低下。

第8讲　善于与领导电话、短信、微信联系

工作电话、短信和微信，是上下级之间当面谈话交流之外的主要沟通手段。特别是年轻干部，面对领导时，大部分会有发憷、害怕的情绪。那么，工作电话、短信和微信就成了汇报工作的重要手段，也是展示自身素质的重要平台，这就需要掌握一些与领导电话、短信、微信联系的细节与技巧。

细节决定命运，许多看起来很小的细节，就能决定你在职场上能走多远。下面就分别谈谈，给领导打电话，发短信、发微信时需要注意的一些细节，帮你更好地和领导沟通。

一、给领导打电话需要把握的8个细节

（一）何时打电话

给领导汇报工作不是所有的事情都用电话，很多时候不急的事情可以用短信表达。

以下两种情况下要注意不能随意给领导打电话：一是在领导休息的时候。有两个时间段，一般是在中午13时到14时之间，晚上10时之后至早上7时之前，如果没有特别重要的事情，最好不要打电话。二是在领导参加重要会议时。万一领导忘了将手机关开到静音或者关机，铃声一响，影响整个会场就很不好了。

在这两种情况下，首先是将重要且急需处理的问题编成短信，提前发送给领导。编辑短信要注意：一是简洁明了，突出重要问题，二是表达事情要分层次。可以分为一、二、三点，分项表述事情要点，最后给出请示事项。给领导发短信，一定要排版，切记！一堆字发给他，他看半天也头疼。

(二)何种事情必须打电话

一是如果遇到特别紧急的情况、重要消息或者突发紧急事件,还是需要马上汇报的,这时就要注意方法和技巧。如果领导在开会,通过办公室了解到领导开的什么会,在什么地方,要和开会单位工作人员立刻联系,商量如何将重要消息第一时间报告给领导。

二是如果是领导急于了解和掌握的情况,并且事先做过交代过的事情,就必须在知道情况后尽快打电话报告,哪怕是在休息的时候,也要尽快报告。

这种情况,有时候和领导个人的工作习惯有关,有些领导中午必须休息,或者晚上23时之后会打扰其休息,因此你在平时工作中也要注意了解领导的一些工作习惯,以免把好事办成了坏事。

(三)在什么环境通话

给领导打电话一般是比较私密或私人的事,通常要关上办公室门或找个没人的会议室或在私密安静的环境中进行。这样有助于理清打电话的思绪,也有助于清晰接收领导的指示。切忌在纷繁嘈杂的环境中跟领导说事,也不要大嗓门弄得周围人人皆知。

(四)第一句话说什么

领导通常都比较忙,可能在开会,可能在会客,可能在谈事,可能在洗手间,可能在车上等各种不方便接电话的场合中,所以一般不建议接通电话后就直接说事,显得毛毛躁躁、不懂规矩。一般接通电话后,先问“您现在说话方便吗?”待对方明确表示方便后再说事。如果对方级别高,彼此之间又不熟悉,还可以在微信上或短信上约好时间再通话。

(五)通话内容怎么说?

给领导打电话不是拉家常,通话要开门见山、单刀直入、简单明了;在陈述事情的时候尽量减少“嗯、啊、哦”之类的口头语,而要用“是的、对的、好的、我明白了、请您放心”等词语代替,彰显干脆利索、执行力强的风格。

(六)重要的事项要复述确认

比如领导交代完工作后,您就复述一遍,然后加上一句“您刚才说的这几点,不知道我理解得对不对?”让领导确认一下,这样一是可以显示对对方的尊重;二是也可以显示自己的总结、接收能力非常优秀。

（七）电话应该怎么挂

不要先挂电话。这是一个看似简单的细节，却是非常重要的一个环节。主要有两个原因：一是有可能他指示的内容还需要做补充，如果你先挂了电话，领导有什么又想起的内容，还没有来得及讲；二是领导先听到你挂电话，一片忙音，显得你也没有礼貌，不尊重他。

正常的电话礼仪是等待级别高的一方（领导）先挂断（通常3～4秒内等对方挂），如果6～8秒内对方仍没挂，再主动挂掉。现在很多年轻人这方面做得不太好，无论是电话通话还是微信语音，经常说完就秒挂，给人留下的印象非常不好，显得特别没礼貌，有时候犯的错自己还不知道错在哪里。打电话最反感的就是话刚说完，对方就把电话挂了。在现实工作中，甚至有些领导一直不挂断（等着你挂），这样的人通常都有很好的亲和力和群众基础。

（八）特别重要事情需要面谈，不要用电话

在工作当中，有些事情是特别重要机密的，或者是自己做错了事情的情况下，就最好通过面谈的方式来解决。机密的事情是不能通过电话谈的，防止泄露；自己做错的事情要当面做自我批评，才能够表明自己的态度，因此，在选择用电话汇报时要对事情做全面评估，思考清楚再做选择。

二、给领导发短信（微信）需要把握的5个场景

第一，给不熟悉的领导打电话或有求于对方。一般先发短信（微信）进行沟通，进行自我介绍并预约电话时间，以避免唐突、表示尊重。比如因为工作需要给某上级单位领导打电话，但是又不认识，就可以先发短信（微信）。比如“××领导您好，我是某某单位××，有件事××需跟您电话汇报下，请问您现在方便吗？”

第二，陪领导聚餐应酬结束后回到家。一般马上给领导发条短信（微信），在报自己平安的同时也能知道领导是否已经安全到家，这个细节特别重要，不要小看这么一个短信，效果是非常的棒的，能够充分彰显一个人做人做事的细致和周到。比如“领导，我和××等人已经安全到家。”

第三，逢年过节给领导长辈发短信（微信）。一般建议只在具有重要意义或重大节日才发消息，如中秋、教师节、春节等。一是发送的内容要进行精心准备。要自己写，要下功夫，千万别群发，不要复制，要让对方感受到是独一无二的，是量身定做的。二是要写得具体一些，真诚一些。不然就是言之无物。内容一般是以感

谢、赞美、祝福为主，比如说感谢领导，一定要写清楚为什么事情感谢领导；赞美对方，对方到底什么地方值得我们学习，要写得具体，这样才能体现出我们的真心诚意。三是发送的时间，最好能够错开高峰。别选在除夕当晚，尽量早点发，早点留下印象。

举个例子，小黄给田书记发了这样一条信息："尊敬的田书记，过年好！我是办公室的小黄，感谢您在过去的一年里对我的关心和帮助！特别是在写讲话材料方面，我从您身上学到了很多东西。新的一年即将来临，我将继续全力以赴，努力工作，不辜负您的期望。祝愿单位在您的带领之下，更上一层楼；也祝愿您及家人新春快乐，阖家幸福！"你看，这就是一个比较规范、到位的祝福短信。

第四，及时进行工作汇报。如果领导安排的任务是小事，没有必要或没有条件做正式汇报，可以在做完事情后用短信（微信）的方式汇报。举个例子，领导安排小王到火车站去接客人，把客人接到之后，第一时间给领导发一个短信报告一下，免得让对方记挂。比如"领导，已将××顺利接到。"这叫"凡事有着落、事事有回音、凡事有交代"。这是一个小细节，但是你发了这个短信之后，领导会觉得你很靠谱。

第五，收到领导短信（微信）布置工作。

不要简单地回复"收到、好的"，建议在后面加上一句"立即落实或者我现在就办"，再如"立即落实、马上就办、正在办理，明天上午给您"等有行动性、时间性的词汇，效果会好很多。如果能在后面再加上具体的工作举措，那就更到位了，举个例子，领导发给小杜一条短信说抓紧时间把材料写好，小杜回复"收到，我现在就写，明天上午一上班我就给您送到办公室去。"你看，这样写一条短信，和只写一个收到或者一个好字，区别多大。

三、给领导发微信需要把握的细节

目前，微信已经是工作中重要的通信方式了。微信基本上完全代替了短信，在很大程度上也代替了电话。我们工作中发信息、发语音、语音通话、视频通话、加群、传文件，大多是通过微信实现的。但是，却有一些年轻人没有注意到微信沟通中的礼仪，很多时候，得罪人了都不自知。

（一）与领导微信的一般常识

下面是一些常见场合下，微信信息的标准模板，直接就能用了，免得还要组织和斟酌词汇。

1. 加领导为微信好友，应当在备注中写上称呼、问候，并自报家门。如“张书记，您好，我是会计学院的袁梦”。

2. 领导通过了你的添加好友申请，你应该在第一时间告诉领导你更详细的信息。如“张书记，您好，我是会计学院的辅导员袁梦，我的手机是135××××××××，办公室电话是4321，请您多多指教！”

3. 非工作期间，非必要不要打扰别人。如果真的需要，应该先表示歉意，如：“张书记，您好，这个时间还来打扰您真的很抱歉，因为我今天必须要交给李处的报告里，需要一个数据，需要向您请教，请问您现在方便吗？”

4. 完成领导交代的报告，发给领导的同时，也要说明一下。如：“张书记，这是我刚写完的报告，请您审阅指导。”

5. 向同事请教问题，要直接说明，别先发个“在吗？”如可以直接这样发：“王哥，我报告里要插一张表，我不太会弄，想要请教您一下，您现在方便吗？”

6. 不要随意拉人入群，如果一定需要的话，应该先说明原因，征得对方的同意。比如你需要拉领导入群，可以这样说：“张书记，您好，我是会计学院的辅导员袁梦，由于近期需要承办辅导员论坛，我将会建一个工作群，发一些通知要求和注意事项，您看方便我拉您入群吗？”

7. 不要悄悄地退群。可以在退群前这样发：“各位领导和同事们，大家好。由于工作的变动，我已调往学工部负责资助工作，感谢大家一直以来的支持与照顾。祝大家工作顺利，生活愉快。也欢迎大家常过来指导！”

8. 尽量使用文字、图片信息。文字、图片信息，是接收者最舒服的形式，一目了然，还有充足的准备时间，太忙的时候，也可以先放一边。只有在急事时，才使用语音或电话。视频尽量别用，可能影响对方的隐私。

9. 不随便将自己的微信好友推送给别人，这需要征得好友的同意。每个人都有不同的喜好，你的微信好友不一定也希望加其他人为好友，就算他不反对，也不见得愿意由你私下就把他的信息推送给了别人。

10. 提防微信里留下把柄。微信记录是可以长期保留，所以在处理敏感信息时要慎重。敏感的事情，最好当面说，如果条件不允许，就电话沟通。

（二）给领导发微信需要把握的5个细节

第一，用文字不用语音。前段时间我在头条上专门看了一篇文章，叫作能在微信发文字就不要发语音，讲一个年轻人刚参加工作，有一次在微信上给领导汇报工作，用大段大段的语音，然后被领导公开批评，他工作态度有问题，让他很郁闷。在微信上给对方发语音，主要是图自己方便，毕竟打字速度慢，用语音省事，但却给对方添了麻烦。

用语音，是最简单、最方便的方式，但领导不一定方便。一是对方可能不方便听，比如说领导正在开会或是人多的场合，对方根本就没办法听。二是用语音难免会有废话，明明一句话就能表达清楚的，可能语音30秒还没说清楚，这是变相地耽误对方的时间。三是如果你的普通话不标准，有口音，那么还有可能引起误会，所以在职场和领导发微信，尽量用文字来表述，一来写的时候，可以反复斟酌，不至于出错；二来可以节省对方的时间；三来可以表示尊重。用语音发微信，一般来说上级对下级可以，或者和家人之间聊天可以，除此之外尽量要用文字来表达。用文字，精准表达，表示尊重。

第二，慎用微笑表情。有人曾经做过这么一个统计。领导用微信的时候，用得最多的表情是微笑，微笑就是我们点开微信的第1个表情，那么领导为什么喜欢用这个表情呢？一来方便，二来不失威严。所以我们给领导微信聊天的时候要慎用微笑的表情，上级对下级可以，长辈对晚辈可以，甲方对乙方可以。如果是下级(晚辈、乙方)对上级(长辈、甲方)使用就容易陷入尴尬。

第三，语气词能用两字就不用一字。如果是领导安排工作，甚至哪怕是同事找你，能用“嗯嗯、哦哦、好的”，就不要用“嗯、哦、好”。虽然一字之差，但这两者之间的味道截然不同。比如说领导给你发微信，交代给你一个任务，你回答说“嗯”和回答“嗯嗯”，完全是两种不同的态度，回答一个“恩”字，感觉是消极怠工、不乐意，而嗯嗯两个字，则代表很期待，很高兴接受这个任务。所以说看似只有一个字的区别，但是透露出的意思跟味道截然不同。回答两个字，透露出的感情显得更热情、更饱满。

第四，注意标点符号。这里说的标点主要指的是省略号，比如说领导给你安排了一项工作，由于种种的原因你没能完成，你给领导发微信说，计划完不成了……后面要带上省略号，这个省略号，实际上是带有一种愧疚，或者没有表达出来的一些客观理由，如果你光给领导说计划完不成了，没有省略号，估计领导看了之后觉得很不舒服。加上省略号，领导可能会感觉到你的一种愧疚或者是表达不出来一些客观的原因，所以说千万不要小看这个省略号，有和没有，意思大不一样。

第五，关注领导反映。用微信方式汇报工作，不一定是所有领导都认可的形式。有的领导习惯电话方式更直接，有的领导几个小时也不看微信，所以你要跟领导去多沟通，找出一个更好的沟通交流方式，而不是用一个自己认为比较合适的方式来跟领导沟通。有的领导不喜欢在微信上处理很多工作，或者在微信上留下明确的处理痕迹。所以你虽然在微信上进行了汇报，还是要去给领导再当面进行汇报，有一个双向的交流。毕竟在单位，领导并不会喜欢所有的事都是一个线上交流的方式，双向面对面的沟通交流，领导可能会更喜欢。

这就是我们讲的细节决定成败，态度决定一切。

第9讲　赢得新任领导信任

一个部门、一个单位、一个地区“一把手”岗位变更，不仅会给其主政的部门或单位的工作带来影响，还会给机关干部带来诸多困惑：因为它改变了原有部门或单位的政治生态、工作运行和人际关系现状，彼此有个相互认识、了解和磨合的过程。那么，如何得到新领导的认可和信任，便成为机关干部非常关注的问题。

通常情况下，大家都迫切希望能尽快赢得新任领导的信任，和其建立良好的人际关系，因为在现行领导体制下，领导信任是一种特殊的政治资源，如能遂愿，无论对工作开展还是个人进步都益处良多。当然，基层干部要想真正获得新领导的信任，关键还是要靠品行高洁、能力拔尖、业绩超群。但这并不意味着具备上述优势就能水到渠成，还需具备真诚的待人态度、出色的沟通艺术、精妙的工作技巧和良好的人际关系，机关干部只要努力做到“四助”，定会有所收获。

第一，助领导了解情况。新领导到任后，首要任务是了解新单位的相关情况，因为这样做有利于其尽快进入角色、开展工作。如此刻机关干部能及时助新上司一臂之力，则很容易获得其好感。机关干部在得知新领导履新信息后，就不妨认真做些案头工作，为履新者熟悉单位情况提供帮助。要利用新领导方便之机，对单位基本情况做一扼要汇报。汇报要平实客观，把握分寸，既不要涉及评判前任领导的内容，更不能带有个人观点，防止新领导怀疑你心术不正，试图误导领导。汇报要突出重点、简明扼要，干净利落，尽显干练之风，力争给其留下好印象。切忌口无遮拦、乱加议论，更不要热情过度，好为人师，招致领导反感。与此同时，要事先精心准备，并在合适时机，陪同新领导去视察。通过精心组织，为履新领导熟悉情况创造有利条件，有效提高其调研效率，缩短其熟悉情况的周期，获得新领导的好感。

第二，助领导分解压力。履新领导上任伊始，因对新单位情况业务不熟，人员不了解，要想尽快进入角色颇有难度。然而，工作不等人，尤其是某些时效性较强的问题，若不及时处理则可能带来严重后果，因此，履新领导倍感压力。在此情况下，机关干部要理解新领导此刻的心境，主动站出来，为其分忧。按照守土有责原则，利用自身业务精、情况熟的优势，在严格按照组织原则的前提下，主动做好自己分管的工作，当好参谋助手。若是常务副职，更要靠前指挥，合理调度，主动做好牵头、组织协调工作，充分调动其他副职和中层骨干的工作积极性，使他们做到团结协作、各负其责，努力做好分内事，不让领导操心。除此之外，副职还要学会从全局角度思考问题，帮助履新领导谋划全局工作，适时提出合理化建议，尤其要提醒领导及时办理当前需急办事宜，以免因主要领导易岗耽误事情，确保工作顺利衔接。若有必要，可主动要求协助处理原本由“一把手”承担的相关事情，这样，可有效化解新领导因情况不明而难以发力的窘境。人们常有这样的体会：锦上添花过眼云，雪中送炭弥足贵，相信副职在履新者特殊时段大施援手之举，定会使其心存感激。

第三，助领导解决难题。基层常有这种情况：每当主要领导变动之日，便是新一轮事务高潮之时。在现行体制下，“一把手”确实拥有副职或其他下属无法拥有的权力，加之部分办事者持有“副职说话不管用，拍板还需大领导”的想法。因此，每当机关主要领导或关键部门“一把手”易人，便会激起各种历史遗留问题的当事人的热情。有的想借助新任领导履新激情解决问题，有的则想利用履新者情况不明，浑水摸鱼。可谓个个难缠，事事难解，使新领导焦头烂额。若遇这种情况，下属就要主动地为新领导提供支援。没有特殊情况，绝不能把“一把手”推上风口浪尖，因为大部分历史遗留问题，往往是宏观政策及某些极特殊的原因导致无法解决的，即便领导出面，也无济于事，只能徒添僵局。下属除及时向领导提供各类历史遗留问题的相关背景资料外，更多地应是主动做好化解矛盾工作，努力为履新者创造良好的工作环境。除此，在新任领导上任时，下属能挡则挡；有些事情即便不违反原则，但领导不宜出面的，下属也可伺机代为处理。

第四，助领导树立威信。新任领导到任后，除需迅速熟悉情况和进入角色外，还有一个重要任务，就是尽快获得履新单位部属的认可，树立自身威信。这无论对新任领导或单位局势稳定和工作开展，都很必要。但此时领导者在推介自己时，分寸颇难把握：轻了，难以引起公众关注；重了，又有自我吹嘘之嫌。这便需要副职或下属挺身而出，利用身份超脱这一优势，助新任领导破解难题。副职可利用履新者上任和单位全体同志见面之机，适当地介绍其情况，要着重介绍新任领导的道德品质、工作能力及曾取得的突出业绩，增加部属对领导的了解。在与新领导共事的过程中，副职要找准角色，在新任领导未全面进入角色的情况下，副职要多介入难度较大的工作。要坚决维护新领导的权威，做到表里如一、光明磊落，不折不扣地完成新领导布置的各项任务，做服从领导、维护班子团结的引导者和行动派。

第10讲　领导班子合力建设

领导班子是一个单位的“主心骨”，是做好各项工作的“压舱石”，是推动高质量发展的“助推器”。团结是班子的生命，是领导班子建设的永恒主题。目前，有的单位领导班子不够合心、合力、合拍，影响单位建设发展。关键是要密切配合、齐心协力、通力合作，形成抓工作“一盘棋”、干事业“一条心”、谋发展“一股绳”。

政治路线确定后，干部就是决定因素。领导班子作为一个地方、一个单位落实党中央决策部署、推动各项工作的“指挥部”“战斗部”，在实现事业发展中发挥着“领头雁”的作用，迫切需要我们着力增强领导班子整体功能，不断提升领导班子建设质量。

一是班子成员定位问题。每个人都是多种角色的重叠。自然属性的角色往往是稳定不变的，而社会属性的角色则是变化的，所以，角色定位是每个人生奋斗中无法回避的。一个单位改革发展稳定如何，关键在党，在党的各级组织，在领导班子。从现实情况看，工作差的单位或部门主要是领导班子差，有的单位天时地利皆有，为何工作上不去，就是因为缺少人和缺少正副职的良好配合。配合不好，又主要是因为正副职角色定位不准。

首先是正职的角色定位。(1)心胸开阔。能对副职放心放手，不应担心越权越位，不害怕超过自己，不应计较小事未能及时请示报告。只有对副职思想上放心，才能在工作中放手。工作中出了问题自己要敢于承担，着眼点在于吸取教训，改进工作，增强团结。(2)敢于决断、能凝聚大家力量。正职把精力用到宏观思路上、组织布局上、总揽全局不断提出新要求上、抓班子带队伍上，这既有利于调动副职积极性，又能不断提高班子的整体水平。(3)不分亲疏。能与班子所有成员谈心交心，对所有的副职坦诚相待，谁对就支持谁，上级的精神要及时传达，自己的想法要经常沟通，下面的意见要主动反映，不同的看法要及时反馈。(4)作风民主。能集中大家的智慧，自觉坚持民主集中制的原则，遇事要充分协商，要让班子成员能充分发表意见。副职作用的发挥是与正职气度、人品、能力成正比的。

其次是副职的角色定位。副职一般说来是班子的大多数，是正职工作的左右手，是决策的智囊团，是一个方面工作落实的关键，是班子建设的重要角色。一要识位。副职在班子中是配角，是助手，在分管中是主角是主管。讨论时是集体领导的一员，在党内决策时是平等的一票。因此要识大局、想全局，不能当分管部门的代表。二要定位。副职要摆正自己的位置，尽辅助之职，尽分管之责。一方面主动提出建议，谋好全局，服从安排；另一方面要勇于负责，尽职尽责，谋划一域，抓好落实。副职工作要投入，集体决定后，扎扎实实地组织落实，集体的荣誉，正职的政绩，很大程度上取决于副职的工作落实，取决于副职在工作落实中的指挥、管理、协调和组织能力。同时，副职在工作落实过程中，首先要想到自己是集体领导中的一员，然后才是分管。

二是正职的民主作风问题。坚持和健全民主集中制是领导班子坚强有力的根本保证。凡是内部团结协调，执行上级决定有力，决策指挥出色，干部群众积极性、主动性得到较好发挥的单位，都是正职具有良好的民主作风和带头贯彻民主集中制比较好的结果。反之，领导班子不团结、不协调以至政令不通，各行其是，造成工作决策失误，主要的症结也在于正职没有良好的民主作风和没有很好地贯彻民主集中制。因此，搞好领导班子建设，发挥领导效能，实现领导目标，首先要求正职认真抓好民主集中制的制度建设。党委议事、决策过程中，要让每一个成员充分发表意见，并按民主集中制原则作出决定。重大问题由集体讨论决定，具体组织实施和日常工作要有个人分工，根据分工，切实负起责任，积极主动开展工作。健全和完善民主集中制的一系列制度要体现根本性、全局性、稳定性和长期性，领导班子内部议事决策制度，集体领导和个人分工负责制度，群众参与单位民主管理制度等，执行制度的情况要接受组织和群众的监督。

三是副职的大局意识问题。领导班子成员应自觉地将自己的工作置于集体领导之下，站在全局上来考虑和处理问题，站在党和人民根本利益的立场上考虑和作出决策，做到局部服从整体，个人服从组织，使大局不会因局部工作的滞后而受损。正确处理与“一把手”的关系，配合工作要到位。在实际工作中，副职要始终自觉地把自己置于集体领导之下，严格按照集体决议开展工作和处理重大问题，做到不越位、不越权、不犯自由主义和无政府主义，凡经领导班子集体研究形成的决议，即使有不同看法，也要严格做到当面讲明观点，背后不发议论，带头贯彻落实，使领导班子的决议能够得到贯彻执行。要尊重“一把手”，维护班子成员尤其是“一把手”的尊严和权威地位，这样就能有效加强领导班子团结，切实提高领导班子的凝聚力、号召力、战斗力，为造就一支政治过硬、作风优良、业务熟练的干部队伍奠定坚实的基础。

四是成员之间的协作问题。领导班子应该是认识统一、步调一致、配合默契、团结协作的领导集体。在事关方向道路和对中央重大决策的态度上不应该有原则分歧，在工作的总体思路上应该是一致的，在具体的领导方法和领导风格上应该是各展所长、优势互补、配合默契的。作为一个领导者，头脑一定要清醒，了解自己的工作职责和自己所处的位置，尤其是正职和副职要精诚合作。正职要积极支持、帮助副职，工作中既要大胆地给副职交任务压担子，又要真心实意地搞好传帮带。作为副职，要勇挑重担，为正职分忧解难，工作中明确职责，不超越职权，不拆台指责，不争功过，真正当好正职的参谋助手，增进班子成员的信任、理解和团结。要有自觉的合作意识。只有密切合作，互相帮助，才能取长补短，既提高了自己，也增强了整个班子的战斗力。合作并非不要竞争，竞争是发展的动力，是促进团结、促进工作的手段，应鼓励敢闯敢干，敢于争先，同时，在竞争中又要有合作意识，当班子其他成员在工作中遇到困难、挫折时，应热情主动地予以帮助，以增进友谊和团结。

第十一章　掌握和运用办事方法

第1讲　坚持和运用根本的行政领导方法

方法是任务达成的必要手段，在日常生产生活中，任何目标的有效达成必须以科学而稳定的方法为手段，古人云："授之以鱼，不如授之以渔。"讲的就是方法的重要性。在行政领导过程中，领导者领导方法运用得不同，取得的效果也会相差甚远：领导方法得当，则人心振奋皆大欢喜，事半功倍；领导方法不当，则打击下属积极性，甚至影响内部团结，结果事与愿违，事倍功半，久而久之，领导者的向心力、凝聚力就会削减，使日常管理陷入困境。

领导方法，是指领导者为实现领导职责、发挥领导作用而采取的手段、办法、措施、程序等的总称，其本质是领导者必须遵循和把握的实践规律和原则的总结。方法是完成任务的手段。是否具有科学的领导方法，是能否实施正确领导的关键。方法对头，可以少走弯路、提高效益、事半功倍。

行政领导方法可分为以下两类。一是行政领导制度所要求的具有广泛制约力和影响力的根本方法。二是提高工作效率的具体可变的方法。这种方法随着时间和条件的变化而改变，又称为行政领导的方式和艺术。根本的行政领导方法分为实事求是的方法、群众路线的方法、矛盾分析的方法。

一、实事求是方法

实事求是，一切从实际出发，理论联系实际，坚持实践是检验真理的唯一标准。它既是我们党的思想路线，也是我国行政领导的最基本的思想方法、工作方法。习近平总书记指出，实事求是，是马克思主义的根本观点，是中国共产党人认识世界、改造世界的根本要求，是我们党的基本思想方法、工作方法、领导方法。①

坚持和运用实事求是的方法，必须做到以下三点。

第一，一切从实际出发，反对主观主义。坚持实事求是，基础在于"实事"，就是了解实际、掌握实情。这就要求我们必须不断对实际情况作深入系统而不是粗枝大叶的调查研究，使思想、行动、决策符合客观实际。习近平总书记指出，坚持一切从实际出发，是我们想问题、作决策、办事情的出发点和落脚点。

第二，真研究问题、研究真问题。习近平总书记要求年轻干部真研究问题、研究真问题，不能搞作秀式调研、盆景式调研、蜻蜓点水式调研，"无实事求是之意，有哗众取宠之心"是不行的。②行政管理者必须牢固树立问题意识、始终坚持问题导向，在找准找实问题上下功夫，在直面问题、解决问题上动真格。

第三，坚持用实践检验和发展真理。坚持实事求是，关键在于"求是"，就是探求和掌握事物发展的规律。习近平总书记强调，坚持实事求是，就是坚持一切从实际出发来研究和解决问题，坚持理论联系实际来制定和形成指导实践发展的正确路线方针政策，坚持在实践中检验真理和发展真理。③

二、群众路线方法

群众路线方法即一切为了群众，一切依靠群众；从群众中来，到群众中去。习近平总书记指出，党的领导工作的正确方法就是将群众意见集中起来形成正确的决策，又到群众中宣传解释，将决策化为群众的行动，并在群众实践中检验这些决策是否正确。④

坚持和运用这个方法，必须做到以下三点。

第一，始终站稳人民立场。坚持人民主体地位，虚心向人民学习，倾听人民呼声，汲取人民智慧，从群众中寻找解决问题的方案和办法，使作出的决策和决策的执行充分体现民心民意。

第二，提高群众工作能力。行政领导者必须深入研究新形势下群众工作的规律和特点，努力提高群众工作的针对性和有效性。在继承传统的基础上不断改进和创新联系群众的方式方法，密切党群干群关系，充分调动各方面群众的积极性主

① 《习近平谈治国理政》（第一卷），外文出版社2018年版，第25页。

② 《习近平谈治国理政》（第四卷），外文出版社2022年版，第526页。

③ 《领导干部"三严三实"学习读本》，人民出版社，2015年版，第106页。

④ 《走群众路线，到群众中去——习近平总书记主持召开基层代表座谈会》，人民网，2017年4月23日。

动性创造性。

第三,解决群众最关心最直接最现实的利益问题。要践行以人民为中心的发展思想,为群众办实事,让群众获得感成色更足、幸福感更可持续、安全感更有保障。

三、矛盾分析方法

矛盾即对立统一,对立统一规律揭示了事物发展的源泉、动力和实质内容,它是唯物辩证法的实质和核心,是人们认识世界和改造世界的根本原则。对立统一规律转化为方法论,就是矛盾分析方法。矛盾分析方法,是运用辩证唯物主义对立统一原则去分析事物,在整个唯物主义的方法体系中居于基础和核心地位。学会分析矛盾,养成分析矛盾的习惯,是做好行政领导工作的重要保证。

矛盾分析的方法主要包括以下几个方面。

第一,坚持“两点论”。矛盾分析方法是“两点论”与“重点论”相结合的方法。行政领导者必须全面地、系统地和发展地思考问题,处理矛盾,防止和反对问题认知片面性,切忌“顾此失彼”。

第二,坚持“重点论”。习近平总书记指出,在任何工作中,我们既要讲两点论,又要讲重点论,没有主次,不加区别,眉毛胡子一把抓,是做不好工作的。[①]有些人干工作不可谓不卖力,甚至三更灯火五更鸡,但是干不到点子上,就往往事倍功半、穷于应付。行政领导者必须既注重总体谋划,又注重牵住“牛鼻子”,深刻把握好前进道路上遇到的主要矛盾和次要矛盾、矛盾的主要方面和次要方面的关系,优先解决主要矛盾和矛盾的主要方面,以此带动其他矛盾的解决。第三,创造条件,做好矛盾的转化工作。同一性和斗争性是矛盾的两种基本属性,推动了事物的运动和变化。矛盾的斗争性,其作用表现在量变和质变两种状态中。行政领导必须善于从各方面创造有利条件,使矛盾朝着正确的方向转化。

第2讲　处事学会“弹钢琴”

行政领导者每天都有大量亟待处理的事务。干好领导工作,忠于职守,专心本业,统筹安排,学会“弹钢琴”等,是行政领导者处事的要则。

---

① 《习近平谈治国理政》(第二卷),外文出版社2017年版,第23页。

毛泽东同志在《党委会的工作方法》中提出要学会“弹钢琴”，要十个指头都有动作，十个指头的动作要有节奏，要互相配合，党委要抓紧中心工作，又要围绕中心工作而同时开展其他方面的工作。[①]习近平总书记指出，必须在把情况搞清楚的基础上，统筹兼顾、综合平衡，突出重点、带动全局，有的时候要抓大放小、以大兼小，有的时候又要以小带大、小中见大，形象地说，就是要十个指头弹钢琴。[②]机关干部人人练好“十个指头弹钢琴”的功夫，以奋斗姿态拨动时代的琴弦，就一定能弹奏出新时代的发展强音，不负党和人民重托。

一是坚持统筹兼顾，实现协调联动。学会“弹钢琴”，先要心中有“谱”、心中有“数”，就是要了解大局、掌握大局。心中无谱难成曲。对于领导干部来讲，“谱”就是党和人民事业这个大局，必须把推进中国式现代化作为最大的政治。立足新发展阶段、贯彻新发展理念、构建新发展格局，常常要面临“一难二难三难”“既要又要还要”的复杂局面和繁重任务，对“弹钢琴”的能力水平提出了更高要求。对于领导干部来说，要创造符合党和人民需要的政绩，需要坚持系统思维，增强工作协同性，做到统筹兼顾、通盘考虑，从局部与整体、重点和非重点、当前与长远等不同层面部署工作，处理好短期与长期、当前与长远、局部与全局的关系，强化大局意识和综合协调能力，决不能顾此失彼、左支右绌。

二是突出重点，找到关键。十个指头同时按下，不成曲调；高低错落，才合乎乐律。工作也是如此，唯物辩证法告诉我们，矛盾发展是不平衡的，任何事情都有轻重、主次之分，各级领导干部要善于辨别时间的主次，集中精力抓重点、抓中心、抓关键。只有处理好全面工作与重点工作的关系，分清事物的主要矛盾和次要矛盾，才能抓重点出亮点，抓难题求突破，以重点突破带动全局，以亮点特色体现成效。这就要求在工作中必须对“国之大者”心中有数，把地区和部门工作放到党和国家事业大棋局中找准定位，在贯彻落实党中央决策部署中谋求发展。要从整体的、联系的、辩证的、发展的观念来认识事物和处理问题，围绕重点工作、中心工作开展其他方面的工作。只有多打大算盘、算大账，才能抓住重点，形成突破，做到既为一域争光，更为全局添彩。

三是加强协同。十指协调并用，才可能驾驭键盘，奏出美妙和音。领导干部就如同一个集体组织的“大脑”，需要清楚地了解每个成员的能力水平、性格秉性，合理分工，制定科学的、切合实际的工作目标，让大家在履行各自的职责时，心相聚、力相合，才能形成强大的合力，才称得上是一个优秀的集体。改革发展任务千头万

① 毛泽东：《毛泽东著作选集》(下册)，人民出版社1986年版，第670页。

②《习近平谈治国理政》(第一卷)，外文出版社2023年版，第222页。

绪，每一项都事关全局。比如推进一项改革，横向上要衔接配套，纵向上要对接配合，各项改革间也彼此关联。必须发挥好党总揽全局、协调各方的领导核心作用，发挥好顶层设计的引领作用，发挥好领导机构的协调作用，如此才能促进各方面协同发力，凝聚起攻坚克难的强大合力。

领导干部必须熟练掌握“弹钢琴”的技巧。毛泽东同志指出，钢琴有人弹得好，有人弹得不好，这两种人弹出来的调子差别很大。[①]同一首乐谱，有人弹出来是美妙的音乐，而有人弹出来是“噪声”“杂音”，这就跟弹奏者的能力、水平高低有关。善于“十个指头弹钢琴”，既考验各级领导干部想问题、做决策、干工作的全局观念和系统思维，又考验各级领导干部的责任担当之勇、统筹兼顾之谋、组织实施之能。只有做到心中有“谱”，心中有“数”，让“十个指头都动起来”，让“音符和谐发声”，系统联动地推进各项工作，就能弹出新时代的奋进强音。

第3讲　办事的思维艺术

办事，是机关干部的重要职责。会不会办事，能不能高效办事，反映一个干部的水平，也是赢得群众认可和领导好感的直接机会。有的机关干部不会办事，明明付出了努力，但效果不尽如人意，甚至把事情办砸，很是费力不讨好，而有的干部总能找到办事的关键点，把事情办得既遵章守法，又让群众和领导满意，各方认同。从表面来看，这是办事能力的差别，但就实质而言，这涉及干部办事的艺术。

所谓干部办事的艺术，指干部处理事情的手法、方式、技巧等等，既合事理，又含人情，既讲原则，又求灵活，整体与局部利益兼顾，又兼及公平与效益。机关的事务性工作有时很复杂，也很微妙，但事在人为。事情办得好与否，关键看机关干部能否从思维、行为两个层面处理好办事的艺术。

思维，就是思考、思索。正如爱因斯坦所说，人是靠大脑解决一切问题的。人脑中的创新思维活动是人的创新实践活动中的“骨髓”“基石”。习近平总书记治国理政着重强调辩证思维、战略思维、历史思维、创新思维、法治思维、系统思维和底线思维七大思维，这些科学思维方式是广大党员干部干事创业的有力思想武器。没有思考中的创新，就没有实践中的创新。因为有了思维能力，人们才能按自己的

① 毛泽东：《毛泽东选集》(第4卷)，人民出版社1991年版，第1442页。

意愿办事，凡事须深谋远虑，往往思考得越周全，事情就越容易办成功。

第一，胸怀大局有方向。对机关单位的各项工作而言，服务中心大局就是方向，既要从自身职责出发"正确地做事"，更要从全局出发"做正确的事"。全部工作都要从大局来考量、从全局来谋划，而不能仅仅就事论事、囿于自我。

机关干部要善于学习领会上级政策文件，它们是国家和上级党组织对于改革发展稳定的新要求和新标准，是高质量开展各项工作的行为准则。学好用好文件，是提升干部能力的现实需要，是增强工作科学性指导性的迫切需要，是获取本领域专业术语的有效载体，更是增强决策前瞻性的重要途径。练好学用文件的真功夫，要做到上下贯通一起学，分类分级全面学，结合实际重点学。通过对文件的学习，弄清文件中的工作要求，深刻认识到文件中与当前发展密切相关的机遇和挑战，对标对表、积极谋划，形成本单位可操作的落实方案，全力推进各项事业提质进位。

要牢固树立"不谋全局者，不足谋一域"的思想认识，自觉把工作放到"国之大者"中来思考、谋划、部署，紧紧围绕党委政府和所在单位、部门的中心工作、重要任务发挥职能作用。要经常对标对表，在认识大局、服务大局、维护大局中找准自己的位置，使自己的工作更加紧贴党委政府和所在单位、部门的需要，积极作为、主动作为，做到既为一域增光、又为全局添彩。

第二，掌握时间有主动。管理学认为，时间是最稀缺的资源，善于管理自己的时间是那些工作上有所成就者的鲜明特征之一。机关干部的日常工作常常是大事要事交织、急事难事叠加，如果不能有效利用时间，很可能就会出现忙于日常事务而无法专注重要事项，没有时间进行调研、思考、学习的情况。对此，广大干部要学会运用科学管理的方法记录时间、分析时间、诊断时间，使自己清楚时间用在什么地方了，时间分配是否合理。在此基础上，学会管理时间，大胆减少无谓的工作，杜绝浪费时间、消磨时间。在办文办会办事过程中要力戒形式主义，对内要压缩文件简报和可开可不开的会议，对外要减少不必要的检查调研，确保将时间用在职能履行和任务完成上。

第三，要事优先有次序。遵循有序方法办事，提高办事效率。常言道："万物有常理，四时有常序。"这里的"序"是顺序、次序、程序的意思，也就是事物发生发展、运动变化的过程和步骤，是客观规律的体现。反映在实际工作中，它要求我们办事必须有条理、讲程序。

在实际工作中，有序方法就是指办事情要有条有理，它可以使你对做事情的顺序的安排更加合理，时间的分配更加严格，避免许多重复劳动，最后一事无成。办事没有条理，又想把工作做好的人，总是感到没有时间或人手不够。客人来了，要泡茶，就要烧开水、找茶叶、洗茶杯。完成这件事可以有六种不同的顺序：如果等洗茶杯与找茶叶这两件事做完后才想起烧开水，就费事了，如果先烧开水，在烧开水的同时洗茶杯、找茶叶，效果就好多了。

对一个人而言，每次只能集中精力做好一件事。面对摆在面前的许多工作，如何提高工作效率？办公室的工作人员学会运用辩证法，分清层次，认真思考。优先法是指在若干事情中，哪些事情必须先做，哪些事情可以后做，即做事应有主次和轻重缓急之分，不能眉毛胡子一把抓，集中力量和时间办理优先事务，可以提升办事满意度，减轻工作压力，达到事半功倍的效果。这就要求我们在工作中权衡急事缓事，分清主次、抓住重点，做到重要紧急的事情立即办、重要不紧急的事情按时办、紧急不重要的事情插空办、不重要不紧急的事情按计划办，不能“瞎忙乎”。

当然，机关各项工作无小事，一些看起来不起眼的任务如果完成不好都可能产生令人意想不到的不良后果，甚至影响大局。这方面，我们既要讲重点论，也要讲两点论，还要注意主要矛盾和次要矛盾之间的转换，在把握对立统一规律中按照轻重缓急“弹钢琴”，做好每一项工作。

第四，日事日清日高。机关工作纷繁复杂，任务一件接着一件，容不得半点拖拖拉拉。一旦出现积压，不但影响领导决策部署的执行，也会影响机关的形象。古代有两首诗可以引以为鉴：一是《今日歌》中写道“今日复今日，今日何其少。今日又不为，此事何时了？”二是《明日歌》中写道“明日复明日，明日何其多。我生待明日，万事成蹉跎”。所以，机关干部应该牢固树立“今天再晚也是早、明天再早也是晚”的效率意识，做到今日事今日毕、勿将今事待明日。我的做法是，每周利用双休日一个半天的时间，回顾本周工作安排，全面梳理并完成本周未完成的工作任务，反思总结本周计划完成得怎么样，同时列出下周要做的事情清单。要认识到，事情再多，干一件就少一件，早干成一件就早省心一些，做到案无积卷、事不过夜。而且，还要每日总结反思，看看工作有哪些不足，有哪些需要改进的地方，从而日有寸进、久久为功，使自己每天都有新成长、每天都有新进步。

第五，问题导向解难题。机关干部必须坚持问题导向、目标导向和成果导向相统一，以问题为起点，在不断解决问题中提升工作能力和水平，进而最终实现目标、取得成绩。对于机关干部来说，发现问题是能力，揭露问题是党性，正视问题是素质，解决问题是政绩。首先，增强问题意识，善于发现问题。作为机关干部，应该把身子“沉”下去，让问题“浮”上来。面对复杂的环境和形势，会不会发现问题、能不能发现问题特别是深层次的问题，是检验干部能力的一个重要标准。其次，增强观察、归纳、分析、总结的能力，善于分析问题。针对师生普遍反映的问题、基层普遍困扰的问题、单位呼声集中的问题,以及各项政策决策制定、执行、落实中的“最先一公里出偏差”“中梗阻”“最后一公里不到位”等情况,要“懂政策、勤动笔、会调研”,着重提高自身预测发展形势的能力和理清发展思路的能力。最后,抓住计划、实施、检查、总结等环节,敢于解决问题。能不能解决问题是检验干部能力的最终标准。面对新形势新情况新问题,各级干部要自觉强化责任担当,敢于打破旧的、落后的工作模式,革故鼎新,开拓进取;敢于直面困难、敢于较真碰硬、敢于闯难关、敢于啃硬骨头,保证各项工作任务的落实和完成,着重提高破解发展难题的能力。真正做到在解决一个又一个问题中摔打自己、丰富自己、完善自己,在破解一个又一个难题中提升境界格局、淬炼意志品质、锻造本领能力。

第4讲　办事的行为艺术

所谓会办事,就是能分清事情的轻重缓急、大小难易,办事时能把握住说与做的火候;办事前掂量好自己的身份,并了解对方的脾气秉性和喜好,了解并能遵循一些办事过程中所涉及的程序规则,最终达到自己的目的。

开展任何一项工作,首先看态度,关键看行动,最终看效果。事情凡早也是要办,晚也是要办,一定要早办;凡主动也是办,被动也是办,力争主动办;凡也可以去办,也可以不办,尽可能地办;凡冷淡也是办,热情也是办,要热情地办。

第一,有事快办。快就能够赢得主动。有事快办,就是办事要讲效率,不能拖拖拉拉。急事最鲜明的特点就是时间性较强。因此,机关干部在办急事时,一定要强调时效性。越是急事,越要询问清楚事情的缘由、要求和目的等,做到心中有数。因为在办急事中,往往会遇到一些意想不到的困难,只有完全理解领导的意图,才会在办事中灵活处理遇到的各类问题。

我国自古就有“今日事今日毕”的格言。有事快办,说到底是培养一种雷厉风行的作风。一事当前,立刻去做,毫不犹豫。对今天要办好的事情,要抓紧落实,绝不拖到明天;对有时限要求的工作,正常时间完不成的,要加班加点,坚决按时完成任务;对那些时限要求宽松一点的工作,也要快节奏进行,以争取主动。要努力做到:信息不在我手里梗塞,文件不在我手里积压,事情不在我手里延误,工作不在我手里中断。

第二,急事稳办。所谓急事稳办,是指越在紧急情况下,越要稳住心态,不能遇事急躁,处事毛糙,乱了章法,慌了手脚。越是处置紧急事情,越要追求办事的一次成功率。

晚清政治家翁同龢,写过这样一副对联:“每临大事有静气,不信今时无古贤。”每遇大事,一定于静观中思考,以静制动,先静而后谋,先谋而后动,问题就可以迎刃而解,化险成功。静,才能克服人身上的急躁之气,免被情绪影响和控制。因为在情绪的蛊惑下,纵使是微不足道的小事,也能被放大成可以撬动地球的大事。静,才能拨开双眼的表象,快速找到问题的根源和破局的关键。

遇事不慌,稳中求快,实现速度和效益的统一,是急事稳办的本质要求。沉静才能谋定,谋定才能干事,干事才能成事。守静,就是一个人磨砺意志,修身养性的基础。

第三,大事细办。天下大事,必作于细。大事细办,就是要始终关注大事中的一切细节问题,防止1%的疏忽,导致100%的失败。

大事和小事是相对而言的,通常来讲,迎接上级检查、举办大型会议等都属于大事的范畴,也是锻炼干部工作能力的好机会。但是,正因为是大事,事关全局,上级在交代任务时,就不可过于放手,而要站在全局的高度上指导工作,方向性、原则性的问题必须抓住。

一是事项交代要问清楚。要向领导询问清楚办事的原则、要求、目的及注意事项等,不要因为一些细节问题而影响办事效率,出现一些麻烦或带来无法挽回的损失。

二是安排要合理。既然是大事,它牵扯的事、涉及的部门相对就比较多,所以在人力、物力及各类保障方面要多向领导寻求帮助和支持。办好一件大事,不是靠一个人或几个人的努力就能办好的,关键环节还得领导亲自出面。

三是把关要严。正因为是大事,关系着机关单位的全面建设,所以,机关干部不但要亲自干,还要及时进行检查,确保重大问题,万无一失。广大干部在承办重大事情的时候,一定要心细如发,一丝不苟,确保周全。在重大问题上稀里糊涂办砸了,后果是不堪设想的。

一定要有如临深渊、如履薄冰的谨慎态度,办得有根有据,有章有法,有理有节,有始有终。在重大问题的承办上经受住了考验,方能受得起重托,担得起大任。

第四,轻事重办。概括人们的办事方法,大致可分为两种,一种人是举重若轻,一种人是举轻若重,领导干部两种人都需要。基层干部永远只需要一种工作方法——举轻若重,再小的事也要慎重处置。

要高度重视小事。做好一两件小事不难,做好一两天小事也不难,难的是一以贯之,坚持不懈地把每一件小事做得精巧得体,万无一失。要在思想上有一个新的认识，要看到，小事有时并不“小”，它连着大事，做不好可能变成牵扯全局的大事。

要认真关注小事。在通常情况下，一项重大任务在主要环节的部署安排上，领导抓得比较紧，大家都十分重视，而一些细微之处都得靠我们去完成。特别是可能影响全局的小细节、小环节、小事情、小部位，要格外重视，格外严谨，格外细致，不能侥幸地去“感觉”，该亲眼看的要到现场，该直接找本人的不能通过“二传手”，一丝一毫不能大意。

要耐心做好小事。小事并不等于简单，有些小事干起来非常麻烦，有时很小的一件事，需要返工好几次还办不利索。有时事情不来便罢，一来就挤在一起，这件需要办，那件也等着办，理不出头绪，这个时候容易产生厌烦、浮躁怀疑。所以特别需要耐心和恒心，要不厌其小，不厌其碎，不厌其烦，认真办好每一件小事。个别小事时间跨度大，久拖不决，要特别小心，不能忘事、漏事，始终关注发展变化，什么时间办到哪一步，心中有数，有头有尾，确保落实。

第五，熟事生办。所谓熟事生办，就是把熟悉的事情当作不熟悉的事情来办，这是因为，机关工作不少都是常识性的，程序性的，年复一年，周而复始。许多事实证明，越是对自己很熟悉的事情，越容易产生麻痹心理。不少事情出纰漏，恰恰是因为对它太熟悉而掉以轻心。

机关日常管理工作看似重复，但又不能完全凭经验办事。必须在日常工作中保持良好的心态，无论是接听一个电话、发送一个传真还是办理领导交办的事情，都要以谨慎的态度认真处理，力求做得细致周密，努力实现“零失误、零差错、零缺陷”。俗语讲“河里淹死会水的”“小水沟里翻大船”，就是警告人们对熟悉的事情千万不要大意，大意就要出问题。

第六，生事慎办。一个人不可能老是在自己熟悉的领域打转转，总要有工作岗位的转换，工作任务的转换。到达新的岗位，接受新的任务，必然会面对陌生的事物。而一个人无论多么聪明，多么有才华，他的知识和本领也是非常有限的；一个人无论经验多么丰富，在错综复杂的客观事物面前，对问题的认识和处理也难免失之偏颇。所以，涉足陌生的领域，处理陌生的事情，应谨慎从事，扎实行事，切忌自负轻率，鲁莽冒失。自负是办事成功之大敌，面对没有从事过的事情，无论多么简单，你若自负自傲，必定自食苦果。不能“大意失荆州”，盲目自负。

第七，特事特办。“特事”指的是特别的事情，或者是新出现的问题，过去没有遇见过，或是不解决不行的问题，但现行的法规条文没有明确规范；或是几个部门职能有交叉的问题，但领导批示让你牵头解决，你解决后可能在人力、物力、财力诸方面要“吃些亏”，等等。也就是说，特事都是超常规的事情，按常规的办法办不了、办不好。这就需要在办事时灵活处置,用特别的措施、特别的手段来办理。

“特殊情况特殊处理”,是机关干部应把握的一条办事原则。不论有多少“特殊”的理由,也要先把事情办好再说,许多情况下都是“先办事后区分责任”“先办事后完善制度”。“特事特办”的基本要求是原则性与灵活性高度统一。

第5讲　沟通的艺术

沟通是管理的高境界,机关工作中有许多问题都是由于沟通不畅引起的。良好的沟通,可以使人际关系和谐,可以顺利完成工作要求,达成任务目标。沟通不畅会导致机关目标任务无法有效实现,使得行政管理成本增加。因此,建立起良好的沟通机制可以帮助机关畅通内外沟通渠道,增强团队合作能力,提高行政效率和综合竞争力。

机关干部要解决受众心理存在的各类障碍,提升沟通对象对行政信息的接受度,可以从以下六个方面着手。

第一,学会换位思考。一位智者曾经说过很有指导作用的四句话,分别是:把自己当成别人,把别人当成自己,把别人当成别人,把自己当成自己。这四句话讲的其实就是人与人之间相互体谅,在把自己当成别人的同时,也能够把别人当成自己,实际上这就是一种换位思考的思维模式。在机关行政沟通中,沟通对象不同、场合不同、情况不同,作为沟通者应该学会使用换位思考,选择相应的方式进行表述才能做到有效沟通。在日常工作中,作为领导者尤其应该注意调整心态,无论是批评下属还是布置工作任务,多使用换位思考,选择对方能够听得懂、愿意接受的沟通方式,远比一味批评指责、高高在上地下达命令的官僚做法更能推进工作,提高下属的工作效率。

第二,注重沟通反馈。沟通能力可以通过学习和实践来提高。首先,要学会因人而异,因事而异地选择沟通方式。其次,注意沟通中掌握的一些细节和要领,事前问清楚,事后负责任;接受批评,不犯重复错误;及时汇报,反馈总结;给领导选择题而不是回答题等,这些沟通技巧不仅有利于提高自身的能力和人际关系,而且有利于提高整个机关行政部门的沟通效率。除此之外,机关人员还需要提升个人魅力。如果沟通者在行政沟通中能注意提升个人沟通魅力,既展现自己的个性,又把握住分寸,就比较容易破除行政沟通中的主观障碍。

第三,学会有效倾听。行政沟通是双向的,也就是说每个人在沟通中都有说者和听者的双重身份。倾听是沟通过程中最重要的环节之一，良好的倾听是高效沟通的开始，特别是涉及不熟悉的领域或者内容时，要主动排除理解误区。机关干部在接收沟通信息时，不应该轻易打断别人的说话，应当善于通过沟通捕捉信息，应当懂得思索、回味、分析对方的话，从中得到有用的信息。

第四，调整心理状态。在机关行政工作中，作为沟通中的双方，当我们被消极情绪所困扰的时候，应当设法克服它，及时调整状态。一是情景转移法。通过改变环境、转移话题、做其他事情转移注意力，使不良情绪慢慢缓解、冷却、平息。二是合理宣泄法。不良情绪不能过多压抑在心中，要适度宣泄。如可以通过运动、看电影、看电视、找朋友倾诉、在适当场合大喊或痛痛快快大哭一场的方式来释放心中的郁闷。三是运用辩证思维方法。在挫折面前，很多人常常沉浸在悲伤、愤懑的情绪中不能自拔，如果适当转换一下思考角度，心中的不快也许会烟消云散。很多表面看上去令人悲伤的事件，如果从另外一个角度去看，常可发现某些积极的意义。通过调整心理状态从而实现良性沟通，保证工作效率。

第五，强化目标管理。在机关行政沟通中可以采用目标管理的方式，结合单位的发展规划和部门的核心指标制定统一的任务目标，在目标一致的背景下，部门领导和下属围绕目标开展沟通与讨论，有针对性地对工作计划、工作对象、存在的问题与解决方案进行探讨。由于双方都着眼于完成目标，这就有了一个共同的基础，彼此能够更好地了解对方。即便领导不能接受下级的建议，他也能理解其观点，下级对上级的要求也会有进一步的了解，沟通的效果自然得以改善。

第六，运用身体语言。身体语言在沟通过程中非常重要，有50%以上的信息可能是通过身体语言传递的。机关干部的眼神、表情、手势、坐姿都可能影响行政沟通的效率与效果。领导专注凝视对方还是低着头或是左顾右盼显然会造成不同的沟通效果。因此，沟通主体要把握好身体语言的尺度，尽可能地让沟通对象不产生紧张和不舒服的情绪。只有让对方尽可能地放松，才能让他说出真实的感受。

第6讲　说话的技巧

语言是人类所特有一种交际工具，也是一门艺术，在机关工作中，有效沟通、精准交流，不仅能给政策宣传、项目实施以应有保障，更能在密切党群关系、塑造干部形象等方面发挥重要作用。注重语言沟通中的辩证思维，把握话语沟通中的角色转换和心理变化，能让基层干部的工作更有高度、效度和温度。

“说话”是世界上最简单也最难的一种能力。话说得好,不仅三言两语就能切中要害、打动人心、引起共鸣,而且可以展现领导干部的自信与能力、思想与视野、智慧与艺术,表达自己的真情实感、心路历程、雄才伟略。否则,越是滔滔不绝,往往越让人听起来云山雾罩、不明就里,甚至招致反感。“说话”的能力,是一个人知识积累、思想水平、工作历练、人生感悟的综合反映。1942年,毛泽东同志在延安干部会上的演讲中指出,我们是革命党,是为群众办事的,如果不学群众的语言,那就办不好。[①]习近平总书记指出,宣传工作是党的一项极端重要的工作,是中国共产党领导人民不断夺取革命、建设、改革胜利的优良传统和政治优势。[②]无论是传达上级政策精神,还是推进自身工作,又或是掌握群众诉求,一切都离不开基层干部对语言的运用。基层干部会不会说话、说什么话、怎么说话,不仅关系到个人影响力、亲和力的形成,更关系到工作推动力、执行力的发挥,甚至关系到事业的成败。

一是要学习掌握政策。一些干部不注重加强自身学习,政治觉悟和理论水平不足,无法建构起与基层干部语言身份相匹配的话语体系,语言内容就会空洞无物,语言指向就会模糊不清。比如,在精准扶贫的过程中,极少数基层干部驻村时知识储备不足,对精准扶贫“两不愁三保障”的基本标准掌握不准,三言两语就被问得支支吾吾,甚至闹出笑话。面对新形势新要求,基层干部要注意把握政策的重点和走向。政策把握不准,就容易被人牵着鼻子走,留下后患。有了“接地气”的态度,还得有“接地气”的办法。如果基层干部总是迈着四方步,说话打官腔,做事摆架子,与群众长期不在同一话语频道,群众是不会“买账”的。

二是熟悉听众对象。说话的表达方式需要根据人与人之间心理距离的不同作出相应调整,有的领导干部在跟群众说话时,官气重,颐指气使,刻板生硬;套话多,头头是道,难以落实;实话少,不着边际,脱离实际;不时还能听到一些官员的“雷语”,令人错愕。习近平总书记在地方任职时,曾就一些领导干部不会跟群众说话批评道,俗话说“话不投机半句多”,领导干部如果不了解基层的情况,不考虑对方年龄、性别、性格、经济条件、受教育程度等个性因素的差异,习惯于采用程式化、官僚化的套话来说教,尽说些行外的话,尽说些官话套话空话,很难说到群众心坎上,自然就会“说不上去、说不下去,说不进去”,个别时候“被顶了回去”也不足为奇,还容易导致与群众的关系越来越疏远。如基层干部到乡村驻点,要想融入快、站得稳、干得好,不仅应该俯下身子向群众学习农业常识和乡谚俚语,丰富自己的语言词汇,多和群众说知心话、真心话,少说空话、大话,不说假话,还要深入了解背后的

① 毛泽东:《毛泽东选集》(第3卷),人民出版社1991年版,第837页。

② 《中共中央政治局召开会议　中共中央总书记习近平主持会议》,《人民日报》2019年4月20日第1版。

乡土人情，使村民在轻松愉悦中接受。

三是以情感人。领导干部越是在基层一线，就越需要摒弃官话、套话，多使用群众语言，多解决实际问题。毛泽东同志在《反对党八股》一文中说，语言这东西，不是随便可以学好的，非下苦功不可。要向人民群众学习语言。人民的语汇是很丰富的，生动活泼的，表现实际生活的。[①]基层干部下沉到村里，代表的是公平正义，必须坚持政治立场、政治方向、政治原则、政治道路。但"讲原则"与"讲感情"并非水火不容，在坚持原则的基础上，基层干部通过和群众话冷暖、拉家常、谈心声，可以因地制宜地解决村民一些实际困难。农民群众说话大都直来直去，但不等于可以不讲方法，基层干部口无遮拦甚至伤人脸面，容易影响干群关系。基层干部要放下架子，真正走到群众中去，了解群众的需求，倾听群众的心声，帮助群众解决实际困难，这样讲出的话才能充分体现群众的意愿。同时，在面对群众的不同观点时，要心平气和地听取他们的意见，运用温和的语言给群众摆事实、讲道理，从而使沟通收到良好效果。

四是准确把握好说话的艺术。众所周知，毛泽东同志谈话和写文章爱"打比方"，他的许多比喻信手拈来、妙趣横生、脍炙人口，令人叹为观止。毛泽东还充分运用历史典故、寓言和神话来阐述革命理论、宣传革命思想。如《中国革命战争的战略问题》举"曹刿论战"的故事说明怎样以弱胜强；《将革命进行到底》举古希腊"农夫和蛇"的寓言表达不能让革命半途而废的决心。习近平总书记在国内外的重要演讲、署名文章、讲话和寄语，多次引用诗句、谚语、典故来阐述治国思想，展现了独特的语言风格和人格魅力。他引用《庄子》中的"其作始也简，其将毕也必巨"，强调脱贫攻坚越到最后越要加强和改善党的领导；引用朱熹《论孟精义》中的"天下之难持者莫如心，天下之易染者莫如欲"，强调一旦有了"心中贼"，自我革命意志就会衰退，就会违背初心、忘记使命，就会突破纪律底线甚至违法犯罪；引用《尚书》中的"功崇惟志，业广惟勤"，强调广大青年一定要坚定理想信念；引用陆游《冬夜读书示子聿》中的"纸上得来终觉浅，绝知此事要躬行"，强调所有知识要转化为能力，都必须躬身实践。机关干部注重平时积累，善于使用谚语、典故，比拟和比喻等修辞手法使讲话更加形象生动。

最后，不说无原则的话。对于一个人来说，身份可以多重，但其信仰、价值观和道德标准应该是贯穿始终的。随着互联网的普及、自媒体、新媒体和即时通信工具的发展，领导干部除了需要考虑说话的对象和环境，还需考虑说话的传播。任何时

① 毛泽东：《毛泽东选集》（第三卷），人民出版社1991年版，第837页。

候、任何场合都不虚言妄语，不说不着边际、没有根据的话，不说与党的宗旨相悖的话，不说与党的路线、方针、政策相脱离的话，不说伤害人民群众利益和感情的话，不说影响党内团结、党群关系、干群关系的话，这可视作党员领导干部说话的底线思维。

古人云："一言可以兴邦，一言可以丧国。"习近平总书记强调，有少数干部不会同群众说话，在群众面前处于失语状态。其实，语言的背后是感情、是思想、是知识、是素质。[1]这深刻地反映出当前我国一些党员干部不会和群众讲话的本质原因，也对各级领导干部增强与群众说话交流能力提出了殷切希望。用活用好语言艺术，是与群众"面对面""心贴心"交流的一把钥匙，是密切干群关系、与群众建立血肉联系的重要举措。基层干部要修好"语言艺术课"，说到位，言有度，搭建沟通桥梁，自觉当好群众的"传声筒""勤务员"，对群众讲真话、说实话、说贴心暖心的话，一句暖心话能拉近与群众的关系，一句伤人话也能疏远与群众的距离。基层干部要把群众关心的事一件件讲给群众听，把与群众切身利益相关的政策一一宣传到位。

第7讲　学会拒绝

"拒绝"也是办事的内容。当别人对你有所希求而你办不到时，你不得不拒绝他。拒绝是一种艺术，要学会拒绝方法。拒绝是很难堪的，不得已要拒绝的时候，我们要学会拒绝方法。

习近平总书记强调，既尽力而为、又量力而行，做那些现实条件下可以做到的事情，让群众得到看得见、摸得着的实惠。[2]可以说，"尽力而为"和"量力而行"是辩证统一，相辅相成的。"尽力而为"是态度、是责任，要求领导干部主动进取、积极作为。"量力而行"是方法、是智慧，要求领导干部立足实际、务实理性、尊重客观规律。一个人无论能力大小总会有其上限，当意识到力有不逮时，切忌"打肿脸充胖子"，要明确让上级了解你的现实困境。不要硬着头皮蛮干，一旦搞砸，不单做出的努力付之东流，同时也没有丝毫挽回的余地。

毕淑敏说，拒绝和生存一样都是一种权力，你要学会说不，就会让自己活得舒适一些。学会拒绝，是一个人成熟的标志。不会拒绝别人的人往往不自信，久而久

① 习近平：《之江新语》，浙江人民出版社2007年版，第146页。

② 中共中央文献研究室编：《习近平关于社会主义社会建设论述摘编》，中央文献出版社2017年版，第5页。

之与别人的关系就变成了主仆关系。

违法违规事务,果断拒绝。规章制度永远是不可逾越的高压线,不论有千般理由,也不能为办成事而坏了规矩,树立底线意识,即使办不成,也不能违法办。在大是大非面前必须立场鲜明,彻底放弃钻空子的投机思想。

避免越界处理。即使合情合理合法的事务,如果并非自身的工作范围之内,一般要转交相关负责人,避免越界处理。

下面是台湾星云大师关于拒绝的经验,不妨学习借鉴“六不要五要”。

一不要立刻就拒绝。立刻拒绝,会让人觉得你是一个冷漠无情的人,甚至觉得你对他有成见。

二不要轻易地拒绝。有时候轻易地拒绝别人,会失去许多帮助别人,获得友谊的机会。

三不要盛怒下拒绝。盛怒之下拒绝别人,容易在语言上伤害别人,让人觉得你一点同情心都没有。

四不要随便地拒绝。太随便地拒绝,别人会觉得你并不重视他,容易造成反感。

五不要无情地拒绝。无情地拒绝就是表情冷漠,语气严峻,毫无通融的余地,会令人很难堪,甚至反目成仇。

六不要傲慢地拒绝。一个盛气凌人、态度傲慢不恭的人,任谁也不会喜欢亲近他。何况当他有求于你,而你以傲慢的态度拒绝,别人更是不能接受。

一要能婉转地拒绝。真正有不得已的苦衷时,如能委婉地说明,以婉转的态度拒绝,别人还是会感动于你的诚恳。

二要有笑容的拒绝。拒绝的时候,要能面带微笑,态度要庄重,让别人感受到你对他的尊重、礼貌,就算被你拒绝了,也能欣然接受。

三要有代替的拒绝。你跟我要求的这一点我帮不上忙,我用另外一个方法来帮助你,这样一来,他还是会很感谢你的。

四要有出路的拒绝。拒绝的同时,如果能提供其他的方法,帮他想出另外一条出路,实际上还是帮了他的忙。

五要有帮助的拒绝。也就是说你虽然拒绝了,但却在其他方面给他一些帮助,这是一种慈悲而有智能的拒绝。

第十二章 提升文明礼仪修养

第1讲 重视“第一印象效应”

罗素说，一个人的外表，就是一个人价值的外观。它藏着你自律的生活，还藏着你正在追求着的人生。一个人若是整日灰头土脸，生活中的美好也会慢慢远离你。修炼外表，是尊重别人，更是取悦自己。得体的外表，是给岁月最好的修饰。认真对待生活的人，才能获得生活的垂青。

在公务交往中，机关干部的衣着打扮、言谈举止等外在形象总是首先出现在接待对象眼中，这些外在形象不仅体现了一名机关干部的内在素养，更直接代表着机关的整体形象。

一、注重仪容修饰

仪容整洁美观是最基本的文明礼仪，是机关工作人员自爱和敬业的表现。仪容在人际交往中实际意义往往胜过语言，可以透视出一个人的修养和内在品质，甚至体现个人身后所代表的家庭、单位、城市等更丰富的内涵。

(一) 基本要求

1. 整洁。整洁卫生，是机关工作人员讲究仪容礼仪的第一要务。要讲究个人卫生，做到勤洗手，常剪指甲，以免藏污纳垢；坚持早晚刷牙，餐后漱口，保持口腔卫生；坚持勤洗澡，勤换衣，勤梳洗头发，保持耳、鼻、眼角、嘴角的清洁卫生。男性要定时剃须，修剪鼻毛；女性要注意掩饰腋毛。

2. 自然。自然是仪容美化的最高境界，它追求一种真实而富有生命力的效果。

虽精心妆饰，却似无妆。正确地使用化妆、修饰技巧及合适的化妆品，浓淡相宜，体现层次，井井有条。

3. 简约。仪容上追求简约，就是要求各级机关工作人员在日常工作中，不要过于刻意地精雕细琢，一切以朴实自然为出发点。如发型应当庄重，染发的颜色不宜过于艳丽；男性不剃光头、不留长发、不束发；女性不提倡披肩发，不理时髦怪异的发型。应适当修饰妆容，如女性机关工作人员化淡妆上班，这里传达了这样一个信息：自己非常看重这份工作，会以最佳的状态投入工作。

4. 协调。追求仪容协调，首先要求各级机关工作人员在仪容上应与自己的角色相协调，要体现端庄稳重的风格；其次要注意仪容与所处场合的气氛相协调，日常办公可略施淡妆，参加重要活动如庆典、宴会，则可浓妆扮之；另外，不论浓妆淡抹，都要注意妆面的色彩和浓淡搭配，要与自身的面部特点整体协调，要使化妆、发型、服装达到整体完美的效果。

（二）注意事项

1. 女性工作人员不得在群众场合弯腰整理鞋袜，更不能整理裙裤，不可随意甩头发、梳理和展现自己的发型。

2. 与人谈话时应保持一定距离，声音不要太大，不要口沫四溅。坏习惯应该及时改掉，如在与别人谈话时不停地剔牙齿、掏鼻孔、挖耳屎、修指甲、搓泥垢，以及坐在椅子上双腿不停地抖动、说话带口头语等；还有的人习惯性地在站起来时拍打衣服，整理腰带等，都是失礼于人的表现，要坚决予以杜绝。

二、重视服饰搭配

服饰在一定程度上体现了一个人的修养与素质，它就像一张“名片”折射出一个人的性格、气质、品味，传递出一个人的身份、地位、职业等信息。机关干部在上班时间着装要符合常规审美标准，符合个人的身份及环境的要求，一般以庄重大方、素雅整洁、朴实得体、合乎身份为原则，要自然、协调，表现出稳重、大方、干练、富有涵养的机关工作人员形象。

（一）整洁大方

整洁的衣着反映出一个人振奋、积极向上的精神状态，因此，服饰整洁大方是对机关工作人员的基本服饰要求。

根据这一要求，机关工作人员在公务场合穿戴一定要整齐。男性不得披衣、挽袖、卷裤腿，不留长指甲、不文身，不佩戴饰品。女同志不得浓妆艳抹，不用味道怪异的香水，不佩戴过大、耀眼的耳环、脚链等花哨离奇、过于张扬的饰物。一个机关工作人员如果衣冠不整、不洁、不修边幅，不仅显得本人懒惰、委琐，缺乏修养，也有损于单位的形象，在公务交往中可能会使对方产生不愉快、不信任的感觉，导致关系疏远。

（二）整体和谐

机关工作人员在服饰上要注意与特定场合的气氛相融合，如在正式场合，机关工作人员就一定要着正装出席；而在日常工作场合，既可着正式职业装，也可着职业便装。

此外，机关工作人员在服饰上也要讲究服饰各个部分相互呼应，精心搭配，特别是要讲究服装本身及与鞋帽之间约定俗成的搭配，在整体上尽可能做到完美、和谐，展现着装的整体之美。例如，穿着西装时，一定要配以皮鞋，若是配以运动休闲鞋，在视觉上显得极不协调。

（三）简约朴实

机关工作人员的着装、配饰应以简洁、朴实、大方为准则，无论是服装的款式，还是色彩的搭配以及配饰的选择，都不能过于烦琐，过于浮华。

机关工作人员在工作场合所选择的服饰，款式要简洁，图案宜简不宜繁，色彩宜少不宜多，配饰应少而精，切勿选择色彩鲜艳抢眼、图案繁杂不堪的服装，否则会给别人造成视觉压力，使人感到烦躁不堪，不利于工作的顺利进行。

（四）庄重典雅

机关工作人员在服饰上应追求庄重、典雅的风格，这在视觉上会给人一种踏实、敬业的感觉。为达到此种效果，各级机关工作人员在工作场合应穿着质地好、做工精、款式大方的职业套装或职业便装，色彩上应选择深色或中性色，切忌在服饰上过分张扬、过分华丽、过于前卫招摇。

在工作中，机关工作人员的着装还应注意不要过分暴露自己的躯体。不露胸、不露肩、不露背、不露腰、不露腿等“五不露”，是对机关工作人员着装的基本要求。此外，机关工作人员在正式场合的着装，也不能过于单薄透明，在任何时候，都不允许机关工作人员的内衣透视在外。女同志着装不宜过于单薄紧身，内衣不应外露，佩戴的饰物越少越好。禁止穿低胸、露背、露脐装、吊带装、透明装、超短裙、拖鞋；不得穿过高的高跟鞋和走路声音过大的鞋，不得赤脚穿凉鞋；男同志禁止穿背心、短裤、拖鞋。

西装的三色原则。男士西装要穿着合体、优雅、符合规范，庄重场合的西装要遵循“三色原则”。三色原则要求男士的着装，衬衣、领带、腰带、鞋袜、一般不应超过三种颜色。这是因为从视觉上讲，服装的色彩在三种以内较好搭配。一旦超过三种颜色，就会显得杂乱无章。

三一定律。“三一定律”指的是穿西服套装时，鞋子、腰带、公文包应为同一颜色。在正规场合，男性一定要穿西服套装，而且西服上衣左袖袖口上的商标应拆下，上衣的口袋里不要放置任何东西。“三色原则”和“三一定律”是穿西服套装最重要的规则。

第2讲　接待礼仪的基本规范

礼仪作为一种行为方式，贯穿于人与人之间社会交往的全过程。接待礼仪是人们社会交往中的行为标准和规范，它通过示范等形式纠正人们不正确的行为习惯，倡导人们用礼仪规范的要求去协调人与人之间的关系，维护社会的正常生活。机关干部接待礼仪做得如何，不仅关系到工作人员个人的表现，更关系到单位的外在形象。

机关干部的接待礼仪，主要是指机关干部在公务场合对交往双方或多方借助语言、仪态、表情、举止，向对方表示重视、尊重，展现自己良好的交往形象。接待礼仪能够体现良好的精神风貌，是塑造机关单位总体形象的第一步。机关干部在日常办公办事等工作中，有大量人际交往的机会。在交往中，接待礼仪做得如何，不仅关系到工作人员个人的表现，更关系到机关单位的外在形象。

第一，面带微笑、和蔼可亲。机关干部接待工作中的态度至关重要。办事群众对接待人员的态度会特别敏感。如果接待人员态度诚恳，受接待的群众就会觉得自己的人格受到尊重，感觉社会是一个温暖的集体，也就容易接受机关传播的信息和倡导的价值观念。反之，势必形成沟通障碍，影响老百姓与机关的联系与沟通。接待礼仪的首要要求是面带微笑、和蔼可亲。机关干部作为一个组织的接待人员，要有饱满的精神状态，不管是严肃的会见还是轻松的交流，都要随时面带微笑，保持关心别人的态度，只有面带微笑才能和蔼可亲。这就要求机关干部对来访群众具有敬慕情怀，认识到群众的到来是对组织的认同和支持，内心产生一种感激之情，这样，脸上流露的微笑就会真诚自然。如果再配以亲切的招呼和得体的仪态，就会更加使人感到如沐春风。

第二，情真意挚、亲切问候。机关干部在接待群众时不仅要情真，而且要意挚，做到朴实自然、举止大方:既注重基本礼仪,又不过分做作;既不失现代人的洒脱风度,又讲究端庄大方,就会赢得大家的好感。如果过分矫揉造作,举止不合常规,一方面造成来访群众心理的紧张情绪,不利于形成人际交往的良好气氛;另一方面容易引起群众的猜疑心理,使之不轻易接受单位传递的信息和倡导的价值观念,不利于形成互相信任的和谐的交流环境。人们总是倾向于信任言辞直率的接待人员,他们越是觉得接待人员诚实可靠,越是相信他。群众一般是从接待人员的谈话神态和举止态度上来判断其情感真挚程度的。因此,机关干部对来客谦和的说话、亲切的问候显得十分重要。得体的举止、深厚的情感是接待工作取得成功的保证。接待工作中,接待人员应情真意挚、举止大方,对待群众要一视同仁,要把群众看成知心朋友。有了这种真挚的感情,在接待工作中就会服务热情、周到,行为举止就会随和自然,就会促成机关接待工作的顺利进行。

第三,热情周到、礼貌服务。在接待工作中,机关干部作为单位的代表直接与群众接触。他们的一举一动都会影响到群众对单位的看法和评价。因此,机关干部一定要做到文明礼貌、热情周到,尤其是对远道而来的人员,接待人员更应关怀备至,嘘寒问暖,切实帮助他们解决实际困难,以消除其对机关单位的陌生感和恐惧心理,营造一种良好的群众交往气氛,让群众产生宾至如归的温暖感,从而留下一个良好的第一印象。接待客人要周到,应尽量提早到达接待室。客人到来时,接待人员在门外迎候,客人会有一种被重视被尊重的感觉。

第四,真实坦诚、记住对方。接待的过程就是双方交往的过程。如果要吸引别人,就要先接近别人。同理,接待人员只有接近群众,乃至引起群众的关注,才能将自己的形象印刻在群众心里,从而与群众之间形成紧密的联系,交往就此开始。接待工作是一项社交活动,机关干部在与群众交往中只有先主动地展示自己,主动地介绍自己的身份、职责、观点和看法,让群众从自己开放的言谈中了解自己,这样才能与群众产生情感、沟通思想。一来二往,群众就会渐渐打开心扉,表露自己的观点。自我展示要讲究一个“真”字,切不可自我吹嘘或自我贬低,要本着实事求是的态度。在群众心目中建立自己真实的形象,态度诚恳,留好印象。接待工作中总有一些预想不到的事情. 所以接待人员必须善于随机变,灵活处置。比如,在接待上访人员时,对方心情比较容易激动,工作人员可以很有礼貌地招呼其坐下,倒上一杯热开水,以诚恳的态度听取意见,中间提问和插话时尽量使用惋惜、劝慰的言辞。这样,上访者尽管心中有气,在接待人员耐心的劝说下,也会消除激动的情绪,不至于闹得不可开交,这种满足群众心理需求的礼貌接待方式,是颇能取得群众好感的。

第五，语言得体、风趣幽默。接待工作中，机关干部的语言不仅要得体，而且要风趣、幽默。所谓幽默，是指通过比喻、夸张、象征、寓意、双关、谐音等表现手法，运用机智、风趣、凝练的语言，对客观事物作出含蓄的判定。正如有句话说的："没有幽默的语言是一篇公文，没有幽默感的人是一尊雕像，没有幽默的家庭是一间旅店。"在现实生活中，人们总是喜欢同谈吐风趣幽默的人交谈，而不愿与言语乏味、抑郁寡欢或动辄争吵的人交往。幽默风趣的语言是人际交往的"润滑剂"，它不仅可以消除难堪、摆脱窘境，而且可以调动人们的喜悦情绪，更重要的是可以向人们展示你丰富的学识、过人的智慧、豁达的胸怀和乐观的人生态度。幽默既是一门学问，又是一门艺术。机关干部运用幽默语言时，必须考虑当时的对象和场合，把握好分寸。有时同一句幽默语你可以同张三讲，却不能对李四说；在这个场合可以说，在其他场合却不行。幽默语如果过了头，变成一种嘲笑或讥讽，那就适得其反了。对初识的客人，应慎用幽默语。否则容易让人感到一种突如其来的亲切和唐突，或者认为你是在卖弄聪明、徒增笑料。

第六，举止庄重，场所整洁。机关干部要认真练习文明优雅的举止动作，努力做到"站有站相，坐有坐相"，尽量改正诸如抠鼻子、挖耳朵、剔牙齿、随地吐痰、乱扔烟蒂等不文明的举止动作。对于来访的客人无论是否熟悉，都应热情相迎，亲切招呼，表情应友好自然，接待来宾时表情过度夸张或冷漠严肃都是失礼的。

此外，保持办公场所整洁、幽雅的环境是文明礼仪的重要方面。机关办公的环境在一定程度上体现了工作人员的素质，也是机关形象的一个重要方面。为了让客人有一个良好的第一印象，平时工作人员就应将办公室收拾得干净、整洁一些，准备充足的茶、水和干净的水具，以免"不速之客"突然光临时而手忙脚乱，无地自容。

第3讲　日常接待的礼仪

日常接待工作是机关干部日常工作中一项常见的工作，它代表着一个单位或部门的形象，同时也反映着机关干部的职业素养，因此机关干部必须掌握必备的日常接待礼仪，这也是行政工作的重要组成部分。

群众来访是送上门来的群众工作，来访接待工作是党员干部面对面倾听群众呼声、回应群众关切、解决群众切身利益问题最直接的通道和平台。机关人员的言谈举止等外在形象总是首先出现在接待对象眼中，这些外在形象不仅体现了一名公职人员的内在素养,更直接代表着各级党政部门的整体形象,机关干部必须重视每天的日常接待礼仪。

主动招呼。接待来访的客人,既有预先约定的,也有临时无约的。不管是哪种,都应该热情地以礼相待。来访者进来时,应马上放下手头的工作,面带微笑,起身相迎,并招呼客人就座(如“你好! 请坐!”)。如果客人进来时你正在通电话,也应马上站起来,先跟通话方说一声“对不起,请稍停一下,我这儿来了客人”,然后捂住话筒,招呼客人入座,并请稍等(如“请您稍等,我马上就完”)。重新通话后,长话短说,尽快结束通话。如果你手头工作非常紧急,可以在起立让座后,请客人稍等(如“很抱歉,我手头上工作急需完成,请您稍等”)。如无法在短时间内完成,应介绍其他人接待。接待人员切忌对客人的来访熟视无睹,只顾自己与人闲聊或是在电话里说些无关紧要的事;也不应只顾埋头工作;或是只接待某些自己熟悉的或是自认为重要的客人。同时接待几位来访者,应做到一视同仁,不应冷落其中的任何一位客人,接待的顺序应按客人到达的先后次序。当来宾如果是自己所熟悉且依照约定而来的,则可亲切地与其握手并礼貌地引到事先安排好的会谈地点。对有约的并且重要的,或是远道而来的贵宾,为了表示敬意和友好,应该提前到达双方预约的地点或本单位的门口、办公楼下恭候来宾的到来,总之要做到热情大方、谦虚而不自卑,自信而不失礼貌。

及时介绍。对首次到访的来宾,不管是有约还是无约,都应诚恳地进行自我介绍,当客人坐定后,然后用尊敬而有礼貌的方式来询问来宾的身份,询问客人的来意。如“请问您是……”,客人在被询问后,一般会马上递上名片作自我介绍,并说明来意。

热情周到。客人坐定后,接待人员应为客人送上茶、咖啡等饮料。在接待时,按照中国传统的习俗,应端茶送水。泡茶是一项很重要的礼节。礼节如下:(1)泡茶时应站在客人右边倒茶。(2)泡茶时应注意茶叶不要太多或太少。(3)泡茶时,第一遍可以只冲一点水,第二遍再倒八成满。(4)倒水时不要洒水出来。如果不小心洒了水,应及时用抹布擦去。一般上茶时左手端的茶杯垫布可用来擦水。(5)茶盖揭下来应倒放在桌子上,以避免弄脏茶盖。(6)茶泡好后,盖好茶盖,应把茶杯摆在客人右前方,茶杯把手向右,以利于客人端放。(7)如果有一桌客人,中间有一主人,应首先从主人的右边即第一主宾处开始倒起,逆时针转动倒茶。

专心致志。接待工作中,与客人交谈时,一定要做到洗耳恭听,专心致志,一心一意地对待客人,要精神集中,表现出浓厚的兴趣,不要表现得心不在焉。接待客人时,忌讳在客人面前摆架子、爱答不理、无精打采,或看书、看报、打电话,不停地看表、起身，把客人冷落一旁。

礼貌送客。俗话说："出迎三步，身送七步。"这是迎送客人的最基本礼节。送别客人时，应根据实际情况。将客人送至办公室（或接待室）门口，或送至电梯口，或送至单位的大门口等，与客人握手道别，必要时还要为客人打开车门。送别时一定要注意的是，不管送到哪里，都要面带微笑，挥手目送客人远去。握手道别时，主人一般不宜先伸手，以免给人造成"逐客"的误会。

第4讲　接待次序礼节

礼宾顺序是指重要的礼仪场合的团体或个人的位置按一定的规矩和惯例进行排列的先后顺序。礼宾顺序体现了主人对宾客应得到的礼遇及这种礼遇给予宾客以平等的接待。因此，涉及公众团体中有多边关系的公共活动，自然要求接待人员应该按照礼宾次序予以安排。很显然，这对接待单位和公众都是至关重要的，否则可能引起不必要的争执和误会，给单位形象和公众心理上带来不愉快。

次序礼仪是指公务人员在公务接待活动中，为了体现来访者的身份、地位、年龄等的差别，给予来宾以必要的尊重，或者为了体现所有参与者一律平等，而按一定的惯例或规则对其进行排列的礼仪规范。机关人员应熟悉、掌握并认真实施，以确保接待公务活动的成功。

一、行走的次序礼节

行走次序是指人们在步行中的位次排列顺序。公务人员经常陪同领导、宾客时，要特别注意这个问题，不可违反，否则有不礼貌之嫌。

行走原则：在行走过程中，多人一同行走时，通常以前排为上，领导、长辈、贵宾在前，自己应当自觉随后。唯有需要引导带路时，方可走在前排。两人并排行走时，一般以内侧为上，即靠道路内侧、靠墙内侧的位置较为尊贵。三人行走或三人以上行走时，则往往中间为上。出入房门时，引导者须主动替来宾开门或者关门，待来宾首先通过，随后再轻掩房门，赶上来宾。

1. 二人行。前后行：前为尊，后为次；左右行：右为上，左为下；沿路行：内侧为上，外侧为下。

2. 三人并行:中为尊,右为次,左为下。

3. 男女同行:女在右,男在左;或女在内侧,男在外侧。

4. 主客同行:主人应让客人走在内侧,主人走在外侧:若路况不好或路灯不明时,主人应走在客人前面,照顾、提醒客人。

二、乘坐电梯的次序礼节

有电梯工值守时,应让尊者、客人先进或先下。没有电梯工值守时,接待人员应先进电梯,按住电钮,请尊者、客人后进或先下,防止被门夹住。

三、上下楼梯的次序礼节

上楼梯时,应让上司、客人、年长者、女士走在前面,秘书、随员走在后面。下楼梯时。男性、年轻人、主人应走在前面,上司、年长者、客人、女士走在后面。这种次序礼节是使尊者、需要照顾者总处在上方,万一他们不小心踏空摔倒,走在下面的人能很快将他们扶住。如果接待的是女士,而她又穿着短裙。这时上楼梯,接待人员就要走在前面,这是为防止女士所穿短裙高高在上,有“走光”的危险。

四、进出门的次序礼节

在接待工作中,接待人员经常要引导客人进出房间。如果房间门朝内推,接待人员应走到前面,进门后把房门推开,扶持好,等尊者进门后,再把门关好;如果房间门朝外拉,接待人员也应走上前去把门拉开,扶持好,等尊者进门后,自己再跟进来,并把门关好。

五、方位次序礼仪

方位次序是指对参加社交活动的个人、团体或国家按照一定的惯例进行排列的先后次序。它是公务接待工作中应遵守的规则,体现了接待方对宾客尊重的心理。方位次序礼仪是公务人员在日常工作中经常遇到的问题。它看起来简单,但稍不注意出现了差错,就会使参与者处于尴尬的境地,甚至影响工作的顺利开展。因此,在公务活动中千万不可小视方位次序礼仪。

（一）方位次序原则

凡两个人以上在一起行走、站立、坐……都有一个方位次序的问题。谁在左边，谁在右边，谁在前面，谁在后面都有一定的规则。在公务活动中，我们通常遵循“以右为尊、前排为尊、中间为尊”的原则。“以右为尊”即是当两个人就座、行走时，右边的位置比左边的更尊贵。应当让职位高者、长者、客人、女性处于右侧，以表对他们的尊重。当几个条件同时存在时，应当视场合而定。在商务场合，应以职位高者为尊者，让其在右侧。若是社交场合，应先按年龄，再按性别的顺序进行安排。“前排为尊”即是在会议，合影，行走时，应以前排的位置为尊。“中间为尊”即在会议、合影，行走时，应以中间的位置为尊。

（二）不同场合的位次礼节

1. 主席台的座次。主席台上的座次顺序略有不同，它是按“中 间为尊”“以左为尊”的原则来确定位次的。“中间为尊”就是把职务最高者居中，然后再按“以左为尊”的顺序先左边后右边依次向两边递延，这是我国传统的“以左为尊”观念的体现。主席台上的人数若是双数，只要把最后一个位次暂时先去掉，使人数变成单数，再按照“中间为尊”原则确定第一号人物，再按“以左为尊”原则依次向两边排序，再把最后一个位次依照刚才的排序方法加在最后即可。

主席台领导为单数时，主要领导居中，2号领导在1号领导左手位置，3号领导在1号领导右手位置；座次排列图示例如下：

9	7	5	3	1	2	4	6	8

主席台领导为偶数时，1、2号领导同时居中，2号领导依然在1号领导左手位置，3号领导依然在1号领导右手位置。 座次排列图示例如下：

9	7	5	3	1	2	4	6	8	10

2. 会见的位次。会见、会谈、接待、拜访等许多场合都涉及座次问题，我们应按国际惯例“以右为尊”原则来安排。但由于会客室桌椅摆放各不相同，所以其体现方式也不尽相同。因为会客室大小不一，门所在的位置、方向也不相同，这些都影响了桌椅的摆放方位，上座、下座的确定也不尽相同。一般来说，主要有以下几种摆放方式。

并列式。并列式是指主、客双方并排面对门而坐，门通常在主，宾的正前方。会见时，第一主人应该请主宾坐在他的右侧（上座），主宾双方的其他人员则各自一方按其身份高低依次排列就座,翻译或记录人员可在其两边或后侧就座。

相对式。相对式是指主人与客人相对而坐。这要依据门的位置来布置会客室。确定位次的总原则是:离门远,面对门的一侧是上座;离门近、背对门的一侧是下座。应该让客人坐在离门远,面对门的上座。具体还要根据门的方位与桌子的摆放来确定上座和下座:进门后,桌子横摆,那么离门远、面对门的是上座,应该让客人坐。进门后,桌子竖摆:即桌子的窄端面对门的时候,以进门后面对桌子窄端的右手一边为上座。如果在办公室接待来访者,那么离办公桌远、靠窗户近,比较安静的座位是上座。

自由式。自由式即宾主自由选择座位,不事先安排座次。这种位次方式通常用于宾客比较多,不便于排座次时;或宾主双方关系比较密切,不需排座时。这种座次方式也能营造出一种轻松的谈话氛围。

3. 会谈的座次。会谈是由主、客双方或多方就共同关心的问题交换意见和看法,寻求解决办法的一种沟通形式。会谈的氛围一般比较严肃,座次安排要求更加规范。

相对式。相对式一般使用长形或椭圆形谈判桌,宾、主各自列于桌子两侧,主谈人员居中,其他人员按以右为尊原则,依职位高低由近而远分坐于主谈人员两侧。根据谈判桌的摆放和门的方位,通常有两种座次安排方法:一是谈判桌的窄端面向门,进门后右侧为上,是客方所坐;左侧为下,是主方所坐。二是谈判桌横放,面对正门的一方是上座,为客方所坐;背对门的一侧是下座,为主方所坐。座次排列图示例如下:

A7	A5	A3	A1	A2	A4	A6

B6	B4	B2	B1	B3	B5	B7

正门

(A为客方,B为主方)

主席式。这种形式适合三方或三方以上的多边会谈。在会场里面设一个主席台,发言人轮流到就到主席台上发表意见、陈述观点。

自由式。这种形式适合多方(三方或三方以上)会谈,可以不排列顺序,随意而坐。会场通常是圆桌式的会场布置,表明各方平等的关系。一般东道主坐于背靠门的下座,表明对客方的尊重。

4. 商务宴请的座次。商务宴请的座次,人们讲究以右为尊,即离主人近为尊,离门远为尊。中餐座次,习惯让男性和女性各坐一边。男主宾坐在男主人右边,女主宾坐在女主人右边，其他来宾按职务高低依次排列。如有翻译，翻译可坐在主宾的右侧。另外，也可按“之”形排列法或对角线排列法排列座次。人数较多的正规宴请，应该事先在桌上摆放名牌，主人就可示意大家按名牌入席。如果未放置名牌，主人就要邀请客人坐上座。假设主宾身份甚高或主人十分敬重他，就可以请主宾坐在正中，自己向左移一位（按中国传统礼节，主宾此时应该推辞、谦让一番，在主人坚决请求下再入座）。这样的移动会影响到整个座次的安排，但是不论怎样坐，背靠门口的座位一定要让主人一方的人来坐，因为这是个下座。

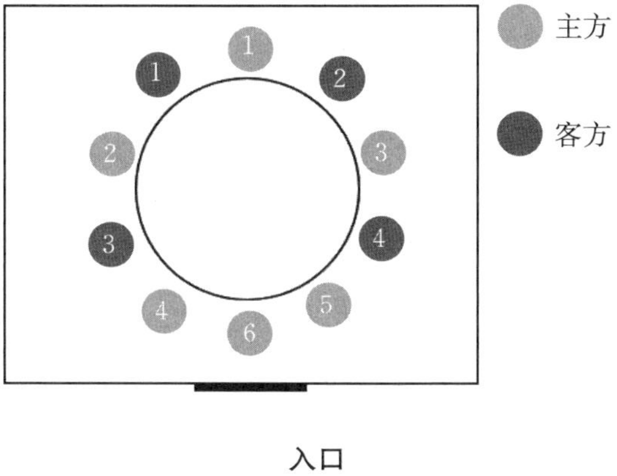

图1　商务宴请座次安排示意图

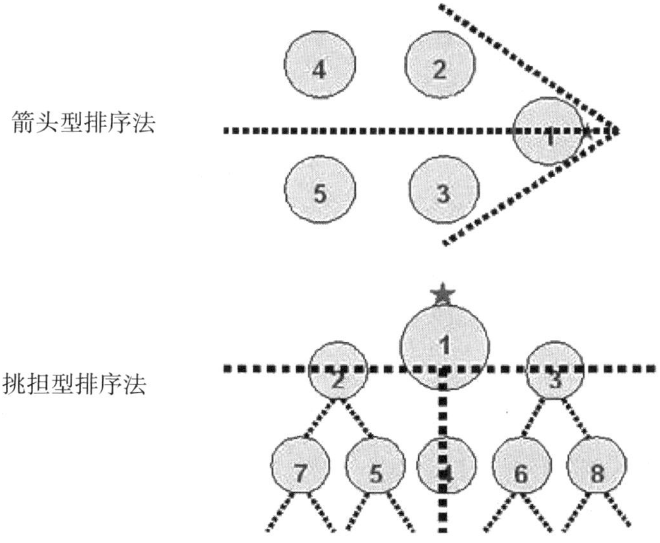

图2　多桌宴请时桌次的排列，可以按进门的走向进行箭头形和挑担形排序法。

（三）乘车的座次

商务人员在接待工作中常常为来宾安排乘坐轿车等事宜。乘车座次如何安排也是一项体现工作人员工作是否周密，对来宾的尊重程度如何的一个重要方面。由于各国交通规则不同，在不同的国家，轿车座次礼仪也不相同。英、美等国是靠左行驶，我国是靠右行驶。以我国为例，乘坐轿车的位次原则如下：右高左低，后高前低。另外，情况不同，也有不同的安排。我们既按原则办事，又尊重他人选择。

1.驾驶者是专业司机时。双排五座轿车，除司机外其他人员的尊卑位次是：后排右座，后排左座，后排中座，前排副驾驶座。若非常讲究座次的话，则后排只安排两人（小轿车1号座位在司机的右后边，2号座位在司机的正后边，3号座位在司机的旁边。如果后排乘坐三人，则3号座位在后排的中间）。中轿主座在司机后边的第一排，1号座位在临窗的位置。

2.驾驶者是主人时。当主人开车时，位次尊卑顺序不同。双排五座轿车，其他人员的尊卑位次是：副驾驶座，后排右座，后排左座，后排中座。主宾应该坐在前排副驾驶的座位，与身份相当的主人并排而坐，也表示了对主人的尊重。若非常讲究座次的话，则后排只坐两人即可。

主人夫妇驾车时，则主人夫妇坐前座，客人夫妇坐后座。如果主人夫妇搭载友人夫妇的车，则应邀友人坐前座，友人之妇坐后座，或让友人夫妇都坐前座。

主人亲自驾车，坐客只有一人，应坐在主人旁边。若同坐多人，中途坐前座的客人下车后，在后面坐的客人应改坐前座。此项礼节最易疏忽。

旅行车接送客人：旅行车以司机座后第一排即前排为尊，后排依次为小。其座位的尊卑，依每排右侧往左侧递减。

第5讲　见面的礼仪

机关工作人员工作会面时要讲究基本的见面礼仪，以示对对方的热情、友好和尊重。基本的见面礼仪包括称呼、致意、问候、介绍、送行等。

见面礼仪是指日常社交礼仪中最常用与最基础的礼仪。人与人之间的交往都要用到见面礼仪，特别是公务人员。掌握一些见面礼仪，能给来访者留下良好的第一印象，为以后顺利开展工作打下基础。

一、称呼礼仪

称呼礼仪是日常公务交往中的基本礼节。选择正确、适当的称呼，反映了自身的修养和对对方的尊敬程度。称呼时应亲切、自然、准确、合理，还应庄重、正式、规范。公务交往中，称呼的基本方式为：姓+职务、职称、职业或学衔；通用称呼同志、老师、先生、女士。

称呼的礼仪原则：(1)礼貌原则。每个人都希望被别人尊重，合乎礼节的称呼，正是表达对他人的尊重和表现自己有修养的一种方式。社交时记住并准确地喊出对方的姓名，会使人感到亲切自然，一见如故。称呼对方要用尊称，忌用绰号、诨号。(2)尊崇原则。在交际开始时，只有使用高格调的称呼，才会使交际对象产生同你交往的欲望。(3)适度原则。要视交际对象、场合、双方关系等选择恰当的称呼。姓名称呼一般适用于年龄、职务相仿，或同学、好友之间。职务称呼一般适用于社交、公务场合。与众多人打招呼时，要注意亲疏远近和主次关系，一般以先长后幼、先高后低、先女后男、先亲后疏为宜。

谈到自己的家人或亲属，宜面带谦逊，口带谦卑。(1)以“家”字起头。向别人介绍时，称辈分或年龄高于自己的亲属，可以在其称呼前加“家”字，如“家父”“家叔”等。(2)以“舍”字起头。向别人介绍时，称辈分或年龄比自己低的亲属，可以在其称呼前加“舍”字，如“舍弟”“舍侄”等。(3)以“小”字起头。向别人介绍时，称自己的子女及其配偶，可以在其称呼前加“小”字，如“小儿”“小女”“小婿”等。

二、致意礼仪

所谓致意，是指借由行为举止来向他人表达问候、尊重和敬意，它通常在迎送、拜访或被别人引见时作为见面的礼节，对社交活动影响极大。见面致意，是对人友好、尊重的表现，否则，会被认为是无礼、缺乏教养。礼貌的致意，不仅会给人以友好友善的感觉，而且会让对方感受到你的修养和素质。

公务场合的致意方式主要有：点头、微笑、鞠躬等。鞠躬弯腰行礼，常用于表达郑重的敬意或深深的感激之情，如上台演讲前后、领受奖品时或正式迎送场合。鞠躬礼一般要脱帽。

致意时要讲究先后顺序，通常应遵循：年轻者先向年长者致意，学生先向老师致意，男士先向女士致意，下级先向上级致意。致意时要注意以下原则：当看到对方致意时，被致意者要以同样的方式向对方回礼；致意时要面带微笑；相距较远，应挥手致意；切忌大喊大叫；在办公楼碰到陌生人，也应主动向其致以点头、微笑，以示欢迎。

三、问候礼节

问候，亦称问好、打招呼。一般而言，它是人们与他人相见时以语言向对方进行致意的一种方式。公务交往中，如果不注意主动问候对方，或者对他人的问候不予回应，是失礼的行为。

问候时应主动、热情、自然、专注。被问候时，应立即注视对方予以回应，做到自然大方，友好热情。在相对正式的场合，问候一定要讲究次序。问候通常为“低位者先行”。两人之间的问候，通常是身份较低者或年轻者首先问候身份较高者或年长者。如果同时遇到多人，特别在正式会面的时候。这时既可以笼统地加以问候，比如说“大家好”；也可以逐个加以问候。当一个人逐一问候多人时，既可以由“尊”而“卑”、由“长”而“幼”地依次而行，也可以由“近”而“远”依次而行。

四、介绍礼仪

无论是在生活中还是工作中，我们经常需要把一个人介绍给另外一个人。这看似是一件小事，其实也有很多需要注意的礼节。

介绍自己时，应表述供职的部门、职务、职称或个人经历等，均应实事求是。时间要简短，要抓住重点，言简意赅。无特殊情况不要超过一分钟。态度要自然、友善、亲切、随和，落落大方，笑容可掬。做到语气自然，语速适中，语音清晰。

介绍他人时，既要熟悉双方情况，又要审时度势，把握时机。公务交往中，下列情况有必要介绍他人：在办公地点接待彼此不相识的客人或来访者；本人的接待对象遇见了其不相识的人士，而对方又跟自己打了招呼；与人外出，路遇同行者不相识的同事或朋友；受到为他人作介绍的邀请；陪同领导、长者、来宾时，遇见了其不相识者，而对方又跟自己打了招呼。介绍他人时，应按照“尊者居后介绍”的顺序，即尊者优先知情。如果是把一个人介绍给另外一个人，一般应先将年轻的介绍给年长的，将地位低的介绍给地位高的，将男士介绍给女士。

介绍集体时，要注意双方的先后顺序。如果是向一个人介绍多个人时，或者在宴会等场合，需要介绍每一个人时，一般可以依次介绍；如果在这多人中，有一个人的身份比较尊贵，可先介绍此人，然后从他开始，依次介绍。当被介绍的双方均为多人集体时,主方负责人首先出面,按照职务自高而低地依次介绍主方人员。然后客方负责人出面,按照同样的顺序介绍客方人员。当被介绍的双方一方为单人,可以只向集体介绍单人。

五、送行礼仪

告别送行是人际交往中的重要时段和内容,人们常常因缘相聚却又匆匆离别,这时会用告别语以示礼貌。如果告别能留给人以美好的印象,那就是一种成功的告别。

俗话说:“迎人三步、送人七步。”这是迎送客人的最基本礼节。当客人告辞时,接待人员要起身热情相送,根据客人的身份、地位和背景,具体确定送至办公室门口,还是大楼大厅门口,或送至单位的大门口等,与客人握手道别,必要时还要为客人打开车门。异地客人应提前安排时间、路线和车辆。临别时,应进行简短的寒暄和问候,可在问候握手中,表达结下的情谊,可以谦虚地请对方原谅照顾不周之处,热情地邀请再次来访。客人离开时,应面对客人站立、注目、挥手至客人身影在视线中远离。可以赠送工作所需的物美价廉礼物,但奢侈贵重和功利性较强的礼物不宜赠送。

如果来宾是贵宾,还应视具体情况,举行专门欢送仪式。送行人员可直接前往来宾下榻处话别,与来宾一起乘车到达机场、车站或码头,来宾在上飞机、轮船或火车之前,送行人员应按照身份和职务的高低一一与来宾握手告别。在来宾登上飞机、轮船和火车之时,送行人员应向来宾挥手致意,待他们在视野里消失后,送行人员方可离去,如送行人员有事不能等候很长时间,应向客人说明原因,并表示歉意。送别时一定要注意的是,不管送到哪里,都要面带微笑,挥手目送客人远去。握手道别时。主人一般不宜先伸手,以免给人造成“逐客”的误会。

第6讲　握手的礼仪

无论是在工作场合还是社交场合,双方会面以握手来表达欢迎问候之意,已成为国际上最为通用的见面礼。握手看似简单,但为何握、如何握、谁先握,却有着一定的礼仪讲究。合理地运用握手礼仪能够有效显露自身的个性,突出展现个人的魅力,实现对双方的基础性了解,进而为公务场合的交往和交际打下主动而积极的基础。

用右手相握的握手礼源于欧洲。其起源有两种公认的说法：一是远古人类在狩猎和战争时手上经常拿着石块或棍棒，遇见陌生人时，如果大家都无敌意，就要伸开手掌互相抚摸，以示没有武器；二是在中世纪欧洲战争期间，穿盔甲的骑士如果表示友好，就会脱去头盔和甲胄，伸出右手，互相握手言和。由此延续至今，男士之间握手不能戴手套，戴帽时需脱帽，或用左手将帽檐往上轻轻一抬，而女士在社交场合则可以不用脱帽和摘去薄纱手套。

19世纪，随着西方文化在全球的渗透和影响力，作为舶来品的握手礼就逐渐取代其他国家的见面礼俗，再加上握手礼简单易行，又能体现双方平等，成为世界通用的见面礼也就成为必然了。

握手礼仪主要应用在如下几个场合：一是，人与人之间的初次相识，无论是主动认识、他人介绍还是被动结识都可以利用握手礼仪。二是，熟人之间久别重逢，通过长时间、热烈的握手可以传递出对友情的珍惜和对重逢的喜悦。三是，在告别的仪式可以通过握手来表达自身强烈的情感和情绪。四是，在特殊场合中，有力的握手可以表达出慰问、感激、和解和祝贺等多重意义。公务活动时，机关工作人员为表示欢迎、道别、祝贺、慰问、鼓励等，常需要行握手礼。

一、如何握：握手的基本礼节

握手虽然只是一个简单的肢体动作，但有一些基本的礼仪要领。

1. 握手要全握。握手一定要用右手，双方都应起立，迎向对方，在距受礼者约一步时，上身微微前倾，同时伸出右手，四指并齐，拇指张开与对方相握，并微微上下抖动两三下。握手的基本握法是双手虎口相交，手掌相握，不要仅握手指尖。握手时，男士之间握手，可适当用力，以示热情。男女相握则有所不同，从男士角度要体谅到女性的矜持，轻轻握住女士的四指，不可太紧；从女士角度可以伸出四指轻轻与男士半握。但作为现代女性，尤其在职场，还是应热情大方地与男士全握。握手时要果断有力，不可过轻，显得犹犹豫豫，尤其是女性；但也不能过于用力。年轻者对年长者、职务低者对职务高者都应稍稍欠身相握，有时为表示特别尊敬，可用双手迎握。

2. 握手要紧握。用力相握才能表达出热情来，但力度要掌握好，握得软绵无力，对方会觉得你在敷衍他；握得太重，让对方感受到的可能不是你的热情，而是你的粗鲁。

3. 握手要有时。握手时间长短因人因地因情而异，普通场合下，以3秒钟为宜。既不要像触电似的一握就松，让对方感觉你在走过场，也不要长久握住不放，显得热情过度。初次见面时握手时间不宜过长；尤其是对女士更不要久握，以免带来尴尬；与下级或晚辈握手，时间不要太短。

4. 握手要微笑。职场有句话："没有面带微笑，就不能说有完整的工作着装。"苏格兰也有句谚语："微笑比电便宜，比灯灿烂。"只有面带微笑地握手，才能充分地表达出真挚的欢迎和热情。行握手礼时，神态要专注、认真、友好，面带微笑。

5. 握手要注视。微笑离不开注视的眼光，握手时，双目要注视对方眼睛。人们常说"真诚的微笑来自眼睛，而不是嘴角"，凡是和周总理握过手的人无一不被总理亲切、专注的目光所感染。由于文化背景和人种差异，西方人握手时习惯直视对方眼部，散发着真诚的目光，中国人习惯用余光环视对方面部，流露出亲切的眼神。

6. 握手要问候。握手是用肢体语表达致意，同时也要配合口语问候。比如见面时："你好""欢迎你"；告别时："多谢""再见"；对上级："欢迎指导"；对客户："欢迎光临"等。问候要简洁有礼，可以适当寒暄，但不要说个不停。

握手可以因人而握。久未谋面的老朋友相见，双方可以用双手紧紧相握；面对长者伸出来的手，晚辈最好双手接握；看望病人，右手相握的同时可以用左手轻轻拍抚对方。

至于背着一只手去握，一只手插进口袋去握，拒绝对方伸出来的手，都是极其失礼的。

二、谁先握：握手的先后次序

双方会面，就有谁先伸手的礼仪次序，一般按照"尊者居前"原则，即由尊者首先伸手。一般而言：

1. 宾主之间，主人应先伸手。客人到访，主人要主动伸手，以表达对客人的欢迎之情；客人告辞时，应由客人首先伸手，以示主人可以就此留步，以表达离别之意。当然，这不是一定之规。

2. 上下级之间，由上级先伸手。面见上级，上级有意握手，你才能接握；上级到基层视察工作，作为东道主的基层领导就应趋前主动伸手表达欢迎。

下级与上级握手要掌握好分寸。媒体人龙在宇在"官场握手学"一文分析道：不会握手的下级，大体分为两类，一类是只知伸手不会停手，一类是该出手时不出手。下级与上级握手，切忌握住上级的手不停唠叨。尤其上级不再发问，只是一味点头微笑时，下级就应当知趣。

3. 男女或长幼之间，由长辈、女士先伸手。西方习俗是女士优先，中国美德是尊老爱幼，体现在社交场合上是否握手，要依从长辈或女士。长辈、女士有意握手时，你才能相握；长辈、女士若无意握手，男士可点头致意或鞠躬致意。如果是长辈与女士之间，在中国，长辈可以主动与女士握手；在西方，女士可以主动与年长者握手。但在工作场合，女士则要淡化自己的性别意识，该伸手时就伸手。

4. 众人之间，依先尊后卑顺序。在社交场合，当不同身份、不同年龄、不同性别的人士相聚时，要按照先身份高者后身份低者、先长辈再晚辈、先女士后男士、先身边者后远处者等次序，依次相握。与众人握手时，注意不要交叉握手，不要握着对方的手却面向另外的人打着招呼。

总之，握手有先后，其原则是尊者在先。但在现实交往中，双方会面时往往都会主动伸出手来，来表达欢迎和热情，不会拘泥于礼仪的先后次序。礼仪看似外显的礼节和礼序，其精髓却是心中有礼，尊重他人。

三、握手礼仪的禁忌

1. 忌用左手与他人握手。

2. 忌用“三明治”式握手(即双手握单手)。尤其忌用双手与异性握手。

3. 忌交叉握手。握手应当按照顺序依次而行，尤其注意不要两人握手时与另外两人相握的手形成交叉状。

4. 忌戴手套握手。但在社交场合，女士戴与礼服相配套的薄纱手套与人握手是被允许的。

5. 忌与人握手时另一只手插在口袋里。

6. 忌面无表情，一言不发，眼神飘忽不定，无视对方的存在。

7. 忌戴着墨镜。患有眼疾或眼部有缺陷者除外。

8. 忌将对方的手拉过来、推过去，或者上下左右抖个不停。

9. 忌仅握住对方的指尖。

10. 忌用不洁或者患有传染性疾病的手与他人相握。

11. 忌握手完毕立即擦拭双手。

12. 忌拒绝与别人握手。

礼仪是社交场合人际交往中的行为规范，规范是标准做法。要想取得有效交际，哪怕是握手这种简单的礼仪，也要明确“有所为”和“有所不为”。

第7讲　打电话的礼仪

电话被现代人公认为便利的通信工具，在日常工作中，使用电话的语言很关键，它直接影响着一个单位的声誉；在日常生活中，人们通过电话也能粗略判断对方的人品、性格。因而，掌握正确的、礼貌待人的打电话方法是非常必要的。

随着科学技术的发展和人们生活水平的提高，电话的普及率越来越高，人离不开电话，每天要接、打大量的电话。看起来打电话很容易，对着话筒同对方交谈，觉得和当面交谈一样简单，其实不然，打电话大有讲究。电话礼仪也被称为现代礼仪的基础示范，很值得学习。

一、接电话

接听电话不可太随便，得讲究必要的礼仪和一定的技巧，以免横生误会。无论是打电话还是接电话，我们都应做到语调热情、大方自然、声量适中、表达清楚、简明扼要、文明礼貌。

及时接听。拨打电话要注意“通话3分钟”原则，而接听电话则要遵循“铃响不过3声”原则，及时接听电话，尤其是有约在先的电话。一般来说，在办公室里，电话铃响3遍之前就应接听，6遍后就应道歉：“抱歉！让您久等了。”如果受话人正在做一件要紧的事情不能及时接听，代接的人应妥为解释。如果既不及时接电话，又不道歉，甚至极不耐烦，就是极不礼貌的行为。尽快接听电话会给对方留下好印象，让对方觉得自己被看重。

确认对方。对方打来电话，一般会自己主动介绍。如果没有介绍或者你没有听清楚，就应该主动问：“请问你是哪位？我能为您做什么？您找哪位？”但是，人们习惯的做法是，拿起电话听筒盘问一句：“喂！哪位？”这在对方听来，陌生而疏远，缺少人情味。接到对方打来的电话，您拿起听筒应首先自我介绍：“你好！我是×××。”如果对方找的人在旁边，您应说：“请稍等。”然后用手掩住话筒，轻声招呼你的同事接电话。如果对方找的人不在，您应该告诉对方，并且问：“需要留言吗？我一定转告！”

有序表达。如果是领导的秘书人员，要尽量亲自接听电话，尤其是有约在先的电话，不要随便让别人代接电话。而且，对于秘书人员，更多的是要代领导接听电话。如果领导不在的话，秘书人员应该首先告诉对方领导不在，然后才能问对方的身份，来电为何事，是否需要转达等。千万不可先盘问对方，再说领导不在，以免对方误以为领导有意回避。接听电话也要首先“自报家门”，自我介绍身份，其好处就是万一对方拨错了,不至于一错再错。

在日常工作中,电话中断是经常遇到的情况,尤其是手机,说着说着就断了,可能是没电了,也可能是掉线了。遇到这种情况,秘书人员有责任告诉对方,自己所在的位置可能网络没有覆盖,并请对方指定一个时间,我们拨打过去。万一没有一点先兆,电话"啪"地就断了,要马上把电话打回去,打回去的时候第一句话就要道歉,并告知对方电话掉线了,或者说电池用完了。把电话首先打回去,这是对他人的尊重。如欲同对方另约其他时间通话,应该说好自己将按时主动拨打对方的电话。

讲究艺术。接听电话时,一般用左手接听,便于随时记录有用信息;应注意使嘴和话筒保持4厘米左右的距离;要把耳朵贴近话筒,仔细倾听对方的讲话。最后,应让对方自己结束电话,然后轻轻把话筒放好。不可"啪"的一下扔回原处,这极不礼貌。最好是在对方之后挂电话。

调整心态。当您拿起电话听筒的时候,一定要面带笑容。不要以为笑容只能表现在脸上,它也会藏在声音里。亲切、温情的声音会使对方马上对我们产生良好的印象。如果绷着脸,声音会变得冷冰冰。此外,打、接电话的时候不能叼着香烟、嚼着口香糖;说话时,声音不宜过大或过小,吐词清晰,保证对方能听明白。

二、打电话

打电话时,需注意以下几点。

1. 择时通话。通话时机的选择看似平常,实际上很重要。有的人只以自己的情况为判断标准,选择自己方便的时候拨打电话,这实际上是对通话对象不够重视、尊重的表现。设身处地地考虑对方的情况,是选择通话时机的基本原则。

要选好时间。拨打电话要选择通话效率高的时间,换句话来讲,就是打电话时,尽量避开受话人休息、用餐的时间,而且最好别在节假日打扰对方。比如休息时间尽量不要给他人打电话,除非万不得已。严格地讲,晚上10时之后,早上7时之前,没有什么特别的急事不要打电话。万一有急事打电话,要先说一句:"抱歉,事关紧急,打搅您了!"否则的话对方很可能会厌烦。再者,就餐时别打电话。现代人工作繁忙,通常中午只有一个小时的吃饭时间,如遇电话,岂不影响食欲?另外,倘若不是重大事情,节假日不要打电话。在现代社会里,尽量不打扰他人的节假日休息应该成为常识。如果是拨打国际长途电话,尤其是像美国等距离较远的国家,还要考虑到时差的问题。当然,机关干部在工作中遇到紧急情况,可随时与有关部门和人员电话联络,虽然也要注意把握分寸。

2. 择地通话。一般来讲,私人电话是在家里打的,公务电话是在办公室打的。在工作场合,拨打私人电话应该尽量用自己的手机。此外,除非工作之需,一般是不应在公众场所拨打电话的,机关人员更应注意这一问题,切不可不管有无必要,总是旁若无人地大声吆喝,令他人厌烦。

3. 简短通话。电话打多长好呢? 在日常生活中拨打电话,有多少事就说多长时间,说清楚为止。但是,在机关工作中,机关干部要掌握通话时间。打电话前,最好先想好要讲的内容,以便节约通话时间,通话时间是宜短不宜长,不要现想现说,“煲电话粥”,要遵守电话礼仪中的“3分钟原则”,即每次通话的时间应该有效地控制在3分钟之内。当然,这里的“3分钟”并非绝对的只能通话3分钟,而是指要长话短说,废话少说,没话不说,一定要有时间观念。要用语规范,通话内容要精练有序。工作往来电话接通后,首先要先做自我介绍,请受话人找人或代转时,应说“劳驾”或“麻烦您”,不要认为这是理所应当的;其次,要列出通话的事项,先讲重要的事情,后讲次要的事情。要态度友好。通话时不要大喊大叫,震耳欲聋。

4. 礼貌挂机。结束通话后要礼貌地挂机。首先,要了解怎样暗示对方终止通话。其标准化的做法就是重复要点,比如:“李教授,那我们这次就说好了,请您下个星期二参加我们单位的专家论证会。我让司机于下周二早晨8点到您家楼下,接您过来。”这就是重复要点的方法,以免对方记错了,或者忘记了,同时也说明秘书人员训练有素,不说废话。其次,要熟知挂机的顺序。不少秘书人员以为通话完毕应该由对方先挂断电话,这虽然是出于礼貌,但实际上却行不通。从礼仪角度来说,通话完毕应该由地位高者先挂断电话。对秘书人员来说,应该由上级先挂,客人先挂。如遇特殊情况,即通话双方地位一样,都是秘书,性别相同,年龄相仿,此时一般就是谁先拨打谁先挂断。